都市の原理

ジェイン・ジェイコブズ著　中江利忠・加賀谷洋一訳

鹿島出版会

THE ECONOMY OF CITIES

by

Jane Jacobs

Published 2011 in Japan by Kajima Publishing Co., Ltd.
This translation is published by arrangement with Random House,
an imprint of The Random House Publishing Group,
a division of Random House, Inc.,
New York through Tuttle-Mori Agency, Inc., Tokyo

はしがき

物書きにとって最もありがたいのは、書く時間が中断されないことだ。そこで私は、夫のロバート・ハイド・ジェイコブズ・ジュニアと子供たちのジェームズ、エドワード、マリーに感謝する。著作の時間と、これを侵そうとする者からの妨害を、細心の注意を払って守ってくれたからである。ラッチェル・ウォール、マーティン・バーガー、アーサー・ストライアーの名氏にも感謝している。多忙な身でありながら、都市についての私の二つの試みの大部分を背負ってくれた。レティシア・ケント、エリック・ウェンスバーグ、リチャード・バーネットと私の弁護士チャールズ・レンバーの各氏にも敬意を表さねばならない。当局との係争に当って、私の自由を多大な努力で守ってくれた。これらの協力で、本書の完成をみることができた。

本書の著作に当っては、多くの批判とアイデアを私の家族にあおいだ。本書の編集者で発行者であるジェーソン・エプシュテイン氏の助言と誠意は、私にとって不可欠なものであった。エリック・ウェンスバーグとアリス・メイヒュー両氏の卓越した慎重な編集に感謝する。ローデリック・ギトンズ、マリアム・スレーター、オール・ソマッセン、W・ライン・グースリー、P・サーガント・フローレンスの各氏からは各種の情報を与えてもらったし、ジョン・デッカー・ブッツナー・ジュニア、マーサ・バーネット、ハンス・ブルーメンフェルトの各氏からは、多大な評論と批判（その知識に基づいて私が著作したもので、彼らはその責を負わないが）をあおいだ。索引の準備に当っては、ハワード・ベントレー氏の協力を得た。さらに、フレデリック・ルイス・アレン・ルームの使用を許してくれたニューヨーク公立図書館に感謝の意を表したい。

一九六八年八月

J・ジェイコブズ

都市の原理―目次

都市の原理

本書は、一九七一年刊行時より語句を改めましたが、
現在ではふさわしくない表現も一部含まれております。

都市の物語は、
その大小にかかわらず
とりあげていくとしよう。
えてして、
かつて強大だったものは
いまや
弱小となり、
いまの世に強大なものは
古き日には弱小だったから。

——ヘロドトス

❶初めに都市ありき——そして農村が発展する

この本は、どうして成長する都市もあれば、沈滞・没落する都市もあるのか、という私の好奇心から生れたものである。私は、数多くの学者、殊に歴史家と考古学者の研究成果——私の判断できる限りにおいて信頼できる——に負うところが大きく、感謝もしている。しかし、都市の経済成長についての理論を展開しようという私の試みでは、それらの研究成果を意義づけている学者たちの見解を、必ずしも採用しているわけではない。

この研究を進めていくうちに私はたくさんの驚くべきことを発見したが、そのひとつは、私が常日ごろ当然のように受入れていたのとあまりにも反したものが出てきたことによる動揺である。それは、表面的には常識に反しているようにみえたが、本当はこういうことだった。つまり、われわれが普通農村の仕事と考えているものの起りは、農村ではなくて都市だったということである。多くの分野——経済学、歴史学、人類学——で流布している理論は、農村経済を基盤にして都市が成立っている、として疑わない。もし私の観察と推論が正しければ、その逆が真実である。農作業を含む農村経済は直接、都市の経済と都市の仕事をもとに成立っているのである。

農業優位のこの理論（私の考えではドグマ）が都市についての従来の仮説にあまりに徹底してしみこんでいるため、この章では緊急要件として、この点を扱おうと思う。以下の章では、都市がどのようにして成長するかについて、私の習得できたことを、成長過程の各部分を別々にとりあげながら述べよう。従ってこの最初の章はプロローグというわけである。

一般に信じられている思想が必ずしも真実ではない、ということは、科学史の上でわれわれのよく知っているところである。正しいと信じられていた思想の非真実性が明らかにされて初めて、その思想の及ぼした影響がどんなに広く、見かけ以上に危険なものだったかがわかる、ということも知っている。

例をあげると、その他の点では賢明だった人たちでも数千年もの間、腐れかかった肉やチーズや、水たまりなどで見かけるあの小さな生物を、親がなくても発生、生存するものと考えていた。環境がそれら小さな生物を育てるばかりか、偶然発生と呼ばれる過程でそれらを創造するのだ、と考えられていた。この理論は、ルネサンス期に至るまで疑われずにいたようだが、ルネサンス期になって、フィレンツェのある詩人であり医者だった人物が、ハエが肉につかないようにさえすれば、腐れかかった肉にウジがわくはずがないことを立証した。彼は、新しい生命はすでに存在している生命から発生する、という適切な結論を下したのである。だが、彼の見識が広く受入れられるようになったちょうどそのころ、顕微鏡が発明された。それまでは目で見ることのできなかった生命のかけらが、目で見えるようになった。肉眼にさらされた生命のかけらは、こんどは偶然発生の新しい証拠と解釈され、このドグマは、一九世紀にパスツールによって否定されるまで、皮肉にも科学の道具に守られながら、以後まる二世紀の間まかり通ることになった。

パスツールはフィレンツェで行なわれた実験を繰返したが、実験に使う生物として、ハエの代りに細菌を、また媒体として、肉の代りにブドウ酒を使った。パスツールの発見は当時、最も著名な生物学者たちから猛烈に攻撃されたが、それは、生物学に関して彼らの知っていたあまりに多くのことを、新知識が否定したからである。というのも、偶然発生のドグマは、微小な有機体の発生源だけを皮相的に説明したにすぎないのに、このドグマの信奉は、他の多くの生物学的な観察や理論を微妙にゆがめていたからである。それは、たとえば単細胞の生物が本当はどのように増殖するか、というようなきわめて興味ある疑問を「説明ずみ」として簡単に打切っていた。そこで、細胞についての研究と理解は、一般に無意味なものになっていた。もうひとついわせてもらえば、多くの生物学者は、新しく発見された真実を従来の誤った理論に従わせるような理屈をつくることに汲々としていた。最も高い名声を博していたそれら生物学者たちは、往々にして最も巧妙で隠微な論理の著者だった。

これと同じように、都市と経済発展一般についてのわれわれの理解は、農業優位のドグマによってゆがめられている、と私は考える。このドグマは、偶然発生の理論と同じくらい珍妙で、過去にすがりつくダーウィン以前の思想史の名残りである、ということを論じようと思う。

農業優位のドグマは、農業が最初、都市はその次という。このドグマの裏には、新石器時代以前に狩猟していた人間は、自分たちの食糧を求め、自分たちの武器、道具、その他の製品を作りながら、小規模で経済的に自足した集団で生きていたにすぎない、という観念が隠れている。これら原始集団のうちいくつかの集団が、穀物を栽培し家畜類を飼育することを覚えないことには、定着し安定した集落は生れもしなかったし、村落が形成されて初めて労働の複雑な分化、大規模な経済計画、入組んだ社会機構が可能になった、と考えられている。こういった進歩が農作物の余剰とあいまって、都市の形成を可能にした、とされている。

あるグループの古くからの考え方によると、最初は単純な農耕単位だったが、徐々により大きな、より複雑なものに成長した村落から、緩慢にだが直接的に都市が発達した、という。もうひとつのグループは、都市は、自分たちのために農民を働かせて、その見返りに彼らをよその兵士から守ってやっていた、農業に従事しない兵士によって組織された、と考える。いずれにしろ、農業とその労働者によって作られた食糧が都市にとって不可欠の基盤だった、と思われている。

この順序——まず農村、次に町、それから都市——からは、最初の都市のことだけが、うわべだけ説明されるにすぎない。だがこの前提は、都市とは何か、そして物事の歴史的な体系だけでなく、ここでは経済的な体系の中で、都市の果す役割とはどんなものか、という観念に影響を及ぼしてきた。農業を業とする集落の定着がみられないうちは、都市は発達するよしもなかった、ということがもし真実ならば、そのときは農耕の発達と農村資源全般の開発が基本であり、都市は、農業の発展に支えられているのだから、副次的に過ぎない、ということになる。従って、農村は、そしておそらく町も、人間の生活にとって都市よりも重要であるようにみえるだろう。また都市は、根本的には他の集落より大きくて複雑であるという理由から、あるいは権力の座であるという理由から、都市より小さな集落とは異るだけ、ということになる。

原初的な農業優位のドグマのこれらの論理的な帰結はみな——しばしば暗黙の前提として——計画的な経済発展を目ざす現代の実践的な試みのもとになっている。それは、単にアカデミックな観念であるばかりではない。社会主義国家でも資本主義国家でも、これらの観念は実際に通用する仮説として使われている。

都市は長い間、文化の発展の主要な機関として認められてきた。つまり、文明と呼ばれる思想と諸制度の膨大で複雑な集合体として認められてきたが、私はその点を詳しく論じるつもりはない。

むしろここで私の意図するところは、都市もまた主要な経済機関であることを示す点にある。どうしてそうなのかを説明するために、私はまず、近代の都市と農村の仕事との歴史的な関係にふれる。それから、先史時代にはその関係がどうだったかを推測しよう。最後に、なぜ月並みな、史実に反する理論がまかり通るようになったか、を示唆しよう。

農業の生産性

農業は、都市で生産され都市から輸送されるたくさんの製品とサービスを取入れなければ、耐えられないほど低い生産力にとどまってしまう。これは今日、世界中でよくみかけられることである。農村地域を最も広範にかかえた国ほど、最も生産力の低い農業をになっている。一方、最も広範囲に都市化された国ほど、きまって食糧を一番豊富に生産する国である。数年前、アメリカと欧州共同市場がいわゆるチキン戦争をやったことがある。双方が鶏肉の超過分を相手に押しつけようとしたのである。しかしこれは、アメリカと西欧の工業化された都市経済が鶏肉の超過分をもとに成立っていたわけではない。双方が鶏肉をつくりすぎただけのことである。

農業生産性の波は都市の成長に続く。日本の都市は一九世紀の後半に近代的な産業と商業の成長を始め、第二次世界大戦までに日本は高度に都市化された国になっていた。この間、日本の農民が勤勉で節倹——まさに勤勉と節倹の徳の模範——だったのに、また農民は細心の注意を払って土地を利用したのに、農民も都市の住民も十分に食を得ていたわけではなかった。米は命の糧だった。多くの日本人にとっては、野生の食物——海からとれた魚など——を除けば他に食糧はほとんどなかった。しかも日本は、自給するだけの米を作っていたわけではなく、消費量のうち、まるまる四分の一は輸入しなければならなかった。この過酷な食糧難を、日本の狭い耕地のせいにするのが通例だった。

しかし戦後から一九五〇年代にはいって、著しい変化が日本の農業に起った。それは「改革」などというキャッチフレーズでは説明しにくい変化である。実に、農業改革、農地改革、農村生活の改善を、より徹底して大胆に遂行した国でも遂げられなかったような進歩を、日本は遂げたのである。

日本で起ったことは、すばらしく効率的ではあったが、平凡なことだった。農村が初めて大規模に、化学肥料、機械、電力、冷凍装置、動植物調査の成果、それから都市——すでに最も富んだ食糧市場のある同様な都市——で開発されたその他たくさんの、内容のある製品やサービスを受入れ始めたのである。

日本の農業は、不可能と思われていたほどに高い生産力を急速に達成した。一九六〇年には人口が戦前の二五%も増加しており、米の全消費量が急激にふえていたのに、日本の農村は日本に必要な米の全部を供給していたのである。輸入米はもうなかった。もっと興味深いことに、一人当りの米の消費量はいく分下がっていたが、それは米の不足によるものではなかった。アメリカででん粉の消費が長期にわたって徐々に下がっていったように、米の消費の低下は、豊富で種類の異った他の食物が手にはいるようになったために起ったものである。農民は米をより多く供給するようになった上に、牛乳などの乳製品、鶏肉、鶏卵、肉、果実、野菜などをたくさん作ったから、日本人は量的にばかりでなく質的にも、以前よりもよい食生活をするようになった。今日、日本が食糧を輸入して工業製品でその支払いをする場合、その輸入品は米ではなくて肉である。

もし日本の都市が、農産物の余剰に成長を支えてもらえるようになるまで待っていたら、いまでも待ちわびていたことだろう。農業に再工夫を施しながら、日本はアメリカがやや緩慢に、西欧はもっと緩慢にやり遂げたことを、急激、急速に成遂げた。日本は都市の生産力を基盤として、農業生産力を創造した。これを他の国でももっと急速にやればよいのだが、それがどうしてもできないという理由はない。

近代的な生産性の高い農業が再構築されてきたのは、都市から農村に移出され、移植され、また農村で模ほうされた数多くの新製品のおかげだった。これらの新製品を大ざっぱに、やや抽象的に分類して考えることに、われわれは慣れている。化学肥料、種まき機、耕うん機、刈取機、トラクター、その他牛馬や手仕事に代るもの。冷凍装置。パイプ、スプリンクラー、ポンプ、その他近代的なかんがい装置。植物や動物の病気を調査、予防するための研究室。土壌分析や天気予報の制度。改良品種。マーケティングや輸送のシステム。かん詰、冷凍、乾燥の技術。情報伝達の方法……数え上げればきりがない。

確かに、都市から遠く隔たった農村で、肥料工場、トラクター工場、農業研究所、苗木栽培場、発電所を見かけることはある。だが、こうした活動はそこで創造されたのではない。これは、農民その他の農村居住者が都市住民よりも創造力に欠けているから、というのではない。違いは、農村経済と都市経済との対照的な性質にある。というのは、新しい製品やサービスがまず創造されるのは、都市においてだからである。農業用に特に作られた新製品でさえ、都市の仕事のそれまでの発達に直接依存している。たとえば、マコーミックによる最初の馬引き刈取機は、農作業にとっては驚異的な新製品だった。それは、手道具と、しなやかで複雑な手の運動にとって代る機械だった。この着想とそれを実用化する装置は、農作業には新しいものだったとはいえ、原理的には、これと似たような道具はすでに工業労働で広く使われていた。他の工業用具がまだ開発されていなかったなら、マコーミックも刈取機を作ることはできなかっただろう。産業革命はまず都市で起り、次いで農村に起ったのである。

電気は都市労働と都市生活に必要であるのと同じくらい、今や近代的な農業と農村生活にとって必要である。ところが、一九三五年になっても、アメリカの農家で電気を使っていたのはまだ五％に満たなかった。電力とそれを使ういろいろな装置は、まず次々と都市経済に、次いで急速に町レベルの経済に、ようやく最後になって農村経済に受入れられた。この間に費された時間の長さは、公益事業体が農村を電化することに金をつぎこみたがらず、また自分の手でやりたがらないことは他のだれにもやらせたがらなかった結果だ、といってもよい。それでもなお、これらのすばらしいイノベーションが都市に取入れられ、そこで発達し有益であることが実証されてからでなければ、農村に受入れられなかった、ということは真実である。このパターンは典型的であり、農村の生産力がどのようにして都市の生産力に遅れをとるかを、説明している。つまり、最初に農村の生産力を上げ、その後で都市の生産力を上げるという方法が、実際には存在しないことを説明している。

農村に住む人々が自分たちの食糧難に対処する上でも、どんなに無力であるかを教える例は多い。アイルランドが、その恐るべき実例である。一八四〇年代にアイルランドがジャガイモの胴枯れ病に襲われたとき、人々は、農業に従事していたのに、飢きんと戦う方策を何ひとつ持っていなかった。セシル・ウッダム＝スミスはその著書『大飢餓』のなかで、英国のアイルランド統治領主とその現地のかいらい者たちのとった政策が融通のきかないものであり、おろかだったために、危機に対処できなかった、と述べている。しかし、またセシルは、救援しようにも、アイルランドにはその救援策を受入れ、使える能力がなかった、ともいっている。まっ先に救助されるべき地域には、救援食糧をおろす港がなく、荷おろしはしても、今度は食糧を運ぶ内陸輸送手段がなかった。救援の穀物をひく工場がなかった。工場を建てる機械、道具や装備もなかった。パンを焼く天火もなかった。どうしたらジャガイモ以外の穀物を栽培できるか、その情報を伝える方法がなかった。他の穀物の種を分配したり、穀物の品種を替えるのにどうしても必要な道具を農家に供給したりする手段もなければ、その道具を作る技術もなかった。一九世紀のアイルランドでのジャガイモの栽培は、先史時代の穀物栽培よりもはるかに単純な農耕の形をとっていた。ざっと九〇〇〇年前、あるいはもっと古い時代にさかのぼる、最も原始的な農業技術や器具が、一九世紀のアイルランドに持越されていた。そして、都市の介入なしには、農民に古い技術を改めさせ、独力で新しい技術を採用させる方法はなかったのである。

確かに、アイルランド人がそんな状態にまでなっていたのは、経済的、社会的な服従をきびしく強いられていたからである。しかし、その服従の核心——そして服従がそれほどにきき目があって、アイルランド人をそれほどに無力にしていた原因——というのは、都市の産業に対する制度的な抑圧だった。それは、イギリスがアメリカ大陸の植民地の小都市の産業に強制しようとしたが失敗した抑圧と、原則的には同じものだった。

農村の仕事のもとをたどれば

既存の農村の仕事の生産性を変化させ、促進させる仕組みが都市で生れる、という事実は、注目すべき点である。だが、発展のひとつのパターンであるこの活動の本当の意味は、新しい仕事が農村に導入される際にも同じパターンが見られる、ということを認識して初めて明らかになる。農業のことは、しばらくわきにおいておこう。後で農業に話を戻そう。われわれが当然のことと考えている活動、近代的な工場の仕事が都市から農村へ移転する、ということを考察してみよう。

農村で工場を見かける際、われわれはすぐ、その工場で営まれている仕事が農村で生れ、発達した、とは考えない。ブラジャーはニューヨークのドレスメーカー、アイダ・ローゼンタール夫人が考案したものだが、彼女はブラジャーを一九二〇年ごろにニューヨークでまず作り、それからハドソン川を越えてホボーケンでも作るようになった。彼女の会社、メイドンフォーム・ブラジャーが成長すると、彼女は後に、生産の多くを労働賃金の安い田舎に移した。ウエスト・バージニアの農村にあったメイドンフォーム・ブラジャー社の工場は、すでに針仕事ができ、多分自分たちの下着くらいは作っていたと思われる現地の住民を雇用した。が、だからといって、ブラジャーの製造がウエスト・バージニアの生計に必要な下着作りから興った、ということにはならない。

しかし、都市の仕事がずっと前にも田舎に移転していた、ということをわれわれは十分自覚していないようだ。たとえば、ヨーロッパでは農村の織物作業を「農村仕事」と呼んできたし、それは実際、田舎で興ったと考えられてきた。だが、それが田舎で興ったというなら、ブラジャーの製造がウエスト・バージニアの農村で興ったというのと同様、間違っている。ヨーロッパで中世の諸都市が形成されだしたころ、広く営まれていた農村の織物作業は、退化し沈滞した仕事であり、製品は粗末だった。それはやがてすたれた。一一世紀から一五世紀の間に、ヨーロッパの織物業は都市で大変革された。織物業は都市で、すべての実用的な目的のために再創造された、といってよいほどだった。織機、すきぐし、染料、布の仕上げ方法、分業、マーケティング——すべてが変った。従って、織物業のなかで専門化した手工業者や彼らの組織したギルド——織職人、布ふち取り職人、仕上げ職人、羊毛刈込み職人、羊毛すき職人、織物たたき職人、染物職人、服地店など——は、まず都市の組織として形成されたのであって、農村の組織としてではなかった。今世紀の初めに著作活動をしていた英国の経済史家、ジョージ・アンウィン・i はその著『経済史研究』で、次のように記している。「シェークスピアの時代に先立つ二世代の間に、布地製造業は急速に農村地帯に広まっていて、都市にあった旧来の織物業の中心地をひどく驚かせた。農村との競争に、町の職人は苦々しく不平を訴えた……」。中世末期からルネサンス期にヨーロッパの農村地帯に移転した都市の織物業が、農村の産業になったのだ。それは、紡ぎ職人や織物師が自分の家で働くこともよくあったので、農村仕事であることもあった。

・i——アンウィン・ジョージ (George Unwin)。イギリスの経済史家（一八七〇—一九二四)。元マンチェスター大教授。中世の都市とイギリスの産業革命の歴史にくわしい。『経済史研究』(Studies in Economic History)、『ロンドンのギルドとカンパニー』(Guilds and Companies of London, 1908) などの著書がある。

今日ニューヨーク州では、リンゴの冷却機は、無数の道が交わる交差点に立っている。というのは、あちこちの農園からリンゴが運び込まれてくるからで、リンゴは市場に売出される時まで、炭酸ガスを含んだ空気のなかで保存される。この設備を「カントリー倉庫」と呼ぶ。しかしこのカントリー倉庫は、農家の旧来の果実貯蔵庫の継承物ではない。冷却機の温度調節器も、田舎の旧来の氷室を受継いだものではない。それと同じように、農民をパートタイムに雇用しているバージニアやノース・カロライナの家具製造業も、地方の農家の大工仕事を受継いだものではなく、都市の産業が移転したものなのだ。ややもすると、農村の旧来の仕事の様式が進化、発展して新しい農村の仕事の様式になったのだ、と思い込みがちである。これは、縫製、機械、貯蔵、家具製作などの仕事の分類を抽象的に考える結果である。ワン・コースの食事がテーブルにのったまま、とにかく進化、発展して、次のコースに変ると考え、新しいコースもみな調理室から持って来るものだ、ということを見落しているようなものである。

われわれは農業を農村の活動として考えるのに慣れ切っているため、新しい農業が都市から流れて来る、という事実を特に見過ごしがちである。雑種トウモロコシの栽培は米国の農業では革命的な変化だった。結局、新種のトウモロコシの栽培と同じことになった。雑種トウモロコシの栽培は、農民がトウモロコシ畑で開発したのではなく、ニューヘブンの植物研究所で科学者が開発したものである。植物学者や農業誌の編集者はこの新しい方法を説明し、奨励し、公表したが、農民にこれまで見たこともないような変な雑種の種を、試しに使うよう説得するのに手間どった。一方、ニューヨーク州の農家は小麦の栽培から果実の栽培に切替えたが、この栽培方針の切替えは主にロチェスターを中心に促進された。そうするように提唱したのはロチェスターの苗木栽培場の所有者たちで、彼らは最初、都市に住む人々に果実の木、ぶどうの木、漿果《しょうか》類の木を庭園用に供給していたが、後に、西部からもたらされる小麦にもはや太刀打ちできなくなっていたジェネシー・バレーの農民に、果樹園とぶどう園こそ経済的に残された唯一の道であることを説いた。カリフォルニアの巨大な、成長している果実・野菜産業は、同州に古くからあった小麦畑や放牧場から「進化」したのではなかった。むしろ、カリフォルニアの新しい農業は、ジャム工場に果実を、後にカン詰工場に野菜を供給する目的で、サンフランシスコに生れた。

もっと昔、中世のヨーロッパに話を戻そう。中世ヨーロッパの都市は、後に織物業という「田舎産業」を創造したのとほとんど同じぐらい、農業という「田舎産業」を再創造したようである。

ローマ帝国の滅亡以後、ヨーロッパの農業は沈滞し、後に衰退していった。模範的な修道院農園は、ローマの農業技術と作物を一番長く保持していたが、それさえ沈滞し衰退した。シャルルマーニュはその再興を試みたができず、一〇、一一世紀の大半の期間、衰退する一方だった。一〇、一一世紀というのは、中世の諸都市が成長し始めた時期だった。一一世紀の初め、ごちゃごちゃした小都会だったパリに通商、手工業に従事する人口がすでに数千人あったころ、フランスの農村の農業の実態について、デュビーとマンドルーは『フランス文明史』のなかで次のように述べている。

「……西暦一〇〇〇年ごろの農業従事者は半ば飢えていた。慢性的な栄養不足がもたらしたものは、メロバンジャン墓地で発掘されたがい骨から明りょうである。人々が草を食べていたことを示す歯の磨滅、くる病、若死にした者が圧倒的に多いこと……。生存に最小限必要な食糧もなく、食糧不足は周期的に悪化した。一、二年間も大飢きんは続いただろう。記録者は得意気に、そしてやや大仰に、汚物を食い、人間の皮膚を売り歩く人々を思い浮べながら、この大災厄を目の当りに見るような恐るべきエピソードを記述している。空腹で、子どもが青年期に達しないうちに病気にかかるようなことがあれば、それは、耕せるが未開発の土地が広大にありながら、土から養分を取れる仕組みが極めて原始的で不十分なためである。金属は皆無に等しかった。鉄は武器を作るためにとっておかれた。牛舎に牛を一〇〇頭ばかり飼っていた、最も広く進歩していた修道院農場では、草刈りがまのひとつや二つ、シャベル、それに、おのぐらいは見つかったかもしれない。道具の大半は木製で、軽い自在すき、先端を焼いて硬くしたくわなどは、ごくやわらかい土地でしか通用せず、それも完全にはすけ切れなかった」

飢えた農村地帯から小都市が買上げた物資は大部分、手工業に回される原料だった。原毛、皮革、つのなど。都市でとれる食物は、大部分が農作物ではなくて野生の食物だった。主に野鳥と魚である。塩づけの魚は、パン同様に命の糧だった。パン以上に重要なときがしばしばだったからこそ、ロンドンの魚商人はたまたま、あれほど重要で特権的な商人だったのである。ロンドンから遠く運ばれて来る彼らの商品は、他の多くの小さな商業都市や田舎の荘園への食糧補給品として役立っていた。

しかし中世初期の諸都市は、部分的には穀類に依存していた。実は、穀類でパンを作ることによって、都市の人々は同時にヨーロッパの食物にあらためて工夫をこらそうと、長い道のりを歩き始めていたのである。ローマ帝国滅亡後、数世紀のうちに、パンではなく、オートミールなどのかゆがヨーロッパの習慣的な穀物料理となっていたからである。中世初期の都市の製粉所やパン屋は、農村や荘園から都市にもたらされた産業の焼直しではなかった。それはむしろ、農村や荘園の製粉所やパン屋に先立つものだった。

小都市で消費した穀物のうちいくらかは、多分農村から入手しただろう。だが多くは、恐らく大部分は、都市の人々がその周囲をめぐらす城壁の内外につくった畑で、独自に育てたものだった。そのような畑は、中世初期の全ヨーロッパに共通した標準的な仕組みだった。中世の都市はそれ自体で都市の鍛冶職人が作った金属製農業用具の最初の市場だったに相違ない(その金属製用具は一二世紀とそれ以後のヨーロッパの農村で非常に重要なものとなった)。

一一世紀のヨーロッパの農業では、地力が枯れるまで耕地を活用した上、その耕地を捨てることが、まだ広く行なわれていた。あるいは、田畑を数年間耕し、あとの数年間をやぶになるまで放っておき、それからやぶを焼払ってもう一度植えつけることも、広く行なわれた。シャルルマーニュは二種類の作物を交互に栽培するローマの古い方法を再興しようと試みたが、これはまずむだな努力だった。というのは、一二世紀になるまで輪作が広く採用されることはなかったし、ローマの農作業とも異っていたからだ。

中世の農耕の方法によると、ある地所に最初の年は小麦かライ麦を植えつけると、二年目にはオート麦か大麦(たまにエンドウかインゲン類の豆)を植えつけ、三年目は休耕地にした。この輪作計画が三圃《ぽ》式と呼ばれたように、この方法によると、三つの地所をひとつの単位とし、歌手が輪唱するように、各々の地所を周期の異った段階にしておいた。三圃式農業はあまり効率の良い輪作方法ではなかったが、大きな進歩ではあり、歴史家が「一二世紀の農業革命」と呼んだ、新しい農作業と農業用具が複雑に集合して起った主要な変化のひとつだった。

中世の三圃式農業がどこで始ったか、だれにもわからないが、この農法が都市を中心にして行なわれていた、ということだけは明らかである。この方法を最初に採用した農業地域は、都市の近くや都市と都市をつなぐ交易ルートの沿線地域だった。三圃式農業の普及は、どちらかというと緩慢だった。ヨーロッパの沈滞した農村まで行渡るのに二世紀からそれ以上の時間がかかった。輪作を最後に受入れた場所は、都市から最も遠く、都市の商業や製品にふれることの少ないところだった。

一八世紀の初め、輪作に大きな改良が加えられた。これはきわめて重要な変化だったため、「一八世紀の農業革命」と呼ばれるものの中心になっている。以前なら休耕していた年に、ヨーロッパの農業にかつて使われたことのない作物が植えつけられた。ムラサキウマゴヤシ、クローバー、その他イガマメと呼ばれる飼料作物である。飼料作物は「土地を休ませる」以上のことをした。それは穀物に、使い果された窒素を補充し、同時に家畜を養った。家畜は、窒素を豊富に含んだ肥料を供給した。耕作地の地力と家畜の数はともに異常な率でふえ、マルサスをあれほど驚かせたヨーロッパの急激な人口増加を可能にした。

ヨーロッパの農村は飼料作物と、それを休耕中の地所で輪作に組入れるという作業とを、どこから手に入れたのだろうか。デュビーとマンドルーはこういっている。飼料作物は農業に取入れられる少なくとも一世紀前からフランスの都市の庭で育てられており、近くの野原でも育てて都市の荷車用牛馬の飼料になっていた、と。一二世紀の輪作と同様、新しい農業はまず都市の近郊と交易ルートの沿線に広がり、最後に都市から最も遠く、都市の商業や製品にふれることの最も少なかった農村地帯で取入れられた。

農業自体が都市で生まれたのかもしれないという着想（この考えに私は誘導しようとしている）は、急進的で気にさわるかもかもしれない。ところが、今日でさえ、農作業は都市で発生するのである。最近の例では、食肉処理前の牛にトウモロコシを与えて太らせることがアメリカで実行されており、これは、トウモロコシで育てられたステーキをわれわれに提供してくれる作業である。この「農作業」は農場や牧場で始ったのではなく、カンザスシティーやシカゴなど都市の家畜置場で始った。今日のこれに類する農作業の先がけだったのである。こういう作業が都市から田舎に移転したため、今日では、おりの中で飼育される動物は都市からまったく姿を消した。

精肉工場自体が都市から田舎に移りつつある。都市の消費者のために動物を食肉処理して精肉にしたり、実験室用に脳下垂体を貯蔵したり、動物の脂肪から化粧石けんを作ったり、という「農村仕事」が以前はみな都市で行なわれた作業だった、ということは、われわれの子孫にはほとんど信じられないように思えるかもしれない。ムラサキウマゴヤシの栽培がかつては都市の仕事だった、ということがわれわれに不思議に思えるのと同じくらい、不思議だろう。

はるか古い時代にも、都市は農業開発と動物の飼育をしていた。たとえば、古い王朝時代のエジプトの都市では、動物を飼いならすための多くの実験が試みられている。その努力の記録は、絵になって残っている。キンバリーにあるマグレガー記念博物館のR・C・ビガルケは、アフリカの野生動物を食肉用に飼いならすため近代的な試みをしている動物学者だが、次のように書いている。「ハイエナをなわでつないで、食肉処理できる程度に太るまで強制的に餌を食わせた。ペリカンは卵を産ませるために飼った。マングースは、穀物倉庫の中のイエネズミやハツカネズミを殺すために飼いならした。それに、ドルカスカモシカは群集していた、という示唆がある。絵にはまた、うまやに入れられて首輪をはめた野生のヤギと大型種のカモシカが二匹と、アダックス（カモシカの一種）や大カモシカが描かれている」。ロバと普通のイエネコはナイル川の古代都市で飼いならされた。要するに、これらは農村に分配された「都市動物」である。

昔も今も、都市の通商、産業と農村の農業とをあたりまえのように区別するが、それは人為的で空想的である。両者はふたつの異った系統を下って来たものではない。農村の仕事（それがブラジャーの製造であれ、食物の育成であれ）は都市から移転した仕事である。

都市起源論

以上の論理的な帰結は、先史時代でも農業と動物の飼育は都市で始ったであろう、ということである。もしそうだとすれば、都市は農業に先行したはずである。どのようにしてそんなことが起ったのか、どのようにして穀物の栽培と動物の飼育が農耕以前の狩猟民の都市に現れ得たか、を思い浮べるために、そのような都市を想像してみよう。この目的のために、ニュー・オブシディアンと名づける都市を私は想定する。そこは、火山からとれる硬くて黒い天然ガラスである黒曜石《オブシディアン》を扱う大きな商業の中心地である、としておく。この都市は、トルコのアナトリア高原にある。

こんな都市を選ぶのには、理由がふたつある。まず、私の想像するニュー・オブシディアンをよく受継いだと思われる一都市カタル・フユクの廃墟が、英国の考古学者ジェームズ・メラートによって発見され、彼の著書『カタル・フユク』のなかで見事に記述、図解されていることである。従って、われわれの架空の都市が後にどのように発展したか、を見る利点がある。逆にいえば、われわれの想像しようとするニュー・オブシディアンは、すでに知られている廃墟の前身であり、従って、まったく頭で作り上げた都市を想像するよりも、困難が少ない。

選択の第二の理由は、学者たちはこの地域で世界最初の小麦と大麦の栽培が行なわれたと信じているが、黒曜石はそこで交易されていた最も重要な——決して唯一の、というわけではないが——工業原料だったことである。こうして、黒曜石の交易の中心地となっていた都市が当然、農耕以前のメトロポリスとして選択される。確かに、同時代のコーカサス人かカルパチア人の銅産業の中心地、または貝殻の交易を発展させていた沿岸都市だって、論理的に選択できたかもしれない。しかし、ニュー・オブシディアンが、都市の原理を説明するのに格好の候補として役立つだろう。

この都市は架空のものであるにしても、その経済については、私は厳密にまた現実的に語るつもりである。有史時代にはいって以来、形成されてきた都市で作用していると考えられる経済過程と同じ経済過程しか、私はニュー・オブシディアンに許さないだろう。

ニュー・オブシディアンは、黒曜石の交易で栄えているといっても、この黒いガラスのとれるアナトリア高原の上の火山に位置しているわけではない。一群の火山のなかで最も近い火山からは少なくとも二〇マイル離れているし、もっとあるかもしれない。火山からこんなに離れているわけは、黒曜石の交易を始めたころ、火山地帯を支配していた旧石器時代後期の狩猟民族が、よそ者がすてきな宝物の座に近づくのを許そうとしなかったからである。遠い昔に、彼らほどには策略にたけていなかった先住者から、黒曜石を産出する領土の支配権を無理矢理奪い取っていたのである。彼らは、この征服劇を繰返す危険をおかしたくなかったのだ。

こうして、少なくとも紀元前九〇〇〇年以来、またはもっと以前から、近接する狩猟民グループの領土内でこの地方の黒曜石の交易が慣行として行なわれていた。この近接する狩猟民グループというのは黒曜石のお得意先で、やがて、もっと遠くにいる狩猟民との交易の仲買人になった。このグループの集落が、ニュー・オブシディアンという小都市になったのである。

紀元前八五〇〇年のニュー・オブシディアンの人口は約二〇〇〇人を数えている。それは、定着した先住民と、黒曜石を持つ民族との混成であり、人口の多くは、交易とそれに関係したいろいろな仕事をするために市内に定住している。市から離れて生活する少ない人口も確かにあって、いまでも火山の上で働いたり、周りの領土を警備している。ニュー・オブシディアンからの一団が毎日、火山と市とを結ぶルートを往来して宝物を運びおろしている。市の人々は大変器用に手仕事ができるが、専門化するチャンスがあるから、もっと器用になれるだろう。市では、ひとつではなくていくつかの民族の神々が崇拝され、公式に祭られ、帰依されているので、かえってそれがひとつの特殊な宗教になっている。人口と同じように、神々も交じり合ってしまったのである。

次のような交易の方法が広く行なわれていた。物を買いたいと思う者が交易のイニシアティブをとる。行商人というのはまだ登場してこない。交易人はむしろ自分たちのことを、あちこち歩き回って物を買う代理人と考えているし、外からもそう見られている。彼らは確かに、自分たちの交易品を購買地まで持って行ったが、これは、彼らの求める物なら何でも買えるための貨幣として使われた。だから、はるかに遠いところからニュー・オブシディアンを訪れる交易人は、何か他の物を売りさばくためではなく、黒曜石を手に入れるのが目的でやって来るのである。彼らが持って来る交換物の大部分は、彼らが狩猟の領土でとったありふれたものばかりだった。ニュー・オブシディアンの人々が、自分たちの領土では見られない銅、貝殻、顔料などの特殊な財宝が欲しければ、独自に交易団を編成して、これらの物を手に入れるために他の集落を訪れる。彼らが持って行く黒曜石は貨幣のようなものである。

こうして、銅、美しい貝殻、顔料などの珍しい財宝を持つ集落は、黒曜石の第二の交易センターとなった。これらの居住区は近くの狩猟民族と黒曜石をいくらか交換するが、その黒曜石は物々交換でもたらされ、支払いはありふれた狩猟の獲物で行なわれる。同様にニュー・オブシディアンは、黒曜石以外の珍しい品物の地域的な交易センターでもある。

こんな調子でニュー・オブシディアンは「生産」集落であるのと同じく「貯蔵」集落となった。そこでは、二種類の主な輸出産業がある――一種類ではない。もちろん、黒曜石がひとつの輸出品である。もうひとつの輸出品はサービスである。それは、市外から運び込まれ、同じく市外からやって来る第二の客の手にはいることになっている品物を入手し、取扱い、交易する、というサービスである。

ニュー・オブシディアンの経済は一方では輸出入経済、他方では地域経済または内部経済の二分野に分れる。だが、その集落の経済のこのふたつの主要な区分は、静的なものではない。時がたつにつれてニュー・オブシディアンは、黒曜石とサービスという二大輸出品に新しい輸出品を多く加えていき、新しい輸出品はすべて市自体の地域経済から生れる。たとえば、採掘場から黒曜石を運びおろすのに使う精巧な皮袋は、黒曜石を買うために市を訪れたが、その皮袋を見てからこれに黒曜石を入れて持帰りたがる他の集落の猟師や交易商人に、物々交換で渡ることも時々ある。ニュー・オブシディアンで職人が市内の人々のために作るたぐいの高級な黒曜石製ナイフの完成品、矢じり、やりの穂、鏡も、未加工の黒曜石を求めてやって来る人々に熱心に求められる。繁栄するニュー・オブシディアンにある、影響力の大きい宗教も交易の対象になる。その宗教の、土地のありふれたお守りが売れるからである。個人の服の装飾品も輸出される。

大きな交易集落では、模造品もたくさん作られる。ニュー・オブシディアンはしばらくの間、ごくわずかの皮袋しか売らなかったが、銅を商う集落や顔料を商う集落の職人がニュー・オブシディアンの皮袋を模造し始めた。一方、ニュー・オブシディアンでは、市内で人気のあったいくつかの輸入品を職人が模造し始めた。たとえば、代赭石《たいしゃ》（顔料）を交易していた集落から時折り輸入したがん丈で上品な小さなバスケットや、牡蠣《カキ》の貝殻の化石を主に交易していた集落から輸入した木彫りの箱など。ニュー・オブシディアンではやがて、輸出用に皮袋を作るという副業がいくらか衰えるが、その時までにはこの小都市は、模造したバスケットと箱という小さくて補完的な輸出品をすでに開発していた。

ニュー・オブシディアンの人々、他の主だった集落の人々、主な交易の中心地の間にある小さな普通の狩猟民集落の人々は、自分たちの狩猟の領土が侵略されると、ひどく怒って侵略者を撃退しようとする。ただ、交易の中心地へ行くという大義名分があれば、よその領土を横切ることは例外として許される。だから、遠くからニュー・オブシディアンに至るルートは、実に多くの狩猟民族の領土を横切ることになる。これらのルートは、まず市に最も近い領土に通じ、後に遠くの人々が得意先になるにつれて、さらにもっと遠いところの人々が得意先になるにつれて、どんどん拡張された。得意先の範囲がどんどん広がるにつれて、ニュー・オブシディアンへのルートも拡張したのである。ニュー・オブシディアンへの道は、他の都市から延びたルートとつながって、カタル・フユクの時代までには、東西ほぼ二〇〇〇マイルにもおよぶ道路網の形成に役立つ。

ルートの安全は、早くから確保されていた。侵入路はいつも、交易を喜んでいた民族の領土を通っていたからだった。ルートをしゃ断したり、交易商人から強奪したり、殺害したりする者はだれでも、それだけの理由で黒曜石の入手を拒まれたし、さらには、最寄りの都市や交易ルートを使っていた近くの狩猟民のなかから出た兵士の連合軍と、一戦を交えなければならなかった。

交易グループが使ったルート沿いの休憩・給水地点は、伝統的なものになった。そこは完全な聖域で、市の宗教規律で強力に保護されている。これらの場所にはきまって泉か他の水源があり、同じように保護されている。だが、ホテルはない。交易商人は旅行する間、あまり外食はせず、食糧は自分で携帯する。彼らは、自分たちが侵犯するよその領土に腰を落着けることはしない。道草を食わずに急いで旅をするが、たいがい空腹をかかえて家に帰り着く。

ニュー・オブシディアンの建物は材木とアドービ（日乾し）れんがでできている。一〇〇〇年もたてば、形の整った泥のれんがでできた建物も現れるだろう。この小都市の「中心地」つまり物々交換の行なわれる一画は、地理的には、各ルートが合流して集落に接近する、市のはずれにある。市が発展するにつれて、この一画は、はっきりそれとわかる場所になった。市は裏側にも拡張していくが、その度合いは緩慢である。ルート寄りの市場では、外来の交易商人がキャンプを張る。キャンプの住人は次々と入れかわるが、キャンプ自体は恒常的な住宅となった。市場は、ふたつの世界――ニュー・オブシディアンの世界と外部の世界とが出会う場所である。だから、この一画は市内の唯一の「オープン・スペース」であり、今では人々が出会い交易する繁華なこの一画は、もともと意図的にあけておいた分離区域だったから、オープンにしてある。市場、すなわち現在市民広場となっているところは、市の火山に面した側にある。こういう位置をとる理由は、初めのうちここは、ニュー・オブシディアンの始祖たちが火山の所有者と交易した場所だったからである。近くの部族も、この集落で物々交換を始めるとき、すでに形成されていた物々交換場を使った。当然のことながら、宝物庫は市場（物々交換場）にはない。だが多くの仕事場、とりわけあまり貴重でない材料を使う仕事場が、周囲の建物と建物の間にひしめいている。

なぜニュー・オブシディアンがそれほど重要な交易の中心地となり、ここを目的地にして人々が遠くからはるばる訪れるようになったか、を理解するには、黒曜石が狩猟民にとってどれほど大切なものだったか、を理解する必要がある。黒曜石は、ただ人目をひき、それを持つ者に威信を与えるだけの物ではない。黒曜石は最も重要な生産財である。一度黒曜石を持つと、どんな小さな交易都市の狩猟民も農村の狩猟部族民も、それを必需品と考えてしまう。最も鋭い切断器具を黒曜石で作るのである。このような資材が一万年もの昔、中東の狩猟民にとってどんな意味をもっていたのか。そのヒントは、ピーター・フロイヘンが『エスキモーに関する書物』のなかで述べている、近代的なナイフについての次のような意見を考察すれば、わかる。

「コミティー湾で私は、ナイフを持たないエスキモーに出会った。彼らの持っていた唯一の切断用具は、たるからとった古い金属の帯金で作ったものだった。アザラシの皮をはぐのに、とがった石か、骨で作ったナイフを使った。彼らはセイウチをとっていたが、一頭のセイウチの皮をはいで切解するのに数日かかった。彼らが粗末な道具で仕事をする間に、数百頭のセイウチがキャンプのそばを通り過ぎただろう。もし彼らが現在のように鋼のナイフを持っていたら、すべての作業は半時間で完遂されたろうし、猟がうまくいくうちは、もう一度出かけて行って、恐らく一日、二日で冬の糧食を全部とることができただろう」

黒曜石は鋼ではないが、ニュー・オブシディアンの世界では一番それに近い物だった。

ニュー・オブシディアンの食糧は二通りの筋から手にはいった。ひとつは旧来の狩猟・採取領域——そこではまだ人々が、かつて狩猟し、採取するだけだったころと変ることなく、細心に狩猟し、食糧を取り、警備している——からと、もうひとつ、現在ではニュー・オブシディアンに本部を置いている火山の所有者グループの領土からはいって来る。だが食糧の大部分は、外部の狩猟領土から輸入される。これが、市場で黒曜石その他、市の輸出する品物と交換される食物である。食糧は日常品であって、銅、貝殻、顔料、その他珍しい宝物で支払いをすることのない得意先が持って来るものである。立派な野生食物は良い条件で交換される。実際こんな風にニュー・オブシディアンは、交易を通じてたくさんの狩猟領土の産物を吸収することによって、自分たちの狩猟領土を大きく拡大した。

市場に運ばれる野生食物のうちで最も適当なものは、腐らない食物である。ひどい食糧不足や異常な飢きんで何でも歓迎される時を除けば、腐らない食物だけが受入れられる。これには理由がふたつある。ひとつは、得意先がもし遠方の領土から来る場合、腐るような食物では旅の途中でだめになってしまうからである。次に、もっと大切なことは、ニュー・オブシディアンの人々が食糧を食いつぶして、おそらくあとになって飢えるよりも、食糧を貯蔵して合理的に食いつなぐことを好むことである。従って輸入食糧には、生きた動物と固い種が圧倒的に多い。この点、ニュー・オブシディアンは、野性の食物を輸入するすべての農耕以前の集落と似ている。

ニュー・オブシディアンの交易は、他に類をみないほど大規模で広範だから、生きた動物と種が大量に市に流れ込む。動物はもし人に危害を加える恐れのあるときは、なわでつないだりオリに入れて運ぶ。その危険のないときは、布地のロープでゆわえて、かわるがわる運んだり歩かせたりした。腐らない植物性の食物は動物よりも扱い易く、それを運搬する交易人は、動物を運ぶよりも速く旅をすることができる。従って、特に遠いところから豆類、木の実、食用の草の種がニュー・オブシディアンに流れ込んでいる。

輸入食糧はすぐにニュー・オブシディアンの地域経済に組込まれ、食糧の保護、貯蔵、分配に専門化している市の労働者の手で管理される。実際には、彼らは管理者である。野生動物の管理者であり、食用種子の管理者である。まず動物管理者の職務を考えてみよう。原則的には、彼らの仕事は、食肉処理する時が来るまで動物の世話をすることであり、あまり困難な仕事ではない。だが、この仕事には判断力が必要である。最初に選んで食肉処理する動物というのは、最も飼育しにくいか、飼育はできても最も世話の焼ける動物であり、あるいはその両方かである。食肉動物のほとんどはそのどちらか、あるいは両方の部類にはいり、ニュー・オブシディアンに着くとすぐ食べられてしまう。職人は、食肉処理した動物から皮、その他の副産物をとる。草食動物は最後に生命の天然冷蔵庫つまり動物置場から引出される。そして草食動物のなかでもメスはいくらかおとなしいから、その保育期間は一番長い。メスは食肉処理される時期が来る前に子を産むことも時々ある。そして、そんなときは、もちろん、肉と皮が余分に手にはいることになる。ニュー・オブシディアンの動物の管理者は並外れて大量の肉の貯蔵を手にして、その中からあれこれと肉を選別するわけだが、彼らは慣例として従順な動物をできる限り保護する。彼らには動物を飼育するという考えはないし、どの動物は飼育できてどの動物は飼育できないか、という分別もない。管理者は頭のきれる人たちで、問題解決の能力は十分にあり、経験から立派に識見を持つことができる。だがその経験は、「動物を飼育する試み」といわれる着想までは、まだ何も教えていない。ただ、彼らは、市に輸入される野生動物を最善を尽して管理しようとしているだけである。

生捕りにされている動物のなかでも十分長生きして、第二、第三、または第四代目の動物まで子を産むことがあるが、その唯一の理由は、そういう世代の動物がたまたま食糧の豊富な時期にめぐりあわせて、しかも最も保管しやすい、ということである。実際、生捕りにされている第三、第四代目の動物でも、食糧の必要な時には容赦なく殺されることが幾度もあった。

しかし、管理者は常に新鮮な肉を手元に置いておくように努力していて、特に、ニュー・オブシディアンの商隊が疲労し、腹をすかせて、歓待されることを待ち望みながら遠くからやって来る時のように、幸福で楽しい時のためにいつも肉があるように努めている。しかも管理者は、そのうち新鮮な肉をいつでも手元に置いておけるようになる。こうして彼らは、いわゆる家畜というものを持ち、細心の注意を払って保護するようになる。だが、そのような動物も、同種ではあるがいろいろ異った、危害のない輸入動物と交じり合う。そして、その子孫のなかでも最もよく生捕り状態に耐えられるものは、明らかに、最良の生残れる動物ということになり、手元で餌をあさっている最良の精肉用の動物である。こういう最も従順な動物が、いつも気に入られて保護される。

ニュー・オブシディアンでは、偶然だが、動物管理者は羊を貯え、繁殖させることに特別専念する。それは主に、羊が、手軽に世話できるという要求にかない、その肉が他の肉に劣らず好まれているからである。また、職人は羊の毛皮を珍重している。

ニュー・オブシディアンと交易している他の小都市では、輸入した野生の山羊が、粗末な飼料でも育つという理由から重宝がられている。ニュー・オブシディアンに銅を売っているもうひとつの都市は野牛を飼っているが、これは、野牛のメスが非常におとなしく、職人はツノの繁殖を特別好ましく考えているからである。交易範囲のはるか西の方では、野生のメス豚が森で放し飼いできて、あんなにすばらしく大きな子を産むため重宝がられている。

ニュー・オブシディアンの種の管理者にとっては、交換した種のどれを取ってどれを捨てなければならないか、という必要はなく、事実そんなことはしていない。交易して得た乾燥種子は倉庫で全部ごちゃまぜにして、交じったまま食べる。湿った土地や乾燥した土地から、砂土や壌土（ローム）から、高地や溪谷から、川の土手や森の空地から、実に雑多な野草の種が都市に持込まれる。これらの種は、戦争や侵略の場合――こんな時は侵略者が強奪した物を即座に食ってしまう――以外は互いによその領土で収穫したりはしない、多くの部族の領土から持込まれる。だが、ここニュー・オブシディアン――食用種子の世界最良の市場――では、種はいっしょに倉庫に納められる。

それまでまったく混合されていなかった種は、かごと箱の中に投込まれる。皮をはぎ、ひき、調理されて、さらにエンドウ豆、レンズ豆、木の実、果肉と混ぜられることもよくある。*1

*1――今日、商品名で「パイオニア・ポリッジ」という似た食品があり、私の家庭でも時々食べる。六種類の穀物を全部ごちゃまぜにしたもので、袋に書いてある調理法によると、エンドウ豆や木の実と混ぜるとよいらしい。ニュー・オブシディアンに持込まれた交換種子は、ちょうどこのような料理のはしりとして使われたのだろう。満腹になって、味も悪くない。

冬が終っても種が残っている場合は、耕されていない土地にまくが、これはあまり実り多い仕事ではない。野生の種の採取がそれでもっと手軽になる、というだけのことである。市場の中や周りで、市内の倉庫の周りで、女たちが種を脱穀し、ひき、家の穀物置場を往復して持運んでいる庭で、種がいくらかこぼれる。こぼれてまかれようが、きちんと土地にまかれようが、あるいは小さなたかり屋――イエネズミ、ハツカネズミ、小鳥のこと――によってまかれようが、これらの植物は、これまで見たこともないような組合せで交じわる。ニュー・オブシディアンでは、穀物を交配させるとか、雑種のソラマメとエンドウ豆を手に入れるのに、問題はない。問題ないどころか、雑種は避けられないのである。

交配種と雑種は、人の目にとまらないわけがない。事実、交換された種のいろんな種類を見定め、その価値を見積るのに秀でていて、都市に集められた種のうちどれが新種であるかをよくわきまえている人たちの目には、とまっている。突然変異は野原で起るほどには起らないが、野原で起る突然変異はほとんどの場合、人目につかないのに対し、市中で起る突然変異は、あまり見過ごされることはないし、たまに交換して入手したかごに、何杯分かの変種の種が人目にとまらずにいることもない。だが交配種、雑種、珍しい変種は、意図的に選択交配に使われるわけではない。

輸入動物の管理者が、ニュー・オブシディアンの猟師が殺した動物に対して管理権を持たないのと同様に、交換種子の管理者は、地元で育った種に対する管理権を持たない。最初に新しい穀類植物を選別するのは、種の管理者ではない。ニュー・オブシディアンの主婦が選別するのであり、まずは大ざっぱに選んでおく。種をまいた土地の中でも、たくさん実るところとそうでないところとがあるから、種の選別ということが行なわれるのである。幸い、肥えた土地からとれた種で一杯になった家庭用の穀物置場というのは、多くの場合、やがてまくためにとってある種で一杯になった穀物置場であって、それはまくことを目的として貯えられている種である。

ニュー・オブシディアンでとれる作物の中でも、最も肥えた畑からとれたものと、そうでない畑からとれたものとでは、品質にすごく格差があるため、ひとつの画期的なしきたりが生れた。それは何かというと、市民同士が種を交易する、ということである。つまり、彼らは種を手放して装飾品を手に入れる、という商売を始めるのである。おそらくこういう商売は、女性に限られているだろう。彼らの祖先なら、随分思い切ったことを始めたものだと考えただろうが、それほどのことではない。なぜかというと、この行為に従事している市内の人々が取引のモデルとしているのは、市民広場で長いこと行なわれてきている物々交換だからである。

地元で取引するのは、最も肥えた畑からとれた種だから、そのおかげで、ニュー・オブシディアンで育つ穀物はそのうち全部が、野生の穀物よりも豊かに実るようになる。市民は、自分たちの穀物がなぜ「上等」なのかよくわかっていなかったが、「上等」であることだけは知っている。さらに次の段階になると、意図的に、また意識的に選別するようになる。ここでは、目的があって選別するのである。すでに耕した交配種、そのまた交配種、変種、雑種の系統の中から選別する。

ニュー・オブシディアンの種を精選して質の良い穀物に育て上げるのには、多くの世代――単に小麦や大麦だけの世代ではなく人間の世代も――が必要になる。しかし、だいたいそんなことができたのは、次のような条件があるからである。

一、普通ならいっしょには育つことのない種が、それでも相当の期間にわたってしばしば、そして継続的に交じり合うこと。

二、右のことが起っているその場所で、目にとまった時、適切に対処できる人が、変種に対して知識ある綿密な観察を続けなければならない。

三、そこで育っている穀物の種だけは、やがて神聖で侵すことのできないものになれるように、その場所は、食糧不足の時も手を入れなくてすむようにしなければならない。食糧が不足するたびにそこを刈取るようでは、選択交配の全過程が、何も実を結ばないうちに繰返し水泡に帰することになる。要するに、経済の繁栄が前提条件である。時間は必要であるにしても、時間それ自体が栽培穀物をニュー・オブシディアンに授けるわけではない。

ニュー・オブシディアンは肉と穀物を徐々に、いよいよ大量に産出するようになるが、だからといって、その結果、欲しくもない輸入食糧の余剰をもてあますことはない。まず、新しい方法で食物を栽培するという行為自体が、新しい道具と一層生産的な材料を必要とする。ニュー・オブシディアンの人口はふえ、そこで営まれる仕事も多くなる。

その都市の全部の食糧供給の内容は、都市の領土でとれる野生動植物、輸入される野生動物と種、新しく独自に栽培した肉と穀物である。食糧供給の総量はふえるが、都市が自家生産する新しい食物が大きくふえるにつれて、輸入は減る——都市伝来の狩猟領土からとれるものの量は、おそらくこれまでと変らないだろう。つまり、今や都市は、以前なら輸入しなければならなかった品物のいくつかを自給しているのである。これは原則的には、まずかごを輸入しておいて、後に、もう輸入する必要がないように地元でかごを作る、というのとあまり差がない。かつてニュー・オブシディアンは実に大量の野生食物——たとえば、かごとか箱と比べて——を輸入していたから、それに代る地元での生産は、都市の経済に大きな変化をもたらした。

ニュー・オブシディアンは、必要でない輸入食物に代って、他の品物——しかもいろんな物——を輸入することができる。結果は、実はそうではないのだが、まるで都市の輸入量が膨大にふえたかのようである。都市が輸入品目を、ある種のものから他のものに切替えただけのことである。この輸入品目の切替えは、ニュー・オブシディアンと交易している人々の経済を急激に変化させた。黒曜石を求めてその辺の狩猟民族から訪れる人々は、かつてのように幾袋かの草の種と、疲れてやせこけた動物では、もう黒曜石を買えないが、半面、自分たちの領土でとれるありふれた工業原料（毛皮、皮革、藺《い》草、靭皮《じんぴ》繊維、つの）が物々交換で非常に歓迎されていることを知る。

今でもその都市の交易商人たちは、都市の手工業者のために珍しい物を求めて、以前にもまして遠いところまで、以前にもまして足しげくおもむいている。手工業者が、都市に流れ込む物の新しい富で作る製品は、都市の富の爆発となり、新しい仕事の爆発となり、新しい輸出品の爆発となり、そして、そもそも都市の規模の爆発となる。営まれる仕事と人口は、ともに急速にふえる――それがあまりに急速であるため、外部の部族からやって来る人々も、その都市に永住するようになる。彼らの人手が必要なのである。ニュー・オブシディアンは都市に特有の、重要な経済変動を経験した。つまり、かつては輸入していた品物を地元で生産するようになったことと、その結果起った輸入品目の切替えに帰因する、爆発的な成長がそれである。

ニュー・オブシディアンの交易商人たちは、旅をする間、自らの食糧補給にニュー・オブシディアンの食物を携帯する。彼らは時折り、見なれない動物とか、豊かに実を結びそうな異国の種を持帰る。そしてニュー・オブシディアンを訪れる他の小都市の交易商人たちは、時々食物を持帰って、自分たちが大都会で目にしたものを語る。こんな風だから、新種の穀物と動物が最初に伝わるのは、都市から都市へ、である。農村社会は、まだ野生食物やその他の野生の物が狩猟され、採集される世界なのである。動植物の飼育、栽培は、なお都市の仕事にすぎない。それはまだ、その辺の集落の猟師たちによってではなく、他の都市の人々によってしか真似されないのである。

最古の都市

ニュー・オブシディアンが主な輸入品目を切替え、爆発的に発展して以後、ニュー・オブシディアンのような都市はどんな様子になったろうか、と想像するだけなら、その必要はもうない。というのは、メラートがアナトリアで発見した都市カタル・フユクは、架空の都市ニュー・オブシディアンのそれと同じような経済史を秘めていたように、私には思えるからである。カタル・フユク――その意味は「太古のカタルの塚」――は、発見者メラートが実際には、村みたいな集落をひとつ見つけようとしているうちに、発見された。紀元前六〇〇〇年ごろ形成された新石器時代後期の農村――その文化はすでに十分発達していた――を一個所、彼はすでに発掘していて、そこはその農村よりもっと古い、土器が作られる以前の時代の、長い間放置されていた集落の遺跡の上にあった。メラートは、この農村の文化の源を求めていた。彼は、この村よりもっと古くて、もっと原始的な他の村で、それが見つかるだろうと考えていた。塚と思われる塚を二〇〇〇個ほども探索して、そのうち最も望みがありそうなものは、彼がすでに発見していた村から東に約二〇〇マイル行ったところにあった。それは、雑草とアザミに覆われた円丘で、平らな大平原のなかを五十フィートほどゆるやかに盛上がっており、かつて川の土手だったところのそばにあった。

一九六一年、メラートの指揮で発掘が始った。三年の夏にわたったこの作業の成果は、この都市についての彼の著書に記されている。[*2]

*2——彼はまたこの資料のいくつかを、サイエンティフィック・アメリカン誌一九六四年四月号の記事でまとめている。私の使うメラートの引用は、より手短かにするために、彼の記事にある簡約された資料からとったものである。

カタル・フユクは、その後に形成された農村より、もっと豊かで複雑な文化をもった、一層高度に発展した集落だった。実のところ、カタル・フユクはだいたい村ではなかった。カタル・フユクは「すでにトルコで発掘されている、新石器時代に続く青銅器時代のすべての都市と同じくらい都市的な」遺物をもった都市だった。カタル・フユクは、これまでに発見された最古の都市であると同時に、農耕をしていた集落のうちでも知られた最古の集落である。また、この本を書いている現在までのところ、新石器時代の生活の、知られた最古の実例である。

規格化された泥の煉瓦で作った建物が、カタル・フユクの三二エーカーの土地をびっしり埋めていた。かなり大きな家族が住んでいた家には、明らかに、すべての用途に使われる小さな部屋が一室あるだけで、多分その上にには、木造のベランダがしつらえてあったのだろう。数千人にも達していたに違いない人口は、密集していた。家にはいるには、おおいを被った天井の「玄関」からはしごを伝って降りた。

カタル・フユクは、職人の都市、芸術家の都市、製造業者の都市、商人の都市だった。メラートは、カタル・フユクがのみ込んでいたに違いない労働者の一覧表を作っている。

「……織物師とかご作りの職人。大工と指物師。磨き石器（おのと手おの、つや出し器とグラインダー、のみ、ほこの穂、パレット）を作った職人。石玉に、今日の鋼製の針でもあけられないような穴をあけたり、ペンダントを彫って石の切りはめ細工を使ったビーズ細工職人。歯牙《が》、子安貝（たから貝）、牡蠣《かき》の化石で貝殻のビーズを作る細工師。火打石と黒曜石を砕いて剝《はく》片の短剣を作った砕石職人。やりの穂、やすの穂、矢頭、ナイフ、かまの刀身、削り道具、きりを作った職人。皮・毛皮商人。骨で突ききり、穴あけ器（パンチ）、ナイフ、削り道具、ひしゃく、スプーン、弓、シャベル、へら、とじ針、帯どめ、とめくぎ、ピン、化粧用の棒を作った職人。木製のボールや木箱を作った彫物師。鏡師。弓師。純銅を延ばして銅板を作り、それでビーズ、ペンダント、指輪その他の装飾品を作った職人たち。建築士。あらゆる原料を入手した商人、交易人。最後に芸術家――小像の彫刻家、塑《そ》像の製作家、画家」

化粧道具ひとつとってみても、紅顔料、藍《らん》銅鉱、くじゃく石、それに多分、方鉛鉱を調合するための「パレットと研削盤」、絵具を入れるためのかごか淡水産の二枚貝の貝殻、……（そして）化粧のでき具合を見るための、よく磨かれた黒曜石の鏡を数える。

これまでに発見された最古の布地は、カタル・フユクで発見されたものである。その出来具合を見ると、粗雑なところはどこにもなかった。少なくとも三種類の織りかたが確認されている。そして数個の建物の内部には、巧妙な色とりどりの壁画があって、とりわけ織りじゅうたんを描いている。男は骨で作ったホックと小穴のついたベルトでヒョウの皮をしめて着て、冬はシカの枝つので作ったとめかぎでしめた布製のマントを着た、とメラートは書いている。女はヒョウの皮で作ったノー・スリーブの胴衣を骨のピンでとめてまとい、ひもスカートをはいており、そのすそには小さな銅管を重しにつけていた。

ちょうど、これらの人々が織布を、猟師とか、わなをしかけて動物を捕える人たちの着る毛皮の着物と合わせて着たように、また、猟師の扱う物である骨と枝つのに加えて、延ばした銅を使い出したように、野生食物のほかに地元で飼育、栽培した食物を食べるようになった。野生食物には次のような物があった。赤シカ、イノシシ、ヒョウ、野羊、野牛、野生のロバ、野生の木の実、果実、漿果類、それに卵――メラートはこれを飼育した鶏の卵ではなく、野生の鶏の卵と判断している。飼育、栽培した食物には、羊、牛、山羊、エンドウ豆、レンズ豆、苦味のあるカラスノエンドウ、大麦、小麦があった。大麦と小麦は、すでに発見されているもののうちでも最古のものだが、それでも、その発祥地である野草の生えていた地点からは、すでに遠く運び去られていた。変種のなかには、六列に実のついたボウズ大麦、六倍数の染色体で自由脱穀する小麦、その後約二〇〇〇年を経ないことにはヨーロッパの農業に登場しなかった、と信じられているような穀物があった。

ヨーロッパの中世の都市の人々と同様、明らかにカタル・フユクの人々は、もっぱら栽培食物と野生食物の両方を食べていた。だが、おそらく中世のヨーロッパの人々より彼らの方が良い食生活をしていただろう。彼らの骨格からみて、彼らが十分に食を取り、健康で背が高かったことがわかる、とメラートはいっている。

紀元前約六五〇〇年ごろ——この地域に人が住んでいた期間は一〇〇〇年だから、ちょうどその中間期に当る——大火のおかげで、穀物は焼けこげたまま保存された。偶然、穀物が保管されたからといって、当時から五〇〇年前にも穀物があった、という証拠にはならないが、穀物入れ箱、うす、手引きうすから判断して、都市はここに住み着いたころから穀物を栽培していた、とメラートは推論している。また、当時、都市は羊を飼育していたと思われるが、牛と山羊を飼育できるようになったのは、後年のことである。都市には犬もいたが、豚はいなかった。

次のようなことが推定されるはずだ。この文明は、単に、非常に多くの工芸が、明らかに、猟師の扱う物資とその技能から生れただけでなく、都市の美術にしても直接的に——一貫して——狩猟生活から生れた、ということである。メラートはこう記している。「この注目すべき文明の起源について、断定的に語るのは早計である。(しかし)……カタル・フユクの美術の発見は、旧石器時代後期の伝統である自然主義的絵画――それは西ヨーロッパでは氷河期の終了とともに途絶した――がアナトリアで存続したばかりか、隆盛を極めたことを証明している。このことの意味は、カタル・フユクの人口のうち少なくとも一部が、後期旧石器時代人(旧狩猟民族)の血をひいていた、ということである」

メラートは「食糧の生産の新しい能率」が都市の経済基盤になっていた、と考えることによって、いつも農業優位のドグマに服従している。だがそうはいいながらも、彼は事実、農業がカタル・フユクの経済の基盤を解明する、という考え方を飲みこめないでいる。「どんなに豊かだったとしても、ここは農民の村ではなかった」。交易がよく編成されていたことは明白で、これは「美術、工芸でのこの社会の爆発的といってよいほどの発達を解明する」かもしれない、と彼は推測し、「黒曜石の交易はこの大規模な商業の核心だった」と示唆している。だが、これも、私には単純化しすぎるように思える。カタル・フユクはひとつの貴重な資源を持っていたし、確かにその資源を交易していたが、その他にも貴重な、もっと驚くべきものを持っていた。創造的な地域経済をもっていたのである。この地域経済があればこそ、この都市は鉱山に通ずる入口を持った、単なる一交易所に終っていないのである。カタル・フユクの人々は、次から次と自分たちの地域・都市経済に仕事を加えていった。

住民が自分たちの領土でとれた宝物を物々交換した農耕前時代の狩猟集落の多くは、比較的短期間だけなら光彩を放った創造的な経済を、しばらくは持っていたかもしれない。しかし、時代が下って有史時代にはいってからは、どんな創造的な地域経済も――ということは、どの都市経済も――他の都市から孤立しては発展できなかったように思われる。地方の奥地と交易するだけでは、都市は発展しないのである。都市とは、いつも互いに交易し合っている一群の都市を意味したようである。だから、先史時代にも、いくつかの小都市が同時に市場を相互拡張するのに役立ってさえいたならば、明らかにカタル・フユクでそうだったように、創造的な都市経済の曙《しょ》光は、現実にともり続けることができたかもしれない、と推測するのは道理である。

もし私の推論が正しければ、新石器時代の顕著な発明、あるいはそう呼びたければ事件は、その重要性にもかかわらず農耕ではなかったことになる。多くの新しい仕事、その中でも農耕を可能にしたのは、むしろ、持続し、相互依存する創造的な都市経済、という事実だった。

農業の成立ち

穀物の栽培と家畜の飼育という都市の仕事が発展していたころは、もちろん田舎の農業というようなものは全然なかっただろうし、農村、つまり農業に特化していたような集落もなかっただろう。都市では農業は、集約的に営まれていた商業と産業とをともなった、広範な経済のほんの一部分に過ぎなかっただろう。田舎は、小さくて簡素な狩猟集落の点在する、狩猟と採集の世界だったろう。

ちょうど今日の新しい農業が、まず都市で開発され、それから農村に移植されるように、最初の農業も、都市から田舎に移植されたに違いない。農業を田舎に移植した最もあり得べき理由は、動物の飼育があまりに場所をとりすぎたということだろう。穀物の栽培は比較的手狭でもできた。広大な面積を必要としたわけではなかったし、架空の都市ニュー・オブシディアンやカタル・フユクのような都市では、人々は、ヨーロッパの中世初期の都市とかボストンに初めて定住した人々のように、都市の畑を手軽に手入れすることができた。だが、家畜の放牧には広い土地が必要だったし、新石器時代の都市が受入れてうまくまかなえた動物の頭数も、早々に限界に達しただろう。その解決策は動物を追い出すことだったろう。都市の家畜とその面倒をみる仕事とを、都市から家畜の足で一日以上の行程がかかるほどの放牧地域に移すのである。家畜の群れに、放牧人とその家族がついて行っただろう。そして放牧人とその家族は、調理道具その他日用品のほかに、自分たちのために穀物を栽培する道具を持って行っただろう。従って、ここで、一種類ではなく二種類の集落がカタル・フユクのような都市の後背地に、同時に存在することになる。旧態依然とした狩猟集落と、それとは根本的に異る新しい農業集落とがそれである。

こうした農業集落は、むしろギルドの町のように、都市の仕事の一部分を営む、専門化した社会だったろう。この最初の農業集落は、都市に送るために肉と羊毛を生産しただろう。その他の品物は、穀物を含めて自分たちのためだけに作っただろう。自分たちのために作らなかった品物で、しかも必要な物は、肉と羊毛と引換えに都市から入手しただろう。集落で種が不足したときは、当然のことながら、都市の専門業者から種を得ただろう。都市で農業集落に関係のある技術が改良されると、集落はそれを受入れただろう。

最初、集落は、放牧を念頭に立地されただろう。集落と集落の間は十分距離をとっていたから、動物がよその牧場にちん入することはなかったが、必要以上に遠かったわけではないし、都市からも必要以上に離れてはいなかった。だが、このような、あることに専業化して経済的にアンバランスな集落がいったん出現すると、ほかにどんなことでこれらの集落を利用したらよいかが明らかになって、それによって集落の位置も決ったたろう。交易人にしてみれば、できるだけ親都市から遠くて、しかも主な交易ルートの沿線に集落を置いてもらうと、都合がよいと思われただろう。交易人の目からみれば、集落は、他の多くのいやしの泉であると同時に、食物の隠し場所のようなものだったろう。彼らの旅の道連れをする、都市の片割れである。また、集落のなかには、たとえ良好な牧草地を飛越してそこを空地にしておいてでも、きれいな貯水池を確保できるようなところにある集落も、いくつかあっただったろう。狩猟集落は、これら農業集落のために領地を譲渡するよう強制され、それに抵抗すれば戦を挑まれて、人々は多分殺されたり、どれいにされたり、追払われたりしただろう。

もし人災、天災を問わず、致命的な災厄が親都市を襲ったら、その都市の農業集落は――もしなんとか災厄に耐えることができたら、の話だが――、閉ざされたその経済生活の不完全性から脱却しただろう。親のない子どものようになったこれらの集落は、もちろん、できる仕事をしながら続けて専門化することだろうが、その時は、ただ自分たちが生き延びていくだけのための専門化である。新しい技術を送って来ることになっていた親都市の経済がもうないのだから、孤立した集落はそれ以上、発展しなかっただろう。先史時代には、集落は都市の壊滅によって度々孤立したに違いない。

集落は、その経済生活のある部分が欠落すると、その部分を復旧し再編成する方法を持たなかっただろう。このことから、遊牧民の起りが明らかになるのではないか、と私は思う。親都市が壊滅して種をなくした新石器時代の集落には、種を入手するところはほかになかっただろう。残ったものといえば、動物の飼育と、その大部分を動物から取った材料をもとにして、あまり多くはない最小限必要な工芸を営むことぐらいだったろう。こういう人々は、遊牧民になるほかなかっただろう。疑いもなく、遊牧民の使った言語から、彼らの起源となった都市文明を数千年後に確かめることができた。

まだ集落が繁栄し親都市の保護のもとにあったころ、都市生活を知らなかった、野生食物をとる狩猟民は、絶えず都市に吸収されていたようだが、同じように集落も、おそらく愛人や召使いのように度々吸収されたことだろう。

だが、それほど吸収されることのなかった狩猟・採集民は、たとえ彼らの領土の幾分かが牧畜と建物のために占領されていようとも、農民にはならなかっただろう。時折、彼らは集落を襲撃しただろうが、彼らの捕獲した穀物と動物がきっかけとなり、狩猟と採集をやめて農耕を始めるようなことはなかっただろう。襲撃者が強奪したものの使用——単なる消費と区別して——からは、都市と、まだその機能を果していた集落の農耕、牧畜に比べて、せいぜい不完全で粗雑な農耕、牧畜ができるようになったにすぎないだろう。

農村経済の衰退

都市経済は農業の世界のために新しい仕事を創造し、そのことによって新しい農村経済を工夫、再工夫する、という事実を私はよりどころとしてきた。だが、これはもちろん、農村経済が変化する過程のほんの一部にすぎない。都市が農村から以前の輸入品をもう買わなくなるとすれば、それは農業の世界から旧来の仕事を排除することにもなる。野生食物がもはやニュー・オブシディアンの需要の大きい主要輸入品ではなくなったときに、こんなことがニュー・オブシディアンの後背地で起ったのではないか、と私は推測している。これと同じ経緯は、現在四六時中起っている。ハドソン川上流のゴースト・タウンのひとつは、かつて天然の氷をニューヨークに送り出すことで生計を立てていた。ニューヨーク市が人工の氷を自給し始めるまで、そうだった。都市が農村経済からも都市経済自体からも旧来の仕事を除くといっても、「単純に」そうするわけでは決してない。古い仕事が消える裏には、常に新しい仕事が追加されているのである。

古い農村経済から除かれる仕事の多くは、都市から移った新しい仕事に置換えられてきた。そしてこの第二の運動は、都市自体にとっても必要なことなのだが、それは、都市で成功したいくつかの経済的な創造によって、都市が押しつぶされてしまわないようにするためである。次のことを考えてみるとよい。新石器時代の都市では、新しい――従って当然「より基本的でない」――種類の仕事に席を譲るよりは、すでに成功した動物の飼育を即座に維持、拡張する方が重要である、と考えられていた。何かが犠牲にならなければならなかった。すでに成功し確立されたいくつかの仕事か、それともいっそう多くの異った仕事を追加する機会か、である。

原始の農耕の世界に施された再工夫は、新石器時代に能率的に始められたが、それは今でも続いている。都市は、今なお残る狩猟経済に新しい仕事を追加している。たとえば、行楽客のための娯楽、記録映画への出演、商業的な人類学者の仕事。そして都市は、農村の狩猟経済から今なお仕事を除いている。合成のべっこう、象牙、毛皮が作られるようになったおかげで、今生きているカメ、象、ビーバーを殺してまで、物を作る必要がだんだんなくなっている。

都市が旧来の狩猟経済に依存して原料を入手するようなことは、だんだんなくなっているが、ちょうどそれと同じように、狩猟経済よりは新しい農業や林業経済に依存して工業原料を入手することも、次第になくなっている。レザーを使わないレザー風の商品、綿、亜麻、羊毛、桑を使わない布地、大麻を使わない太づな、工場のバラ園を必要としない香水、畑に根と薬草を植える必要のない薬品、ゴム園のいらないゴム、動物のようにムラサキウマゴヤシやオート麦で飼育する必要のない機械――これらはみな、農地からとれる食物の必要性が高まっている一方、農地からとれる工業原料の必要性を都市の仕事が減らす手段である。

一方、都市の新しい仕事――そのうちのいくつか――が農村経済に刻々進出して、農村のさらに新しい大量生産経済を築き、化学薬品と人造糸を作っている。

都市で創造された仕事と田舎の仕事といっても、現実には本当に区別することはできないが、同様に、「都市での消費」と「農村での生産」という本当の区別もない。農村での生産とは、文字通り都市での消費の創出である。つまり、都市経済が農村から都市に移入されるような物を考案し、次に田舎に再工夫を施して、そういう物を供給できるようにする。農業優位というドグマはあるが、これが、私の理解する限り、農村経済が発展する唯一の道である。

農業優位のドグマ

農耕は明らかに三つの異ったところを中心にして起った、とクイーンズ大学の人類学部にいる友人たちは私に教えてくれた。小麦と大麦の栽培は中東で、米の栽培はアジア東部で、トウモロコシの栽培はアメリカ——多分アメリカ中央部——で、それぞれ始ったという。栽培穀物は野草を発祥にしている。開発の一番遅かったのはアメリカで、一番早かったのは中東だった、と信じられている。もっともこれとて、アジアで米の栽培が始ったおよその時とところについては、ほとんど何ひとつわかっていないのだから、絶対に確実だというわけにはいかない。これが、穀物栽培の起源について確実にわかっていることのすべてである。あとは推測しかない。

穀物栽培についての従来の仮説はほとんど全面的に、中東での穀物栽培の発展についてのものだが、原則的には、他のふたつの中心地についてもあてはまる、と考えられている。それは、こういう考え方である。中東では、狩猟や野生食物採取の小集団が絶えず食物を求めて歩き回っていたが、ようやく適当な季節にめぐり合わせて訪れた、野草の生えている土地で、種をまき収穫し始めた。やがて、プロトタイプとしてのこの農耕は、本物の穀物を生産し、その結果、能率のよい食糧生産の方法を編出し、これがきっかけとなって、それまでは狩猟民であり採集民であった人間が、農民になることができた。その後何千年も農村の生活を送って、紀元前三五〇〇年ころ、メソポタミアのチグリス、ユーフラテス川の流域で最初の都市が興った、というものである。だが、これはみな推測である。

このような理論から、どうしたら交配、雑種、突然変異した小麦、大麦の発育が説明されるだろうか。かつての狩猟・採集民がいったん野生の種を上手に採集し、まけるようになると、当然、意図的に植物の選択をする、ということは確かによくいわれることである。ところが、この仮説がもっともらしく聞えたのは、植物学的な問題が喜んでとりざたされたころだけだった。おまけにこの仮説だと、ではなぜ穀物栽培は幾百もの、幾千もの場所を中心地としないで、それほど少ない中心地でだけ発生したのか、という疑問が生れる。

先史時代の研究者の中には、植物学上の難題をはぐらかすために、交配は、川の水位が突然変化して、それが、普通ならいっしょに発育することのない植物を、一時的にしろいっしょにしたために起った、と示唆する者も何人かあった。また、次のようにもいわれてきた。思いがけなく多量に降った宇宙線が、穀物の間で突然変異という異常事を起したことから、突然変異を見かける機会が非常に多くなった、というのである。だが、自然の不可思議をあてにすると困ることは、当然次の疑問が浮ぶことである。つまり、この不可思議によって、なぜよりによって野草だけが変形したのか？　なぜ発育するものすべてが変形しなかったのか？

農耕が発明されるまで恒久的な集落の出現は不可能だった、という古い考えは、きわめて有力な証拠と矛盾しているため、考古学者の多くはもうこの考えをとらない。もっとも、他の分野の学者は、まだほとんどこの再評価に気づいていないが。狩猟民が恒久的な集落を持っていたことを示す、いろいろな旧石器時代の遺物が世界中に散らばっている。人間が非常に長い期間にわたって継続的に住んでいたと思われる洞窟《どうくつ》がある。暗に、長期間継続した集落や、産業を物語る火打石細工――破片とくずの山――もある。長時間継続的に堆《たい》積された貝塚がある。採取地から遠く離れた交易品の証拠があって、琥珀《こはく》、貝殻、黒曜石の交易のどれかの本拠地だったことを暗示している。さらに、間違いなく農耕前時代の恒久的な集落が南米、ヨーロッパ、アジアにある。このうち、現在のハンガリーとフランスにあたる地域にある少なくともふたつの集落は、はるかホモ・サピエンスの時代以前、つまり二五万年前あるいはもっと古い時代で、人類が最初に火を使い始めた時代にまでさかのぼる。確かに農耕前時代の人間は移住したが、有史時代にはいってからの移住の例からもわかるように、移住民は習慣的に恒久的な集落を去り、たとえ放浪が幾世代にわたる場合でも、もう一度恒久的な集落で身を立て直す。移住とは、必ずしも遊牧を意味しない。

狩猟領土内の恒久的な集落が農耕前の生活の普通の姿だったことを、私は示唆したい。キツネにとって穴が、ワシにとって巣が自然であったように、恒久的な集落は人間にとって自然なものだったろう。ほとんどすべての活動が集落で営まれていただろうし、野原で営まれた仕事——狩猟、食糧探し、領土の防衛、隣接領土への襲撃——の基地としても役立っていただろう。*3

*3——これは、後に都市に成長した恒久的な集落が最初から都市国家だったことを意味している。周りの領土を直轄領として持たないような農耕前の時代の都市は、全然なかっただろう。

農耕前の時代の人々の集落にはわずか数家族——少数の猟師とその家族——しか住んでいなかった、と考えるべき理由は必ずしもない。事実、ある集落は、現在のシリアにあたる地域にあり、カタル・フユクとほぼ同時代のもので、野生食物しか遺物として残していないが、そこには幾百もの粘土の建物がびっしりと立並んでいた。

そこは約五世紀間にわたって人が住んでいて、少なくとも常時一〇〇〇人または二〇〇〇〜三〇〇〇人の人口を持っていたに違いない。

従来、農耕前時代の食物は、狩猟人口が野生の食物の供給量の限界に達するまでにふえ、飢餓すれすれの線で生存していたため、交易するほど多くはなかった、と考えられている。ところが、いくつかの集落に残っている食物の残滓は、狩猟民が必ずしも食糧源を全く枯らしていたのではなかったことを示している。たとえば、いくつかの個所で哺《ほ》乳類の骨が大量に出るが、近くの川で沢山とれたに違いない魚の残滓はなく、近くの海岸でたくさんとれたはずの貝の残滓もない。そしていずれにしろ、われわれの知っているように、都市には、きびしい飢えがまんえんし、周期的に恐るべき飢きんが襲うようなところでも発達することがよくあるのだから、「余剰」の食物がなければ都市は形成・発展しない、ということはない。

つまり、農業優位のドグマの背後にある前提は、直接・間接的な証拠と激しく衝突する。このドグマは、いろいろ質の違った突っかえ棒を支えにしているのである。私は人類学者たちに、どうして農業が都市に先行することがわかるのか、たずねたことがある。彼らはまず、そのことの信ぴょう性が疑われなければならないことに驚いて、それから、それはもう経済学者が解決しているではないか、という。私は、同じことを経済学者にたずねてみた。だが経済学者は、それは考古学者と人類学者が解決しているではないか、という。みんな、誰かがああいった、こういったということをあてにしているようだ。結局、彼らはみなダーウィン以前の源泉、アダム・スミスに頼っている、と私は考える。

スミスの偉業、『国富論』は一七七五年に出版されたが、彼は都市と農業との間に、今日われわれが観察できるのと同じ関係を見出した。当時、最も高度に農業の発達している国は、きまって工業と商業の最も発達している国である、と彼は報告した。最も徹底した農業国の農業こそ、最も貧弱だったことに彼は気づいて、そう報告した。この点を明らかにするために、スミスは農業国ポーランドの発展途上的な農業と通商・工業国家英国の最も進んだ農業とを対比した。

スミスはもっと興味あることを観察し、報告した。工業と商業を発展させるのは農業ではない、ということである。英国では、農業の発展が商業と工業に遅れていたことを認めた。この説をとる彼の方法は、英国の通商、工業が他の国々のそれより優れている、という点が、英国の農業が他の国々の農業より優れている、ということ以上に重要だ、という点を意識することだった。要するに、英国の経済発展が他国の経済発展をしのいでいた。その本当に大きな相違点というのは、通商、工業の他国をしのぐ大発展であって、田舎の農業の大発展ではなかった、と彼は報告している。詳細を論じながら、彼は次のような重要な観察をした。生産力が最も高く、繁栄し、時代に即応した農業は都市の近郊でみられ、最も貧弱な農業は都市から遠いところで営まれた、ということである。それではなぜスミスは、都市の通商、工業が農業に先行した、という論理的な結論を下さなかったのだろうか。

そこを理解するためには、彼の時代の状況にわが身を置いてみなくてはならない。当時の思想界はわれわれのものとは非常に異っており、地球の創造と地上の生命を信じる以外に仕方がなかった。ライエル・2 の『地質学の原理』は、地球が無限に長い歴史を持っていて始りがない、ということを証明するものだったが、出版後五〇年たってもまだ読まれていた。スミスが本を書いていた当時、ヨーロッパでは教育を受けた者でもまだ、世界と人間は紀元前五〇〇〇年ごろ、ほとんど同時に創造されて、人間は庭に生み落された、と信じられていた。こんなふうだから、農業はどのようにして興ったかということをスミスは決してたずねようとはしなかった。農業と動物の飼育は、賦与されたものだった。それは、人間が額に汗して食糧を得る根源的な方法だった。

•2――チャールズ・ライエル(Charles Lyell) イギリスの地質学者(一七九七―一八七五)。ハットンの自然作用斉一説(地表の過去の歴史は現在の自然作用で説明できる、という説)を発展させて地質学を近代的に体系化、ダーウィンの進化論にも影響を与えた。『地質学原理』(Principles of Geology, 1830―33)、『古代の人類』(The Antiquity of Man, 1863)などの著書がある。

商業と工業はどのようにして農業を基盤に興ったのか――これが一七七〇年代のスミスにとっての疑問でなければならなかった。事実はその反対であることを証拠物件がどれほど示唆しようとも、である。そこでスミスは、あるきわめて特殊な経済的な因果のくさりを持出さなければならず、それは、以来ずっと見られないが、世界のれい明期には多分作用していたと思われるものだった。つまり、彼は周知の経緯に固執しながらも、自分の想像力を遊ばせておけなかった。彼は、架空の原因・結果のくさりを発明しなければならなかったのである。*4

*4――スミスは、衣服と住居はみな、最初は無料で存分にあったが、人口がふえるにつれて不足するようになった、という考えを持出した。もし衣服を作り小屋を建てる労力がもっとあったなら、どうしてそんなことになるだろうか? この疑問を彼は発しなかった。その代り彼は、性急にこういった。衣服と住居は不足するようになったから、貴重品となり、衣服と小屋を手に入れようと生産力を高めるために、農業専門家が必要になった、と。この生産力のおかげで労働力の余剰が生れ、その余った人手が商業の発生を可能にした。だが、それでは、有史時代には

いってから、労働力の余剰はあっても、その人たちは何もすることがないような経済が存在するのは、なぜだろうか？ これが、彼の発しなかったふたつめの疑問である。代りに彼はこう考えた。これら最初の余剰労働者が商業と工業を見出して忙しく働き、都市を形成したのだろう、と。そうすると、彼らは食物が必要なのだから、食物を買うために彼らの営む産業で生産物をふやしただろう。しかし、怠けもので腹を空かした都市住民の問題が、有史時代ほど簡単には解決されないのは、なぜか？ これが彼の発しなかったもうひとつの疑問である。

それにしてもスミスには、彼の考えたように、いくら都市が農村地帯の経済発展に追従するとはいえ、都市は農村地帯よりも経済的に進歩している、という事実を釈明する必要があった。この点を彼は次のように示唆することによって、変に合理化してしまった。工業は農業よりも本質的によく分業化できるように構成されているに違いなく、従って農業よりも速く発展することができるはずだ、と。しかし現実には、乳しぼりをする女性もいればすきを引いている者もいたスミスの時代のように、農業も等しく分業化できるのである。事実、無類の経済記者としてのスミスが、創世記の解釈家としてのスミスであることにまどわされない時は、分業の原理に従わないと人間はどんなに非生産的であるか、を示すための主な例として、彼は農業ではなく田舎の生産を引合いに出したではないか。

こうしてアダム・スミスは、聖書に書かれた歴史を経済原則にあてはめた。これは、彼の同時代の人々から満足のゆくものとして受入れられたようである。六〇年ほど経て、カール・マルクスもこれを受入れた。とにかく、マルクスは多くのことに疑問を持ち、人類の長い先史のもつ意味についてのダーウィンの著書を賞賛したのだが、工業と商業が農業をもとにして興ったという考えには、疑問を持たなかった。この点に関する限り、彼もアダム・スミス同様、きわめて保守的だった。

しかし今やわれわれは、農業優位のドグマの歴史で奇妙な錯覚に立至っている。アダム・スミスの、そしてマルクスの世界では、他の多くのものが変容したのに、農業優位のドグマだけは引続き受入れられてきた。本当に受入れられているのは、経済生活のれい明についてのスミスの混乱した考えではなくて、農業を土台にして工業、商業や都市が発生した、というのが証明できることであり、疑問の余地はないということである。一九六四年に発行されたロックフェラー慈善財団・3の沿革からとった次の一文が、その例証である。「人間が植物を栽培し、動物を飼育することを学ぶと、社会は初めて将来の計画をたて、分業を通じて社会を組織化することができた。」この考え方は、人類が生れつき農耕の知識を持っていたのではないことを認識するために、ごく軽く取入れた、純粋にアダム・スミス的な先史である。

・3——ロックフェラー財団（Rockefeller Foundation）アメリカのロックフェラー（スタンダード石油の創立者）財閥が一九一三年、一億八二八一万ドルの基金で創設した自然・社会科学研究への助成機関。第二次大戦後は発展途上国援助にも力を入れ、日本の留学生も多く受入れている。現在の資産は約八億ドル。

マンガでおなじみの半裸の洞窟に住む人間が、女性の髪をつかんで引きずり回しながら、こん棒を振回しているが、これから思い起されるのは、人間が農耕民だったずっと以前には狩猟民だった、という考えをどんなに学識の深い人でも喜んでうのみにしてしまう、ということである。明らかに、狩猟民はきわめて原始的だったに違いなく、その経済生活は動物の経済生活に劣らず単純だった、と考えるのに、それほど頭を入換える必要はなかった。ところが、考古学者たちは、過去半世紀の間、上にあげたマンガのステレオタイプが、もはや通用しにくくなるような証拠を寄せ集めてきた。まだ農耕が始まる前、狩猟以外のことをしていた人間もたくさんいたことは明らかである。そういう人間は製造業者だったし、大工だったし、交易人だったし、芸術家だった。大量でしかもいろんな種類の武器、衣服、はち、建物、首飾り、壁画、彫像を作った。石、骨、木、レザー、毛皮、藺《い》草、粘土、材木、アドービれんが、黒曜石、銅、鉱物顔料、歯、貝殻、琥珀、つのを工芸の原料として使った。彼らは主な工芸や美術を補助的な品物で補強した。今日、経済学者が「生産財」とは「投入財」とか呼んでいるものがそれで、たとえば、旧石器時代に洞窟画を仕上げるのに使った、はしご、絵具、他の道具にみぞを彫るために使ったタガネ、皮を仕上げる削り道具があった。

こうして当時の工芸、美術を列挙するうちに、どこかで次のような疑問が出ただろう。このすべての産業から農業はどのようにして興ったのか？　ところが実際には、そのような疑問は出ず、農耕以前の人類の長い経済史は、最後まで原野で演じられたプロローグのようなものとして、またアダム・スミスがすでに物語ったようなドラマに受継がれていくプロローグのようなものとしてしか、みなされてこなかった。説得力はあっても、単純なひとつの誤りがそのドグマを支え続けており、このような疑問が出ずにきた理由を、少なくとも部分的には説明するだろう。論理的には、都市が農業に先行したという考え方を容認せざるを得ないときでさえ、この誤りのおかげで、私はそのことを考えてみようという気にはならなかった。都市と農業との関係を説明し、これまでの厄払いをするには、農業と電気の類似をあげると役に立つかもしれない。今日、都市は電気にあまりにも依存しているから、もし電気がなければ都市経済は崩壊するだろう。さらに、近代都市で電気がなくなったら、住民の大部分が即座にその場を逃げ出せなかったら、のどのかわきか病気で死んでしまうだろう。電気がそれほど都市にとって必要でありながら、最も人目を引く大規模な変電所は田舎にあるのである。そこで変圧された電力は、都市にも田舎にも送電されている。

もし、この世に都市はあっても電気はなかった時代のことを思い出せなかったら、私が今述べた事実から、電力は田舎で使われ始め、都市生活の前提条件だったに違いない、と思われるだろう。ここで、どんな経緯で理論が再構成されるかというと、まる電気を持たない農村人口があって、彼らはそのうち電気をおこし、将来には余剰の電気を生み出すようになった、そこでようやく都市の形成が可能になった、というのである。

ここには、都市の経済発展の結果を、その前提条件と思い違いするところに、誤りがある。偶然発生の信仰同様、これはきわめて単純な誤りでありながらも、まったく回答されていない、いくつかの最も興味ある疑問を、回答ずみとして葬ってしまう。都市は実際どのようにして発達するのだろうか。都市が農村の発展を創造し、再創造するのなら、発すべき疑問はこれである——都市経済を創造し、再創造するものは一体何か?

❷新しい仕事はいかにして生れるか

われわれの遠い祖先が経済を拡大したのは、天然の種と木の実を余計に貯蔵したり、野牛とダチョウをより多く食肉処理したり、やりの穂、首飾り、たがね、火などを余計に作ったり、というような、それまでやってきたことを単に余分にやることによってではなかった。新しい種類の仕事を追加することによって、彼らは経済を拡大した。われわれにしてもそうだ。物を新しく開発していく経済は、拡大、発展する。新しい種類の製品、サービスを追加することなく、ただ古い仕事を続けて繰返すだけの経済は、あまり拡大せず、当然、発展もしない。

先史時代の架空の集落で動物の飼育がどのように始ったかを推測したとき、私は、動物の飼育というこの新しい仕事が、食肉処理前の野生動物を管理する、という古い仕事に必然的に追加されたのだ、という考え方を提起した。野生動物の管理という仕事も、さらにそれに先行する仕事に追加されたのである。その仕事というのは、所持品を黒曜石と交換しようとしてニュー・オブシディアンを訪れる多数の人に、黒曜石を売ることだった。さらにこの交易業務は、ニュー・オブシディアンが自ら黒曜石を入手しようとする仕事に、追加されたものだった。つまり、火山で黒曜石を採掘していた近くの民族と、物々交換することだった。そして黒曜石を採掘していた火山の人々は、その仕事を、火打石と他の石で武器を作るという、さらに古い仕事に、間違いなく追加していたのである。

要するに、それぞれの新しい仕事は、先史時代の経済で見られたように、必然的に、また「自然に」古い仕事の特定部門に追加された、と私は考えていた。新しいものの開発は、今日もこのようにして行なわれる。またこのようにして有史以来、仕事が多様化し拡張してきた。

この過程こそ、都市を理解するときの真髄である。なぜなら、都市とは、新しい仕事が古い仕事にさかんに追加されるところだからである。事実、このことが起る集落は、どれも発展して都市になる。この過程があるからこそ、都市の経済は部落、町、農村のどの経済よりも規模が大きいばかりか、より複雑で多様なものになる。だからこそ私は、都市が農村の発展をも含めて、経済の発展、拡大にとって根本的に必要である、とも論じたのである。

明らかに、都市の分業は集落、町、農村よりも一層多岐にわたっている。従って、都市には、新しい仕事を追加できる仕事が他の集落よりも多い。だが、これはたいしたことではない。それでは、都市はどのようにして他の集落以上に分業を進めることができたのか、という疑問が浮ぶからである。さらに、いずれにしろ、新しい仕事を古い仕事に追加するというこの過程が非常に活発に行なわれる集落と、ほとんど行なわれないか、全く行なわれない集落とがあるのは、なぜか？　どのようにしてこのような過程が始るのか？　どのようにして継続するのか？　それやこれやの疑問は、後の諸章で追求されるだろう。本書は、そういうことを論じた本だからである。つまり、どのようにして集落は新しい仕事が古い仕事に追加される都市になるか？　そして、どのようにしてこの過程は都市で持続するのか？

しかし、都市の全成長過程の核心にあるのは、私がニュー・オブシディアンのところで述べた、次のような基本的な過程である。黒曜石の交易に動物の管理を追加すること、つまり、新しい仕事をそれに先行する別の種類の仕事に追加することである。だからこの章では、都市そのものを考察する前に、新しい仕事はどのようにして古い仕事に追加されるのか、をみることにしよう。

ある仕事から別の仕事

新しい物を開発した例を二つ、三つ分析することから始めよう。ブラジャーの製造が実例である。ブラジャーの製造は一九二〇年代までなかった仕事で、そのころになってニューヨークで開発された。当時、米国の婦人はコルセット・カバーとかシュミーズとかフェリス胴着とか呼ばれるいろんな下着を着ていた。あつらえ仕事をするドレスメーカーだったアイダ・ローゼンタール夫人は、ニューヨークの小さな自分の店で婦人服を作っていた。だが彼女は、自分の作った洋服を客が着たときの着つけに満足していなかった。服がからだによく合うように、彼女は下着を改良する試みを始めたが、その結果がブラジャー第一号だった。客はブラジャーが気に入って、ローゼンタール夫人は自分の作った服にはきまってカスタム・メードのブラジャーを添えるようになった。この時点では、ブラジャー作りはまだ洋服の仕立てに付随したもの、つまり古い仕事の付随活動のようなものでしかなかった。

だが、実はローゼンタール夫人は、洋服の仕立てよりもブラジャー作りの方にいっそう興味をもつようになっていて、洋服を仕立てる一方で、ある計画を練っていた。彼女はパートナーを見つけ、作業場——初歩的な工場——を開くために必要な資本を集め、ブラジャーの製造、卸し、配給に専念するため、婦人服の仕立てをやめてしまった。ここで、この新しい仕事は独自の活動となったのである。

この過程で、新しい仕事をだれがやるか、ということは問題ではない。だれかがやるにきまっているからである。製品、サービスの生産を支配するのは、それを創造した者とは限らない。たとえば当時、ソ連からはいったニュースによると、手に障害を負った人や生れつきからだの不自由な人のために、電動式の義手が発明されたという。これは、ソ連の宇宙計画に参加していた研究所の技師たちが考案した、と伝えられている。この技術者たちは、おそらく宇宙船の電子制御の研究をしていたのだろう。さらに報道によると、ソ連政府はいろいろな製造工程を、ラジオの部品を作っている工場に分配して、義手の生産にはいる計画だという。このようにして、新しい製品、サービスが生産され始めることは、よくある。まず新しい仕事が古い仕事に追加されて、それから時折り、その新しい仕事の分業が古い仕事の適当な部門に追加される。

ここで、ひとつの物から次々といろんな物が生れるという、いくらかこみ入った例をみてみよう。この例の場合、ことの起りは、ミネアポリスで鋳物その他の金属製品を作っていた会社が使った磨砂だった。磨砂は、ミネソタ・マイニング・アンド・マニュファクチュアリング社と呼ばれる、一九〇二年に創立された目立たぬ小企業が作っていた。この大仰な社名の下には、経営者が二人と、砂の採掘、粉砕、選別、販売に従事していた少数の労働者がいたにすぎない。

この仕事から生れた、最初に追加された財貨は、紙やすりだった。経営者は、大工、家具職人、その他の木工職人に売る目的で、選別した砂を紙の上にくっつけることにした。彼らは、ローゼンタール夫人がブラジャーを考案したり、ソ連の技術者が電動式の義手を考案したように、紙やすりを考案したわけではない。紙やすりは、決して新しい物ではなかった。現在では3Mと呼ばれているこの会社は既存の製品を模造していたわけだが、それでもその一方で、古い仕事に新しい仕事を追加していた。

紙やすりのできはあまりよくなかった。接着剤に問題があったのである。問題解決のため、3Mの経営者は新種の接着剤を調合し続け、そっちの方に多く興味をもつようになった。紙やすりを大幅に改良することにはならなかったが、その代り、接着剤の研究から生まれたものに、ペンキ職人が遮蔽テープとして使う、良質のゴムテープがあった。3Mでは遮蔽テープの製造から他種のテープが作られるようになり、それから一群の追加された製品が生れ、そのうちのいくつかは事実、新製品になった。遮蔽テープから生れたものを古いものから順に列挙すると、くつテープ、電気テープ、アセテート・テープ、粘着テープ（スコッチ・テープといった方がよくわかる）、セロファン・テープ、プリント・セロファン・テープ、合成樹脂テープ、フィラメント・テープ、録音テープ、不織合成繊維。

ところで、3Mの経営者は接着剤のほかの用途とか、接着剤の研究から生れる一群の製品に、まだ関心を失っていなかった。それは、砂吹きの板型、自動接着剤、工業用接着剤、船腹用充填《てん》剤、タイルや建設用の接着剤、建設用の合成剤である。

これらの製品全部の出発点となった、砂も忘れられてはいなかった。3Mは磨砂に加えて、以下の製品の生産に着手したのである。ものを磨くためのつや出し砂、ワックスとワニス塗料、よくすりつぶしたペンキ塗料、屋根ふき用の砂粒、滑り止めの桟《さん》や板、磨き布、反射板、反射合成物、舗装材、融剤。これらはみな砂の調製から始った仕事に、必然的に追加されたものである。

ある仕事から他の仕事が生れる、ということの過程は、人類の経済発展のあらゆる歴史で無数に起ったはずである。どの新聞にも、それが報じられている。二、三日婦人のページのスクラップをとるだけで、次のようなことがわかる。スウェードのクリーニング店が今、自分でスウェードを洗たくしたいと思っている人のために洗剤をびんにつめて売り始めている。たんす、洋服だんすの製造業者は手数料をとって、家庭や会社の保管設備のどこが悪いかを検査し始めている。遊び場の設計業者は、遊び場と保育所用に設備を作って売り始めている。彫物師は服飾用の宝石をいろいろ作っている。舞台衣裳のデザイナーは、婦人服の仕立屋としてやっている。婦人服の仕立屋は小売店を始めている。イタリア大理石の輸入業者は、大理石張りのテーブルを作り始めている。洋品店はティーンエージャーのために、服の着つけと節食の教室を開いている。

あるものが他のものを生み出すこの過程は、営利企業に限られているわけでもない。病院の外来患者部門はホーム・ケアサービスを始めている。図書館が美術展覧会の催しを始めている。美術館は図書館を始めている。それはまた、新聞をみてもわかるとおり、有益で合法的で無害な仕事に限られてもいない。警察官の中には、闇の商売からわいろを受取り、部下を動かしてわいろを集めて山分けするところもいくつかある。時々、警察はパトロールの仕事に夜盗のおまけをつけたり、物品の始末をつけるために余計な作業部門をつけ加えることがある。いくつかの企業の営業部は、重要なお得意様のために女性の紹介までやる。家庭用具の修理店がひそかに家庭用具を売り始めており――つまり、家庭用具の小売店からうわまえを搾取する――、修繕よりは長持ちのする器具を買った方が得だ、といって主婦をいいくるめては、いい商売をしている。いくつかの家庭器具メーカーは、分割払いをいく種類か設けてその払込み額を高利貸しに回しており、その利率を人聞きの悪くない程度におさえるとすればどれくらいがよいか、を心理学者にいわせると同時に、市場調査員を雇って取引はどれくらいがよいかもいわせている。いくつかの政府の情報班は、不正投票と暗殺にばかり没頭している。いくつかのビール販売業者が用心棒を始めている。露店商は人を殺したいと思っている者に配下の殺し屋を貸して、この追加した仕事を常習の、組織されたサービスに仕上げているといわれる。いくつかの都市計画部はもうけ仕事を物色して、それをおかかえの不動産業者に流し、さらにまた世論の反対を押切るのに利用するため、いんちきの「市民組織」を組織、運営することに専心している。

この短いカタログによって、不正で有害な製品、サービスが、建設的で全く無害な製品、サービスと並んで経済生活に追加されなければならない、という印象が与えられることのないように、もちろん社会はある種の新しい活動を制限し、一方で他の種類の活動を許可、奨励することができる、ということを私はつけ加えておきたい。事実、社会はそうしなければならず、そうしなければ、有益な活動を徹底的に破壊し、また有益な新製品とサービスの出現を阻止、妨害することに専念するような活動と組織を、育てる危険を犯すことになる。大切なことは、新しい財貨やサービスは、それが犯罪的なものであれ、よいものであれ、真空状態から出現するのではない、ということである。新しい仕事は既存の仕事から生れる。いわば「親」になる仕事が必要なのである。

仕事の追加と分業

新しい財貨やサービスが古い仕事に追加されるといっても、それは古い仕事全体に追加されるわけではない。むしろ、新しい仕事は古い仕事のほんの一部にだけ、直接的に追加されるにすぎない。たとえば、ローゼンタール夫人がブラジャーを作り始めてはどうか、というヒントを得たのは、婦人服の仕立てという仕事全体の、ある特定の分業、着つけだった。ボタン穴を作る作業や、縫う作業や、裁断や、その他婦人服の仕立てに含まれているあれこれの作業にではなく、特に着つけという作業に、彼女はブラジャーを追加したのである。同様に、ソ連の電動式の義手は、宇宙船を作るという作業全体から直接に生れたのではなく、ある研究所での仕事から生れた。実際、義手がその研究所で、宇宙船の制御装置を動かすために解決されなければならなかった、ある特定の問題からヒントを得て作られた、というのはあり得ることだ。3Mでは、磨砂の製造という仕事全体に、初めて仕事が追加されたのではなかった。紙やすりは砂の選別作業から生れたのであって、砂の採掘作業からではなかった。そして、ゴムテープは紙やすりを作る作業の一部門、つまり接着剤を作る仕事から生れた。

調理場の営業用調理器具を作る会社、チーズの輸入業者、ナイトクラブ、ソースのかん詰製造業、以上四つの種類の異った商売は、おそらく全部、もとをたどれば四つの似かよったレストランに行きつくだろう。だが、どの例をとっても、レストラン経営という仕事全体のうちの、それぞれ異った部門から新しい仕事が生れた。このことも、ニュー・オブシディアンではどのようにして動物の飼育と穀物の栽培が起ったか、という私の推論の基礎となった原理のひとつである。もし先史時代にも今日と同じようにことが運んでいたとすれば、穀物の栽培は従来考えられてきたように、野生の植物性食物を採集する仕事の全体から起ったのではなく、また動物の飼育も動物の狩猟、捕獲という仕事全体から生れたのではなく、どちらの場合も、それぞれの仕事全体の中の特定の分業から生れたはずだ。

確かに、新しい仕事が古い仕事に追加される時は、おのずから余計な仕事が必要になる。新しい仕事は古い仕事の一部門から生れたとはいえ、新しい仕事が不完全な工程ですまされる、というものではない。ローゼンタール夫人がブラジャーを作り始めるや否や、この仕事はそれ自身の分業、その総括を要求した。ブラジャーのデザイン、製造、こん包、販売、宣伝、分配、この事業への融資、ラベルの印刷、それにホック、ホックどめの小穴、ゴム糸、布の補給——これらもろもろの仕事があった。ローゼンタール夫人、彼女のパートナー、それに、はじめの少数の労働者たちがこれを全部処理できたひとつの理由は、ニューヨークには彼らに手を貸すのに必要な財貨とサービスを供給する者がたくさんいて、彼らを利用できたということだった。つまり、荷物の発送業者、ミシン会社、箱を作る業者、繊維業者、銀行などである。要するに、ブラジャーの製造に伴う分業の多くと、特に新しい分業は「内部的」、つまりメイドンフォーム・ブラジャー社内部のものだったが、他は「外部的」なもので、外部の組織が営んだ。

しかし問題は、ブラジャーの製造がいったん独自の経済活動となると、多くの分業がふえた、ということである。それら分業のうちいくつかは以前からあったが、以前にはなかったものもいくつかあった。それと全く同様に、動物の飼育と穀物の栽培が始ると、私が論じた通りに始ったかどうかはともかくとして、この二つの仕事がそれぞれ分業をふやすという現象が、経済生活で見られるようになった。

ひとつの過程を定式として表わしてみたいと思う人には、ブラジャーの製造が婦人服の着つけに追加されたというような出来事を、次のように表わすことができる。D＋A→nD。最初のDは着つけという分業を表わす。それに付け加えられたAはブラジャーの製造という新しい活動である。その結果、出て来たnDは新しい分業の不確定数である。

ニュー・オブシディアンでいうと、最初のDにあたるのが、食肉へと加工されるのを待つ輸入動物の保管である。Aは、その中から飼育用の動物を選択、確保するという追加の活動である。そしてnDは、家畜の世話に必要な新しい仕事全部を含む。あるいは、最初のDは、皮を着物に縫う仕事であってもよい。そうすると、Aは、鉱山からニュー・オブシディアンに黒曜石を運搬するための、良質の皮の容器を作る、という追加の活動になる。そしてnDは、その容器を作るためのいろいろな仕事を含む。

ひとたびこの過程の呼吸をつかめば、磁気テープの製造のように、近代的な活動をもたらしたD＋Aの発展のあとをたどると、おもしろいばかりでなく、私がやったように、過去の知られない発展を推察することになる。ここで、陶器の製造はこんな風にでも始められたのではなかろうか、という推察の一部をあげるが、この例をとるのは、私が好きだからというほかに、たいした理由はない。

粘土のつぼがまだ作られていなかったころ、時々火が、おそらくいつも監視されて、火の決して消えることのなかった炉から持運ばれたはずである。かごが作られるようになると、火は、内側を粘土で塗ったかごに入れて持運ばれただろう。火を運ぶためのかごは、かご細工の方がすっかり使い古されると、粘土の外側にはまるで模様のように、かごの跡のついた、粗雑で、ひとりでに焼かれた粘土のつぼになるだろう。またある場合には、大きな火かごは、粘土を張ったそのかごがちょうどストーブのように、まだ何かに使っている火を入れるように作られたかもしれない。*1

*1——市場で食物をあたためるのに使う、このような火かごは、一九五九年にベトナムの村で使われていた。この情報は、かごのひとつをスライドカラーで写真にとったポール・スティブンスン夫妻から借りた。粗雑なかご細工を払いのけると、粘土は粗雑で大きな、ひとりでに焼かれたつぼになっていただろう。

次の段階は、たとえば種とか液体のような、いろんなものが全部はいるような大小の火かごを作ることだっただろう。それを作るのは、火の番人が副業としてやったのだろう。だが、そのうち何人かの火の番人が、この仕事に完全に専従するようになるだろう。

古い仕事に新しい仕事を追加し、従って分業をふやしていく過程は、表示することもできる。ここに四回の追加を示す表がある。

次のように一般化していうことができる。「いくつかの新しい仕事を生み出して、それがまた分れるような、介在的な追加活動のおかげで、既存の分業はさらに多くの分業を増殖する」。D＋A→nD という定式は、この過程を表わすのに調法であるように私には思えるし、本書でもう一度使うだろう。

新しい財貨やサービスがたくさん追加されているような経済では、新しい分業は古い分業がすたれるよりもっと速いテンポで増殖する。こうして仕事の種類が文字通り増殖するのだが、それは経済的な「偶然発生」というようなものでは全然なく、十分説明できるように、あるものから他のものが生れる、というような増殖の仕方をする。経済では、すでに達成された分業の絶対数と種類が多ければ多いほど、その経済に固有の、さらに多くの種類の財貨とサービスを追加する能力は大きい。また、ローゼンタール夫人が外部から既存の分業を取入れてやったように、既存の分業を新しい仕方で組合わせる可能性もふえる。

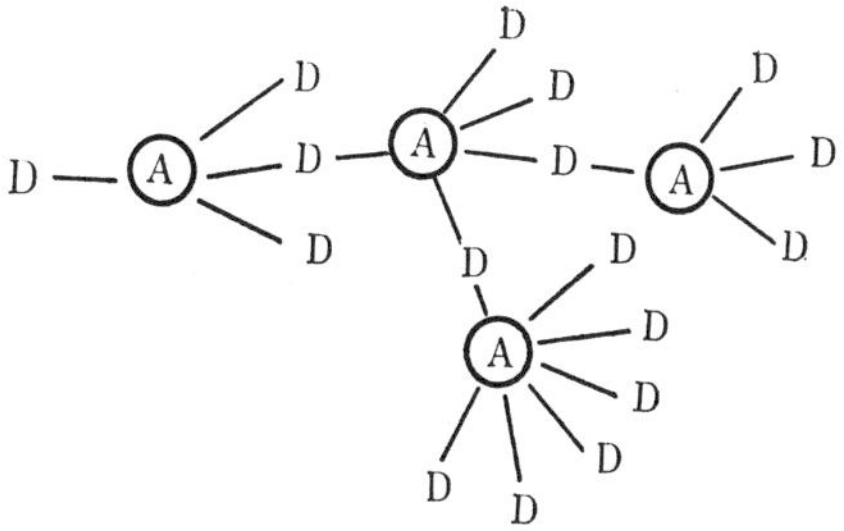

仕事の論理

私が述べておいたように、この過程では、新しい仕事は論理的に古い仕事に追加される。確かに、この過程には不思議なことがいっぱいあって、ことが起るまで予言することはむずかしい。おそらく予言することは不可能だろう。だが、その事実ができ、追加された財貨やサービスが出現してしまうと、その追加はいつも驚くほど論理的であり、「自然」にみえる。

これはどのような論理性か？ それは、芸術家の使うある種の論理——あるいはお望みなら直観といってもよい——に似ていると私は思う。芸術家はよくこんなことをいう。芸術家は自分の創作している作品の主であるが、同時に作品から送られてくる託宣にも敏感で、それに従って動く。多分、同じような関係が、新しい仕事を古い仕事に追加するという、もっと俗っぽい過程にも必要だろう。とにかく、親に当る仕事から与えられる託宣——つまり暗示——が、この過程には絶対に欠かせないようだ。

その暗示は、どうやら二種類に分類されるようだ。すでに使われている物資または技能から示唆されるアイデアが、ひとつ。それと、仕事を進めていくうちに出てきた特定の問題から生れたアイデアである。この二つは、時々重複する。新しい仕事が、親の仕事で使われている技能や物資と無関係であるようにみえるときでさえ、親の仕事の、ある末しょう的な問題が新しい財貨やサービスを暗示していた、ということはいつでも断言できるといってよいほどだ。たとえば、近代的な器具の賃貸業務は、製造業者その他の生産者が仕事を遂行する上に必要な生産器具を、融資するサービス業である。これは現在、とりわけアメリカでは、多くの銀行がとりしきっているサービス業である。だが、ひとつの新機軸としてみれば、食品加工という親の仕事に追加されたサービス業だった。工場は小さかったが成長産業だったサンフランシスコのある食品加工業者は、生産の拡張に必要な装備を入れるための融資を受けることができなかった。そこでこの業者は、自分の持っている装備に融資できるような方法を考え出した。そしてローゼンタール夫人と同じように、彼はこの追加的なことに、それを生み出した親の仕事以上に関心を払うようになり、彼と同じように、融資の問題をかかえた製造業者のために装備の賃貸サービス業を始めた。

新しい仕事が親の仕事から生れたとしても、そのこと自体は、新しい仕事を説明することにはならない。自分の仕事に出てくる問題に新しい解決策を考える人は多くはないし、自分が使っている資材とか技能に新しい可能性を見つけ出す人も多くはない。新しい仕事の創造者は洞察力を持たなければならず、アイデアとか観察を、仕事自体から受取る暗示とからませて、新しく出直さなければならない。大切なことは、新しい仕事を追加する人がこの過程の論理を準備する、ということである。そしてこの論理は、部分的にはたいがい、同系統で先行する仕事から生れるが、あとでわかるように、新しい仕事の創造者が観察する、他人の仕事から生れることもたまにはある。

ここで働いている論理の種類に注意しておくのは大切なことであって、それは、他のきわめて異質な論理がこの発展の過程を導いていると思い込んで混乱しないためである。一例をあげると、ここで働く論理は、親の仕事が生産するものを買う客の論理ではない。追加される新しい財貨やサービスは、古い仕事の客が望むものと関係ないだろう。たとえば、3Mは金属細工の職工だった客に対して磨砂を作った。だが、3Mが追加した紙やすりはそういう客のためではなく、木工職人のためのものだった。紙やすりに追加された遮蔽テープは、金属細工の職工のためのものでもなければ、木工職人のためのものでもなく、ペンキ職人のためのものだった。全く同様に、生産者が動力シャベルの磨滅抵抗と薄い防水上靴の耐湿性を増すための合成物を新しく生産し始めることは、化学肥料を買う農民には関係ない。

新しい財貨やサービスが、それまでの仕事の客が望むものと一致することも時々ある。だが、追加された仕事が彼らの利害と衝突することも、十分あり得る。ローゼンタール夫人が婦人服の仕立てをやめてブラジャーの製造に専念したとき、その行為は彼女の客の利害とうまく折合わなかった。婦人たちは、自分たちの仕立屋から見放されることを好まない。古い仕事に新しい仕事を追加する論理が客の論理ではないということは、消費者組合が生産者組合と違って、経済史上あれほど効果がなく、つまらないものとなった理由を説明するのに役立つかもしれない。それはまた、米国の自動車産業と石けん製造業に見られる経済生産性のパロディーのいくつかを、説明してくれるかもしれない。自動車メーカーは、表面的なモデル・チェンジを製品に付け足して客の気をひくのに懸命である。一方、石けん・洗剤メーカーは、成分があまりに奇異なため、自分たちでも合理的に説明できないのをよいことにして、なじみの製品は「新しい！　新しい！」といつもきまったようにいい張る。こういった行為は、おそらく全面的に、営業部から発せられる託宣に従って動く結果、生れるのだろう。

新しい仕事を古い仕事に追加する論理は、経済統計家とか都市の区画整理部員の抽象的な論理でもない。こういう人たちは、仕事を「ローカル・サービス」「地域的な小売商」「軽工業」「下着産業」「補綴《てつ》産業」などのいろんな分類にはめこんでしまう。こういう分類はある種の経済分析には有益だが、いやしくもそれが、古い仕事からどのようにして新しい仕事が生れるかを理解することと関係している以上、われわれの理解のじゃまになる。

新聞の婦人のページから適当に作った、追加された財貨やサービスのリストを読返してみれば、次のことに気がつくだろう。製造品はサービスに追加されていた。サービスは製造業に追加されていた。デザイナーは新たに製造品を作り出していた。芸術家は職人の作るものを作り始めていた。製造業者と小売商人は異った小売商を始めていた。輸入業者は製造業を始めていた。小売商人は教育関係のサービスを追加していた。ソ連には完備した補綴産業があるが、この産業から電気補綴が生れたのではなかった。ブラジャーが生れたのは、下着産業からではなかった。一般の器具賃貸業が発達したのは、銀行業務からでもなければ、器具製造業からでもなかった。

大切なことは、新しい仕事が古い仕事に追加される時、仕事の部類をどのように分けようとも、そのワクを大胆に打破って追加される、ということである。仕事が決められた部類のワク内にすんなりおさまっているのは、沈滞した経済でだけである。区画整理によるものであれ、経済計画によるものであれ、またギルドとか共済組合などによるものであれ、仕事があらかじめ決められた部類のワク内に無理矢理押込まれているようなところでは、どこであろうと、新しい仕事を古い仕事に追加するという過程は起るはずがない、といってよい。

新しい仕事を古い仕事に追加するというこの過程と、ギルドによる仕事のワクぎめとの間の対立は、中世のヨーロッパの諸都市では絶え間ない討論の材料だった。ロンドンで起ったこの種の典型的な論争の際には、金細工職人の組合は刃物職人[*2]の組合を次のように非難した。「彼ら（刃物職人）は仕事場でブリキに銀を精巧、巧妙に張るので、本物と見分けがつかず、銀をブリキからはがすことができない」

*2——刃物職人というのは、ナイフの柄を作って、ふたつの供給者である組合、刀師組合と鞘《さや》師組合に加入している職人から買った部品を、それと組合わせる職人のこと。

そこで問題なのは、金と銀で作られた財貨という仕事の部門が、金細工師に属することだった。ところが、貴金属でメッキをするという、技術的にはきわめて重要な仕事が、卑《ひ》金属を扱う仕事に論理的に追加された。偶然にも、これは、追加された仕事が古い客の利害とうまく折合いそうな例だった。が、その論理は、ナイフの柄を作るときに使う材料と技能に、そしておそらく完成品の体裁に関する問題に根ざしていた。

模倣された仕事

新機軸とは、古い仕事に、最も重要な財貨やサービスが追加されることだ。だが、真実の開発者が生れるまでには、必ず、実に多くの模倣者がいたのである。新機軸は、新しい財貨やサービスが論理的に古い仕事に追加される数多くの実例の、ほんの一断片となっているにすぎない。模倣はひとつの近道である。模倣が新機軸ほど試行錯誤を必要とすることは、めったにない。

物を修繕しているうちに、同じ物を作るという新しい仕事が生れることはよくある。一九世紀の末に日本が西洋の製品を模造し始めたとき、この方法を使って大きな成功をおさめた。当時、日本経済は西洋からの安い輸入品によって手ひどい打撃をこうむっていたが、日本の製造業者は、輸入品とは経済的に競争できなかったか、あるいは全く製造することさえできなかった。その輸入品の中に、自転車が含まれていた。自転車は日本の都市でものすごい人気を呼んだ。

これら舶来の自転車を国産の自転車に置き換えるために、ソ連政府が国内に自動車工場を作るためルノーとフィアットを誘致したように、日本はアメリカやヨーロッパの大手の自転車会社を、国内に工場をつくるよう誘致することができた。つまり、どこかよその国から自転車産業をもって来て、日本に植えつけることができたのである。あるいは、日本は何から何までヨーロッパとかアメリカの自転車工場を真似て工場を建設した、ということもできる。日本は外国人の生産マネージャーを雇うとか、日本人の生産マネージャーを外国の工場に送って訓練を受けさせるかするほかに、工場に置く機械の大部分または全部を輸入しなければならなかっただろう。つまり、日本の自転車産業というのは、精巧でぜいたくな事業だったろうし、その他不測の困難に陥る公算の大きい事業だったろう。

そういうことにはならずに、日本がやったことは、古い分業に新しい仕事を追加することによって、まるでまったく新しいものを開発するように独自の自転車製造業を築くことだった。これは「経済的借用」――模倣は歴史上そう呼ばれている――が成功した古典的な例となった。

自転車が日本に輸入されるようになってから、大都市では自転車の修理店が続々と生れた。東京には、修理工が一人か二人しかいないような小さな店がたくさんあって、そういうところで修理作業が行なわれた。舶来のスペア・パーツは値が張ったし、故障した自転車はそれでもまだ貴重だったので、部品に分解するには惜しかった。そこで多くの修理店は、自分の手で代用の部品を作る必要性を感じ、それだけの効果はあると考えるようになった。修理店の多くがやったように、一種類の部品に専門化すれば、これはむずかしいことではない。こうして、自転車修理店によっては、自転車をすっかり仕上げてしまうほどの仕事をするのもあった、といってよいほどだった。その自転車の仕上げに手をつけたのが、契約を結んで修理店から部品を買取った自転車組立業者だった。そこで修理店は「下請け業者」になった。

日本の自転車製造業は、その発展が高くつくどころか、全発展段階を通じて採算がとれていた。その上、適当な生産器具を作る大部分の仕事も、自転車製造業の発展とともに、徐々に日本経済に組込まれた。

日本は自転車産業以上のものを得たのである。日本は、産業化の過程で達成される他の多くの物のために、あるパターンを身につけた。それは、複雑な製造の作業をそれぞれ独立した店で比較的単純な部門に分離する、というシステムである。この方法は、他の多くの製品を生産するためにすぐ使われ、日本では今日でも広く使われている。部品の製作は、新しい仕事を追加するための標準的な足掛りとなった。通信装置の大手メーカーであるソニーは、第二次大戦の末に東京で、小さな一部品専門店として、ラジオ会社の下請けに真空管を作り始め、それに加えてラジオの全部——そのための部品のいくつかは他のメーカーから買ったが——の製作と、後にその他いろんな通信、エレクトロニクス製品で名を上げた。

ヘンリー・フォードは、ちょうど日本の自転車メーカーかなにかのようにして自動車を作り始めた。一九〇三年にフォードが会社を設立して成功するまで、すでに二度も自動車の製造に失敗していた。一度目は人に雇われた経営者として、二度目は自分で創立した会社で。どちらの場合も彼の考えは、小規模ながら適度に完備した自動車工場を建てることだった。三度目には、彼はやり方を変えた。彼はデトロイトのいろんなメーカーから、彼の車を作るのに必要なありとあらゆる部品——車輪、ボディ、クッション、その他全部——を買集めた。ドッジ兄弟は、自分たちの機械工場でオールズモービルのトランスミッションを作っていた若い機械工だったが、フォードのエンジンの製作にも手を伸ばした。ドッジ兄弟は仕事を追加していたのである。最初のフォード工場は、それを建てた大工にまで資金を出してもらって、石炭置場に建てられた木造の建物だった。大工も仕事を追加していたのである。フォードが工場でやることといえば、他人がよそで作った部品を組立てるだけだったから、工場は安普請で小さくてすんだ。

フォードが成遂げた最初の重要な新機軸――そして彼が成遂げることのできた最も重要なもののひとつ――は、フォード車の修理部品なら何でも手に入れることができる、と客に約束したことである。最初のうち彼は、下請業者から部品を買っていたが、下請業者といっても、車を組立てるときに使う部品を供給するメーカーのことだった。が、のちにフォードは独自に修理用の部品を作り始め、最も需要の大きいとわかった部品から着手した。こうして組立て作業に徐々に、ひとつひとつ部品の製造をふやしていった。一九〇七年末には、彼は最初のT型の生産にはいることができるようになったが、その時すでに、T型を生産する能力は十分にあった。

まず製品の修理作業があって、それからその製品の生産に移る、というこの順序は、ハンス・コニングスバーガーが『中国の愛と憎しみ』――彼が一九六五年に南京で訪れたあるトラック工場についてのレポート――の中で述べている。その工場は当時、約三〇〇〇人くらいの従業員を雇っていて、トラックのほかにポンプと発電機のエンジンを作っていた。「(この工場の)興りは、工場の創始者たちが呼ぶところの〝肩工場〟だった。男が三〇人がかりで機械を肩にかついで運び回っていたが、この人たちが工場を運営し、共産軍の修理班を編成していた。共産軍が南京を占領した時、この人たちはある古い建物を占拠し、そこに作業場を置いて、エンジンの修理から始め、のちにはエンジンを作るようになった。一九五八年に彼らはトラックの第一号を作った」

模倣的な製造業にとっては、特定の小売商は親の仕事のもうひとつの、よくある形である。販売業者は、最初はただ製品を売るだけだが、のちにそれを作って売るようになる。カリフォルニアの果実加工、かん詰製造は、東部から移入した加工果実を売るサンフランシスコのある小売商人が、地元で販売する目的でカリフォルニアの果実を加工する仕事を、販売業務に加えて行なうようになったとき、そのようにして出発した。

いったん財貨やサービスがあるところで創造されるか、または最初に模倣されるかすると、さらにそれを模倣する者は、しばしばそれ以上の近道を取入れることができる。既成の組織で仕事——あるいはその一部分——を習得する者は、その組織を出て、自力でその仕事を再生産することができる。イギリスでは、工業、商業でのこの種の出来事を「分離」と呼ぶことが時々ある。共産主義諸国では「幹部制度」と呼ぶ。分離は、中世のギルドでは高度に形式化されていた。徒弟は既成の組織で仕事を習得し、次いで同じ組織かそれに似た組織に雇われて一人前の職人となり、万事うまくいけば、それからマスターとして、自分の仕事場を築いて徒弟をとった。アメリカでは、多くの仕事で分離がよくあるが、「自分で商売を始める」としか呼びようがないようで、分離ということのほかにいろんなことを含んでいる。だから私はイギリス式のいい方を使うことにしよう。

分離は、親組織で行なわれる仕事の、そっくりそのままの模倣であるか、その一部分をそっくり模倣したものであることが時々ある。だが、分離が古い仕事のバリエーションを含むこともよくある。こういうことは、たとえば、既成の出版社の従業員が分離して、独自に新しい雑誌を創刊する、雑誌の出版業界にはよくあることである。アメリカン・ヘリテージ誌もサイエンティフィック・アメリカン誌も、それを発行しているのはともに、タイム誌から分離した人たちである。アメリカン・ヘリテージ誌の場合、新しい出版会社を創立したし、サイエンティフィック・アメリカン誌の場合は、つぶれかかった古い雑誌社を買取って新しくした。

こういう歴史は、経済的に最も創造的な分離には数多くあることだ。個人が、あるいは数人の同僚が組織での仕事をやめて、そこでやってきた仕事の同じ部門を独自に再生産する。普通、彼らの仕事の対象となる客も小さな組織である。それから分離は、それまでの仕事に新しい仕事を追加していく。簡単な例でいうと、小さな雑誌社のために自由契約で美術の編集をするため、大きな雑誌社から分離する美術編集者だろう。そこで美術編集者は、美術編集に加えて、包装もデザインする会社を作ることもできる。電機産業では、まったく同じタイプの分離が日常茶飯事である。たとえば、ロサンゼルスの電機産業の会社の多くは、ヒューズ航空機から分離したもので、そこで行なわれている作業部門を再生産し、次いでこれらの部門にその他もろもろの電気器具やサービスを追加した。この章のうしろの方でみるような理由から、こういう人たちはまず親会社から分離して、それまでの仕事を独自に再生産できるようにならないことには、彼ら独自の新しい仕事を経済生活に追加できそうになかったのである。既存の仕事の部門の多くは、それまではその一部となっていた全体の仕事から、まず切離されて初めて創造的なものになる。

古い仕事の温存

古い製品や工芸品は、新しい製品が現れて時代後れになってからでも保持され、経済生活に新しい方法で使われることがよくある。アメリカには今日、その用途が変ったにしても、おそらく「帆船時代」よりもっと多くの帆船があるだろう。一九二〇年ごろ、私のまだ子供時分、鍛冶《かじ》職人が馬に蹄鉄を打込んでいる姿をよく覚えておくようにいわれた。鍛冶屋という仕事がまもなくなくなるのではないか、と考えられていたからである。ところが一九六〇年に、馬に蹄鉄を打込む方法を知っていた人は、一九二〇年ごろよりも多かった。もっともその大半が獣医で、獣医学校で鍛冶を習っていたが。

古い財貨やサービスを新しい用途に使うとか、捨てないで他の製品と新しく組合わせて取入れるとかいうのは、経済の「保存」傾向といってよいだろう。この傾向を他のことばでいえば、新しい技術の、そうでなければ廃物になったような財貨やサービスへの「逆行的」な応用である。蓄音機がその実例である。蓄音機は一時、ラジオのかげに埋もれてしまって、鍛冶職人同様、なくなるのではないかと思われた。一九三〇年ごろには本当になくなりかかった。だが、蓄音機にラジオの技術がいくつか取入れられて、蓄音機自体が変った。そして今度は、蓄音機がラジオ放送に変化をもたらした。蓄音機は保存されて再生したのである。

同様に、日本で洋風の婦人服が人気を呼んだ時、着物はなくなるだろう、といわれた。ところが着物は変ってきており、ニューヨーク・タイムズ紙によると、ハイ・ファッションの訪問着として、日本で最も近代的な若い女性たち――学生、OL、職業婦人――から見直されているという。「新しく簡略化したデザイン、合成繊維その他の新しい材料の採用、ジッパーと簡易帯のおかげで、着物が一段と着やすく、着心地がよく、手入れもしやすくなっており、従って若い女性の間でもう一度人気を呼んだ」とニューヨーク・タイムズは伝えている。つまり、着物は保存されて再生したのである。

こういったことはさ細な例だが、ここに表れている経済行為は、決してさ細なことではない。この行為のおかげで、手織りとか精巧なガラス器作りとか、ギター作りとかの古い工芸が中止されたり、妨げられて衰退したりしないで、変化することが可能になる、といってよいほど重要なことなのである。このような行為は、明らかにカタル・フユクでも営まれていた。そこでは人々は、織った新しい衣類を、動物の皮で作った古い衣類に手を加えたものと、併用していた。銅の装飾品を石と貝殻の装飾品と併用していた。根本的に新しい栽培食物を、やがてそのうちのいくつかも栽培するようになる古い野生食物と併用していた。

沈滞といえばすぐ「保守的であること」と同じだと考えがちなものだが、古い財貨やサービスを保存しようとするこの傾向は、沈滞している経済にはみられないのが特徴だ。アパラチア山脈の集落で白砂糖が容易に手にはいるようになると、ソルガム（コウリャンなどのモロコシ類）をしぼる仕事は捨てられる。ナイロン製の漁網が東南アジアの村にはいると、それまで行なわれていた網作りは中止される。極端な場合、古い仕事を決して保存しようとしないこのような行動は、外部からもたらされた新しい財貨やサービス、仕事と接触することによって、原始人の文化、経済を襲う、衆知の荒廃に終る。

古い技能とか古い製品を保存しようとする社会の能力は、それらを、新しい財貨やサービスあるいは新しい用途と併用することからくるようである。だが、どうしてそういうことになるのか？　きわめて単純な実例がかぎになるだろう。ニューヨークで提案された高速道路に反対していた私の知合いの幾人かの画家は、運動の一環として大きな街頭幕を書くことに決めた。幕は重い方がよく、すき通って見えるようなことでは困るし、少々の風が吹いてもロープからはずれないで持ちこたえられるようなものでなければならなかったが、そういう幕を作れるのは、近くの工場の二階にいる時代後れの帆縫職人しかいないことがわかった。この帆縫職人はそれまで、一度も街頭幕など作ったことはなかったが、その時ばかりは作って、しかも上出来だった。これは、古い仕事——ここでは新しい用途がそれに追加された——をする人が、自分で仕事のイニシアチブをとったのではない例である。問題をかかえている者からみれば、帆縫職人の仕事は、何かを追加するのにむしろ格好の仕事だった。この場合、帆縫職人はこの幕一本しか作らなかったのだから、新しい仕事の追加は短時日に終った。

しかしこれと同じようなことは、もっと永続的な形でも起り得る。私の友人であるアレン・ブロックは、ニューヨークでサンダルの製造業を営んで成功している。最初彼はサンダルのデザインから始めたのだが、サンダルをうまく作るにはどうしたらよいか、わからなかった。作り方はすぐ覚えられたが、今度はサンダルのデザインの仕事もよくわからなくなった。そこで彼は、ある年配のくつの修繕職人のところに弟子入りした。この二人の考え出した作業場は、新しい仕事を追加することによって古い仕事を保存するという行為の、ひとつの図解といってもよいほどのものだった。店舗は通りから見ると、ふたつの別々の店に見えた。左側は、ちゃんとドアと看板をつけたくつの修繕店だった。右側は、これもちゃんとドアも看板もつけたサンダル屋だった。ところが内部では——そこで仕事をしていたのだが——仕切壁は取払われて、ふたつの店がひとつになっていた。くつの修繕職人はもう死んだが、彼の「時代遅れ」の技能は保存されたのだから、経済で維持され再生したのである。

新しい仕事が古い仕事に追加されると、それは、古い客の利害に合うこともあれば合わないこともあるかもしれない、と私はいった。新しい仕事と古い客の利害が衝突しないですむ機会というのは、新しい仕事が古い客とは無関係であるか、いっそ彼らの利害と相容れない時である。ローゼンタール夫人の客が消費者だったとしても、すべての客が消費者であるわけではない。財貨やサービスを買う客の多くは、ほかのものの生産者であり、彼らのもとに供給された財貨やサービスは、そこで独自の仕事に使われる。3Mの磨砂を買っていた客は、鋳物の生産者だった。中世の刀職人と鞘職人の客は、刃物職人だった。他の生産者に供給される財貨やサービスは、買手の方にしてみれば、もちろん分業ということになる。この種の関係を組織化する方法が二通りあって、各々性質がきわだっている。

3Mと刀職人がそうであったように、供給者が客から独立していることができる。つまり、独自の組織で自主的に仕事をすることができる、というのである。だが、まったく同じ仕事を、供給の作業が独立しないように組織することもできる。たとえば、3Mで磨砂を作った人たちは、同じ仕事をしながらも、彼らを取巻く広い客筋のひとつの、磨砂部門であることもできた。ナイフの刀身を作る人々は、ナイフの残りの部分を作ってそれを全部組合わせる会社で働くことができた。

もし3Mが実際に創業当時、大きな鋳物会社の磨砂部門だったら、磨砂の仕事から付随的な仕事が生れる、ということはほとんどありそうにないことである。金属を扱う会社では、磨砂部門がもし成功すれば、大工とペンキ職人の役には立つが、金属を細工するのに役立たないような新製品のために時間をつぶすのは、筋違いだったろう。

新しい仕事を古い仕事に追加することにかけては、分業数の多い大きい組織の方が小さな組織よりも生産的だろう、とすぐに考えるかもしれない。だが、そうではない。この点については、大きい組織では、いくら分業の数が多くても、ほぼ全部の分業がきまって不毛である。これらの部門が論理的に追加できるいろんな財貨やサービスは、手近の客にしてみれば論理的ではない。つまり、組織全体からすれば筋違いなのである。さらにもっと悪いことに、大きい組織のいろんな分業が論理的に追加できるような、いろいろな新しい仕事は、互いに論理的な関係はまったくない。たとえば、金属板型を作る大会社の磨砂部門が紙やすりと遮蔽テープを作る仕事を引受けた時のことを思い浮べてみるとよい。人事部が、銀行と出版会社にパートタイムの事務員を送る業務をふやしたとしよう。機械工のあるグループが、おもちゃの自動車を作り始めたとしよう。機械工の他のグループが、外科用の医療機械を作りだしたとしよう。さらに他のグループが、製本作業を改善するための機械の仕事をしているとしよう。発送部では、泡ゴムで運搬用の木わくの裏張りを作り始め、ゴムの切れ端でくつ底も作っているとしよう。

この奇妙な雑然とした場面で、型抜き業務自体がどうなるかは全然別にしても、それぞれの作業部門に追加されているさまざまな新しい仕事は、一体どういうことになるのだろうか？　どれも独自のペースで発展していって、他の部門の生産規模とか必要性とは何の関係もなくなるだろう。この会社の場所割り、人員の配置、予算編成、販売システムなどなにもかも、めちゃくちゃな奪い合いになるだろう。この会社は、解体したもの、矛盾と互いに衝突し合う目標のおかしな寄せ集め、消滅してすでにない目的共同体の時代錯誤的なきずなでしか、相互関係を保てないものになるだろう。

ひとつの仮説として型抜き業を使ったとき、私は、一群の仮説的な新しい財貨やサービスを示唆しなければならなかった。実際には、分業に無制限に新しい仕事を追加することによって成長したような組織は、ひとつもないからである。自然でさえ、有機体が複雑になったとたんに、生殖細胞を有機体の一部分にだけ注意深く制限しておく。

このように、組織の中に生れる、互いに矛盾し合う目標と対立という考え方は、当時カリフォルニア大学の総長だったクラーク・カーが一九六四年に語ったいくつかのことばの中で表現されている。広範なサービスを社会に還元する「マルティバーシティー」というアイデアの提唱者であるカー博士は、学生との紛争にはいる寸前だったが、そのころはまだ彼はそれを知らずにいた。学生は次のように主張した。マルティバーシティーはもはや、学生を教育するという、大学本来の仕事をしていない。なぜなら、とりわけ大学は、教育以外のあまりに多くの業務にかまけて、学生をのけものにしているからだ、と。

ここで、いろんな教授が自分の専門に加えて、学外の客のために新しい仕事をしようとすると、どんな問題が組織内部に持上がるか、聞いてみよう。カー博士は、特に、連邦政府の研究補助金に助けられて新しく始めた業務について語っていた。

「(大学のその他の資金は) 正規の予算編成手続きを経て、その配分は学内の政策に従って監査を受けなければならない。だが、連邦政府からの研究資金は普通、個々の学者とその筋の当局とが直接話合って決められるから、正規の監査の過程を経ないですむ。……その代り、これらの資金は大学の資金のある部分を制約する。それは場所の割当てにも影響を及ぼす。授業と研究の時間の配分も決める。大学がそこで最も急速に発展するような領分が、相当程度その資金によって築かれる。……従って学部長、事務長、学長の権限は減る。教授会の役割にしてもそうだ。これにはそれなりの利点があるかもしれない。……(しかし) 教授会のメンバーの中には、政府機関との接触を利用して大学に圧力をかける者も出て来る。彼らは大学の基本政策や優先順位に背いて、強引に新しい理事会を作ろうとしたり、自分たちの特別な建物を建てるために土地の割当てを奪おうとする。こういった圧力には、もちろん属してはならない。そういう教授も政府機関も、人からよくいわれていない。また何人かの教授会のメンバーは、大学からワシントンの政府機関にくら替えする傾向がある。政府機関が新しい母校になるのである。政府機関がしつこく抱合せ販売 (われわれは君にこれこれのことをしてやるから、君はわれわれのためにこれこれのことをしなければならない、というようなやり方) をやる時とか、政府機関がひんぱんに、しかも細部にわたって研究の進み具合を報告させるような時には、とりわけ深刻な問題が起る。そんな時、大学は実際、自由な主体とはほど遠い」

こうした混乱を、カー博士は要約してこういった。「まったく昔の商業資本家になり変った、政府機関による一種の締出し体制になってしまう」

だがカー博士のいうこととは反対に、昔の商業資本家は、他の組織の一部分が独立していなかった場合でも、独立していたかのように、そこと直接取引するようなことはなかった。ポール・グッドマンは「ニューヨーク書評」への投書で、マルティバーシティーについてのまっとうな疑問を出した。「大学当局は契約した研究を大学以外の研究機関に移譲したことがあるだろうか?　否である」[*3]

*3――個別にみると、巨大だがわずか少数の研究機関が設立されただけである。たとえば、カリフォルニア技術研究所（CIT）、ジェット推進研究所、スタンフォード大学のスタンフォード調査研究所である。だが、いくつかの点でこれらの研究所は、自律的な組織というより大学の付属機関といった方がよい。

分離というのは本質的には、グッドマンが示唆していたようなことだが、独立した新しい自律的な組織を設立できるように、閉ざされた分業を解放するひとつの方法である。それはまた、一人の人間が二つの異った組織で、それぞれの組織の統一をそこなうことなく、二種類の仕事をできる方法でもある。

本来の仕事に新しい仕事を追加している小さな組織では、いわば一匹の動物全体がほとんど生殖細胞である。不毛な作業部門は、全体からの比率にすれば小さい。ひとつの組織が新しい仕事を追加することにかけて最も生産的である期間は、その組織がまだ小さい間である。それ以後の主な発展は、すでに追加した仕事の量的な拡大にほかならない。

大規模な経済組織は、適正な割合で新しい財貨やサービスを追加するどころか、いったん大きくなってしまうと、組織が縮まらない程度に必要な新しい活動を追加し続けることは、めったにない。そこを補うために、大企業は外部で追加された活動を拾ってくる。アメリカン・マシン・アンド・ファンドリー社は、それまでの商品市場が縮小した時、異った仕事に従事していた一三の企業を矢継早に拾ってき、事業を縮小しないですんだ。そういう小企業のやっていた仕事というのは、たとえば家庭用の道具類、金属製家具、いろんな特殊鉄器類、継電器、小型モーター、さまざまな軍用品などだった。ニューヨーク・タイムズ紙によると、シンガー・ミシン社はかつての大きな国際市場を失った——その大部分は三〇〇もの日本の競争会社が進出したからだった——ので、「ゲルチ・プロダクツ社を計画的に乗取ることによって電気器具を拡張」していた。フォード社は「新種の軍事用鉄器類では有効な戦略的な位置を、またコンピューターでは半導体とトランジスターの製造」を望んでいるといわれていたが、フィルコ社を買収した。大手のタバコ会社は、ニューヨーク・タイムズが呼んだ「健康への脅威」から身を守るために、新しい活動を始めていた。といっても、既成のものを買取っただけのことだが。フィリップ・モリス社はひげそり用品、こん包、化学製品に「職を得て」いた。レイノルズ・タバコ社はフルーツ・ジュース、くつ磨き用品、金属箔《はく》の商売に職を得ていた。3Mは砂粒を扱う仕事に新しい活動を付け加えることにかけては、あれほど多くのものを生み出していたが、大きくなったいまでは、いろんな事業を買取ることに専心している。最近買取ったもののひとつにサーモファックスがあった。

大組織が病状を呈したり利潤が低下したりするときに処方する最初の強壮剤は、既成の仕事の買収である。だからニュートン・N・ミノウは数年前、衰弱し切ったカーチス出版社を援助するため招かれた時、「私はカーチス出版社に適当な合併、買収が見つかるよう助力しよう」と公言したのである。素手で大きくなっている組織が新しい財貨やサービスを追加する計画に着手することになる時は、すでに持っている分業に追加することから始めることはめったにない。ほかの仕事を買収して、考えている新しい用途を親の仕事に提供する。従って一九二〇年代の初め、すでに巨大な火薬のトラストだったデュポン社の経営陣が、多様な化学工業を設立することを決めた時、同社はフォーチュン誌のことばを借りれば「ペンキと上塗り材料、染料と顔料、酸と農工業薬品、セルローズ樹脂と防水繊維――フランスの会社から――を買収した権利を通じてレーヨンとセロファンで成立つ多数の中小企業」を乗取っていた。

　ゼネラル・モーターズ社のような古い巨大企業は、かつては独立していた多数の会社で構成されており、それらの会社はすでに各々の親の仕事に事業を追加して成功していたといううま味を持っていたからこそ、結合する意義があった、という事実はよく知られている。新しい巨大企業も同じことである。たとえばリットン・インダストリーズ社は、一九五〇年代の初めには超短波用の真空管を作っていた小さな会社で、もとはヒューズ航空機から分離して創設されたのだが、一九六三年までにはアメリカで一〇〇番目に大きなメーカーになった。同社は三九もの会社を買収していた。リットンの経営者が「安い計算器部門を占有」しようと決心した時、計算器会社を買収することから始めた。小売商の在庫を自動的に管理するシステムを持っており、つけ札、正札、ラベルを作っていた会社を買収した。ラベルの裏側に塗る接着剤を作っていた会社も買収した。ほかに事務所用の家具を作る会社と商品券の会社、それに製紙工場を買収した。リットンの社長はどのようにして同社が「コンピューターから造船まで何でも」手がけるようになったかを説明して、タイム誌の記者にこう語った。「わが社は決して会社そのものを手に入れたわけではない。時間と市場と製品と工場と研究時間と販売力を買収したのだ。これを全部ゼロから複製するとなれば、何年間もかかるだろう」

　大きい組織がすでに生産している財貨やサービスに、新しいものを活発に付け加えようとする時は、特殊な生殖器官のように、その目的のために研究・開発部という特殊な部門を創設する。これらの部門は不毛な分業の大きな本体に代るもの、つまり代用品である。だが、当然、研究・開発部を設置できる親の仕事は、組織の全作業と比べると、きわめて限られている。そしてこの限られた範囲内でさえ、研究員が開発してもよいと考える新しい仕事は、組織全体の利害とは関係ないか、敵対することがよくある。ここに「骨折って」開発した当の組織に無視される、有益な発明品、という逆説がある。大きい組織の不毛性は、今に始ったことではない。全盛期にはアメリカ最大の企業だったアメリカ鉄道の不毛性を考えてみよう。同様に、ルネサンス期の大きい通商組織は、当時最大の会社だったが、新しい製品やサービスをさらに経済生活に追加するとなると、まったく不毛だった。*4

*4――ロバート・ルカーチマンは、IBMの興味ある例をあげて私の注意をひいた。IBMの初期の成長は典型的だった。同社がまだ小さかったころ、それまで大手のタイプライター会社が拒否していた発明品、電気タイプライターを生産する利権を買取った。IBMはこの新製品をどんどん作るにつれて、成長した。だが、同社が非常に大きくなってから、さらに三六〇型コンピューターを作りだしたが、これは単に、一連の製品に機械をもうひとつ付け加えたというだけのことではなかった。IBMはこのコンピューターの客に分析、プログラミング、トレーニング・サービスを提供するため、根本的に変化しなければならなかったし、時間、装置、人員を、実際に客に貸出すコンピューター・センターを、設置しなければならなかった。要するに、同社はサービス会社にもならなければならなかったのである。経営によって、同社は根本的に再編成された。大企業に成長してからも同社はもう一度、小企業であるかのように動いた。大切なことは、もしひとつの組織が、古い仕事とは少しでも根本的に異った分野で新しい仕事を付け加えることによって、また、消費動向に対する懸念からではなく内部変化によって、小さな組織のように動けば、もうひとつの点でも小組織のように動かなければならない。それは、その組織が根本的な組織変革をはかり、実際、新たに作り替えられるほどに柔軟にならなければならない、ということである。もちろん、それでもなお大半の分業が不毛のままであるに違いない。

もし大組織が、その分業と開発資金を獲得するまれにみる能力とつり合って創意も豊かだったなら、巨大でしかも強力な企業をかかえた後進諸国——後進的で貧しい国々がきまってそうであるように——は、それら大企業の力を借りて、欠乏している必要な新しい財貨やサービスを創造することができるだろう。だが、経済はそんな風には発展していない。

だからといって、大企業が経済生活に無益だ、といっているのではない。大企業が有益であることは、しばしばある。ただ、未来の新しい財貨やサービスはその多くが、大企業とその分業から生れようとしているのではない。内部に多くの分業を持った大企業にしかうまくできない生産も、いくつかある。当然、そういう組織は比較的自足しており、外部の分業を使うことはめったにない。往々にしてそういう企業は田舎に転出して、そこで「会社の町」を作る。さもなければ、会社のある都市を「会社の町」に変えてしまう。ひとつか、または二、三の大企業が支配するような都市では、ほとんど他の一切のものの発展が止る。もちろん、これだけが、都市が沈滞し、経済が発展しなくなる唯一の理由というのではないが。

成功している大企業は、すさまじいものをもっている。ほとんど何もかもがその権力に掌握され、将来の経済成長を手中にしている、ということは容易に信じられる。多分このために、経済の拡張は、成功している既存の大企業の営む既成の活動と、仕事のいっそうの開発に依存している、と多くの経済学者からも広く信じられているのだろう。

だが、このような組織とその仕事が、未来を予測するものではない。むしろ、そういう大企業自体が、過去の経済活動の結果なのである。大企業の分業のうち大半は、必要があって不毛なのだから、大企業の力は、発展する経済の未来の新しい財貨やサービスの、ひとかけらでも開発することはできない。事実、大企業をあてにして経済の拡大、発展をはかろうとしているようなところでは、ということはつまり、小企業が成長し、融資を受け、古い仕事に新しい仕事を追加する機会のほとんどないところでは、いや応なく経済は沈滞する。ひどく沈滞すると、もはや大企業が自らの縮小を防ぐために、買収するものもなくなる。

要するに、新しい仕事を古い仕事に活発に追加していくことを可能にしているのは、大企業の成功ではない。むしろ、そういうことが活発に行なわれる時は、多数のいろいろな分野の企業に依存しているのであり、そのうちのいくつかは、もちろん全盛期には大企業に成長する。

追加か分化か

大昔の人々は、経済生活とは新しい財貨やサービスを追加することである、ということを完全に理解していたように思われる。だが彼らは、それが行なわれる論理と順序とを見きわめる代りに、マジックを見きわめた。大昔には、重要な活動は神が人間に与え、教えていた。それは、神から盗まれていた。嫁入り支度かなにかのように、人々の半神半人の先祖によってもたらされていた。

こんなたぐいの昔話で満足するにはあまりに人ずれしていて好奇心の強かったヘロドトスは、諸物はどこからやって来るようにみえるか、ということにいつまでも注意していた。彼はリビアの地方を旅したあと、このように考えた。「ギリシャ人がアテナの神の像を飾る楯《たて》をリビアの女性の服からとったということは、明白だと思う。

リビアの女性の服はレザーでできており、房回りがヘビでなくて革ひもであることを除けば、ほかに違うところはない。その上、神の楯ということば自体が（由来を）語っている。というのは、リビアの女性は、毛をむしって赤く染め、へりを房で飾った山羊の革をまとっており、われわれが神の楯――元の意味は山羊の革――ということばをとったのは、この革からだった。もうひとつギリシャ人がリビアから学んだことは、四頭の馬に引具をつけて戦車に仕立てることだった」。もうひとつの民族ジザンテは、はちみつに恵まれていて、「その多くは、はちみつが作ったものだが、それ以上に、ジザンテ民族が発見した何らかの加工法で作ったものが多い」。バルケ民族は、ペルシャに包囲されている間に、ペルシャの工兵が掘った落し穴を探索する方法を習得した。「ある金属細工師がきわめて天才的に、次のような方法で落し穴を発見した。彼は青銅の楯を持って、町をめぐる城壁の内側をくまなく歩き回った。彼はその楯で地面をコツコツとたたいて回り、ほかはどこも鈍い音がしたが、落し穴の上だけは楯の青銅が共鳴した。バルケ民族はそこに逆の落し穴を掘って、ペルシャの工兵を殺した」。実に、人間が自らの手で新しい物とサービスを考え出すという証拠ほど、ヘロドトスを喜ばせたものはなかったらしい。

明らかにローマ人は、D+A→nDという過程の一部分をわきまえていた。ローマ人は、新しい経済生活が古い経済活動から生れるということを知っていた。ローマには solo cedit superficies という法原理があり、それは多分、共和国の初期からあったものらしく、追加された活動の所有権は、追加された元の部分の所有権に引継がれる、というものだった。ローマの風刺詩作家マーシャル i はこういって嘆いた。法律家はこの原理を、作家にとっては不利、出版社にとっては有利に解釈し、出版社は「イギリス、ゲッテの津々浦々まで、辺境守備隊で百人隊の隊長が口ずさんだ」詩句を著作権の使用料を一銭も払わないまま流して金持になっていた。詩歌は出版という元の、つまり親の仕事の付属物にすぎない、というのが法律家の理屈だった。明らかに、人類のすべてと多くの動物がそうするように、ローマ社会も分業をしていたが、ローマ人は分業を、労働の組織原理として認めてはいなかったようである。従って彼らは、新しい活動を追加する「ベース」を認めていなかったらしい。認めていれば、作家はもっと有利に訴訟できただろう。要するに、ローマ人はD＋A→nD定式の「＋A」の部分は理解したようだが、その前後は理解していなかったようである。

・1――マーシャル（Martial）　正式にはマルクス・ヴァレリウス・マルティアリス（Marcus Valerius Martialis）。スペイン生れのローマの風刺詩人（40?～102?）。ローマ帝国の社会を鋭くえぐった『風刺詩集』（Epigrams）などが残っている。

一方、分業の原理を認め、その有利性を説いたアダム・スミスは、新しい仕事が古い分業から生れる、ということを認識しなかったらしい。スミスの分析は、彼が分業の原理を例示するために使った、最もひんぱんに引用される主な例、つまりピン工場の作業でドラマティックに表現されている。ピンの製造は英国の大量生産の一九世紀的な例であり、スミスはこう述べた。

一人の人間が針金を引出して、二番目の人間がそれをまっすぐにし、三番目がそれを切り、四番目がそれをとがらせて、五番目が先端に頭をつけるためにとぐ。頭を作るには二工程か三工程が必要である。頭をつけるのは、それだけで一仕事である。ピンを白くするのも、それだけで一仕事である。ピンを紙に差込むのでさえ、それだけで一仕事である。そしてこの方法によると、ピン作りで重要な仕事は約一八の別の工程に分れる。工場によっては、同一人がたまに二、三工程をかけもちで作業するところもあるが、いくつかの工場では、それぞれの工程に人がついて仕事する。

こうすると、一〇人の人間が一日に一二ポンド、ということは約四八〇〇本のピンを作ることができる、とスミスはいった。「もしこの特殊な仕事の訓練を受けていない者ばかりで、別々に独立して仕事をしたとしたら、一人に一日二〇本作らせるのは絶対に無理であり、おそらく一本も作れなかったのではなかろうか」

ここまでは、非常に結構なのだ。だがスミスは、これと同じ原理がピン作りの存在自体をも説明する、と考える。彼は簡単に、ピン作りをひとつの大きな分業と呼んだ。だが、そうだったろうか？　もしそうなら、ピン作りをひとつの作業部門とするような、さらに大きな仕事とは何だったのか？

スミスが述べていたように、ピンは最初、針金のすきぐし作りと関係してイギリスで作られた。このため、けば立て職人とピン職人は仲間内のギルドだった。すきぐしに使う針金の剛毛は、時々わくを作って、いわゆるすきぐしの全体を組む同じ店で作られた。しかしたまに、剛毛はほぐし屋——繊維をほぐすことを意味する古いことばブレーキングからきたと思われる名前——によって、独立した店で作られることもあり、ほぐし職人は鍛冶店から鉄塊を買って、それを針金に引延ばし、その針金を剛毛に作り、剛毛をすきぐし店に売った。いずれにしろ、剛毛作りの最初の四つの作業は、スミスがピン作りの最初の四つの作業で述べたのと、本質的には同じ仕事だった。つまり、「一人の人間が針金を引出して、二番目の人間がそれをまっすぐにし、三番目がそれを切り、四番目がそれをとがらせて……」。

剛毛職人は繊維産業で使う道具を作っていたが、もう少しでピンを作るところだった。だが、何人かの剛毛職人が実際にピンを作っていた時——おそらく一四世紀の初め——、彼らはすきぐし作りの仕事をさらに分割していたのではなかった。剛毛製造の仕事を、さらに分割していたのでもなかった。だいたい、分割ということはしていなかった。彼らはそれまでの単純な仕事、つまり剛毛作りに、新しい複雑な仕事、つまりピン作りを追加していたのである。この追加物から、スミスが次のように述べた、ピン作りでの残りの分業が生れたのである。「五番目が、先端に頭をつけるためにとぐ。頭を作るには二工程か三工程が必要である。頭をつけるのは、それだけで一仕事である。ピンを白くするのも、それだけで一仕事である。ピンを紙に差込むのでさえ、それだけで一仕事である……」

スミスの犯した誤りが微妙で、ちょっとしたことだっただけに、誤りはいっそう目につきにくく、長いこと発見されなかった。スミスは、分業こそ経済発展の条件だとして、無担保で分業を信用してしまったが、この誤りはわれわれの間でもかなり残っている。「分業それ自体からは何も生れない」。分業は、すでに創造された仕事を組織する一方法にすぎない。ピン作りでの最初の四つの作業でさえ、金属製のすきぐしが経済生活に追加されるまで、現れなかった。分業は、操業能率を上げるためのひとつの工夫にすぎず、それ以上のものではない。分業自体には、経済の発展をいっそう進める力がない。そしてそのために、分業は既存のあらゆる仕事でもおかしなくらい、操業の能率を上げることに限られている。既存の仕事がいったんうまく、いくつかの作業に分割されると、それ以上の能率の向上は全部、新しい活動の追加に依存する。ピン作りをオートメーション化し、スミスの述べた全作業をたちどころに時代遅れのものにした——異った作業を追加したとしても——機械は、ニューヨークのある機械製作工が作った装置であり、スミスがピンについて論じてから約五〇年後に、自分のピン工場で操業を始めた。この機械製作工は、工場用の機械を設計するデザイナーだった。機械設計の仕事に加え、彼は自ら乗出して新種のピン製造業を始め、その時彼は仕事のわくを打破ったのである。スミスは、ピン作りは改善され、おそらくピン製作機械が現れるだろうと考え、同時に、とにかく既存のピン製作の作業の中でこの変化が起るだろう、とも考えていたが、まったく違った仕事から変化がもたらされようとは、考えていなかった。

既存の仕事をいくつかの作業に分割することは、決して発展する経済に限って行なわれるわけではない。最も沈滞した経済でも行なわれていることであり、そこでは、男女が作業を高度に専門化して、あらゆる労働生活を送っている。ゴムの木をたたいたり、山羊を放牧したり、バナナを荷積みしたり、繊維を編んだり、寺院で踊ったり、塩を取ったり、鉱石を砕いたり、公共の仕事として汚物かごを運んだり、トウモロコシと豆を栽培したりする。沈滞している経済には、ほとんど何もかも欠けているが、分業だけはある。

分業が順調に進んで、だんだん細かくなっていっても、官僚制の経験から当然わかるように、分業は、仕事の能率的な組織化を促進するのではない。ニューヨーク市立学校のある校長は、こういっている。「学生食堂のなべやフライパンを新しく買替える時は、ただ学校の栄養士に外で買わせて来るのではなく、学生にカンパさせて気長に待つべきだ」。新しいなべとフライパンがはいるのを気長に待つというのはばかげているかもしれないが、こうすることにより、分業は、その能率によって人類の驚くべき経済生活のなぞを解くかぎになることを、この賢明な校長は若者たちに教えていたに違いない。

分業は正しく豊富な効果を持っているのだが、それが評判になることのないのは皮肉である。分業は、新しい財貨やサービスを経済生活に追加する道を準備し、特別の足がかりを提供する。アリがいくら能率よく作業を分割するといっても、人間ほど驚くべきこと、すばらしいことをするわけではない。分業を新しい仕事のひとつの源泉として考えると、アダム・スミスが分業の機能を労働の能率的な合理化に限定して説いた以上に、分業は限りなく有益なものになる。

❸ 都市の非能率と非実用性

都市、とりわけ巨大で管理しにくい、無秩序な都市など、ない方がもっとよい暮しができるだろう、と考えている人々は、大きくなり過ぎた都市がいろんな面で非能率で非実用的である、とあきもせずに説く。最もきまりきった日常的な仕事——人間を仕事につかせること、商品を流通させること、樹木を枯れないように育てること、学校の運動場用に土地を用意すること、ゴミの処理——に対して、衆知のように、都市が町や村に比べると、ばかげたほど膨大なエネルギーと時間と金を費やしていることは確かだ。財貨やサービスを生産する上でも、大都市は必ずしも能率的だといえないようにも思える。能率の向上を理由に、工場が都市のはずれや郊外、遠くの小さな町に移転する場合がよくあるからだ。

まさにその通りだ。町に比べれば、都市は実に非能率であり、非実用的である。都市の中でも、その時代で最も大きな規模を誇り、最も急速な成長を遂げている都市ほど、最も非能率的である、という傾向がある。しかし、これらの重要で現実的な欠陥が、経済の発展に必要なものであり、従って、都市の経済生活にたぐいまれな価値を授けているのは、これらの欠陥であることを、私は論じたいと思う。これは、その非能率と非実用性にもかかわらず、都市が経済的に価値があるということを意味しているのではなく、非能率で非実用的であるために、都市は経済的に価値がある、ということを意味している。古い仕事から新しい仕事がどのように生み出されるかを理解しているのだから、この逆説を理解できる立場に、われわれはいる。

マンチェスターの能率、バーミンガムの非能率

手始めに、イギリスの二つの都市、マンチェスターとバーミンガムを取上げ、都市の非能率性を調べることにしよう。一八四四年、ディズレイリ・i の小説の中で、ある登場人物がこう語った。「マンチェスターは、確かに、現代の最もすばらしい都市だ。哲学者だけが、マンチェスターの威厳と未来の無限の広がりを認識できる」。都市問題史家のアサ・ブリッグズはその著『ヴィクトリア朝時代の都市』の中で、このせりふは「その時代を語るに最もふさわしい社会評論」の代表だ、と述べた。経済史の上でも、マンチェスターは特異な位置を占めている。マルクスとエンゲルスが、この都市に多大な関心を抱いたからである。マンチェスターを基礎に置いて、マルクスは、資本主義と階級闘争についての分析をした。ディズレイリと同じくマルクスも、マンチェスターを予言的な都市と見たのだ。もっとも、マルクスは、威厳よりも、不吉な前兆を予知したのだが。

・i――ディズレイリ ベンジャミン (Benjamin Disraeli)。イギリスの政治家、作家(一八〇四―八一)。保守党を率いて二回首相を務め、グラッドストンの率いる自由党とともに同国の政党政治を確立させ、帝国主義的な外交で活躍した。政治小説も多く残している。

ディズレイリやマルクスをはじめ、その時代の人々を引きつけたもの――彼らにマンチェスターがよかれ悪しかれ、その時代の都市の中で最も進歩した都市だと思わせたもの、それは、大規模な繊維工業の驚異的な能率性だった。マンチェスターは、まさに繊維工場だった。一八四〇年代まで、繊維産業がマンチェスターを完全に支配した。マンチェスターで、産業革命の意義が、その論理的な帰結に到達したと思われた。マンチェスターは、きたるべき姿だった。マンチェスターは、他のすべての都市を時代遅れ――産業の未開発な過去の遺物――にしてしまうような都市だった。

マンチェスターの不吉な生活状態と死亡率の恐るべき高さに驚いた観察者や評論家——その数は多かった——でさえ、また、マルクスやエンゲルスのように、ごく少数の工場所有者と貧しく前途に希望を持てぬ労働者階級との間の社会的、経済的な格差がどんなに大きく、険悪なものであるかを見抜いた人々でさえ、マンチェスターの驚異的な能率が、未来の諸都市——すべての都市ということが不当なら、少なくとも資本主義の都市——を語るはしりである、と考えた。

バーミンガムは、まさにマンチェスターによって時代遅れにさせられたたぐいの都市である。「バーミンガムの変らぬ特徴は……」と、ブリッグズが引用した一八五〇年代のイギリスのあるジャーナリストは、次のように述べた。「ごく小規模な家内工業があった。その産業のおかげで、同居人が独立したし、商売がうまくいった場合、相当な資産や財産をもたらすことがよくあった」。これらの事業が失敗に終ることもよくあった、とブリッグズはつけ加えている。

規模ではマンチェスターの産業と比べられなかったが、バーミンガムは、相対的に大規模な産業をいくつか持っていた。これらの産業は、バーミンガムの全産出高や総雇用のほんの一部を占めるに過ぎなかった。バーミンガムの大部分の製造業は、せいぜい一二人の労働者しか雇っていない、小さな組織の手で行なわれた。それ以下の労働者で営まれていた組織が多かった。これらの小さい組織の多くは、他の小さい組織の仕事のために、部品を提供した。それらの組織は、合理的にも、効率的にも、統合されなかった。活動のむだ、仕事の重複、統合すれば確実に排除できるような重複が、はびこっていた。おまけに、有能な労働者たちは、バーミンガムの雇用主から永久にたもとをわかち、自力で事業を始め、バーミンガムの産業を分裂させていった。

バーミンガムが一体何によって身を立てていたかを語るのは、少々厄介である。マンチェスターの経済の理解を容易にし、鮮明な印象を与えたような、はっきりした特産品を、バーミンガムが持たなかったからである。当時の——今日でも——バーミンガムの経済を詳しく述べようとすることは、容易な仕事ではない。バーミンガムの経済は、はんぱ物のごった煮だったのだ。その昔は、馬のくらや引具の製造が主な産業だったらしい。しかし、他のあらゆる金具類や道具類の製造が、くらや引具向けの金具製造に追加された。一七世紀と一八世紀に、くつの尾錠《びじょう》の製造が繁盛したが、くつひもの出現で終止符を打った。ボタンの製造業の発展が、その損失を償うに余りある役割を果した。ボタン製造業の中に、ガラスの飾りつけをする者も現れ、色つきガラスの製造者に発展の機会を与えた。彼らは、これを足場に、相当な規模を誇る地元のガラス産業に育った。一九世紀のバーミンガムは、なかでも銃、宝石、安い金属製のおもちゃ、紙型のおぼんを作った。安い金属製のおもちゃの製造は、安い鉄のペン先の生産を引き起こした。銃の製造によって、ネジ溝切りの機械や他の工作機械を作る好機がもたらされた。

これらのすべてはもちろん、一八四〇年代から一八五〇年代のイギリスが、どの都市でもお目にかかれたような流行遅れな代物の寄せ集めに過ぎなかったことを示している。それらは、近代的なものではなかった。新時代を表現するものでもなかった。驚くべき意味でも、大きさでも、新しいはしりは特に示唆しなかった。すべての知識人がマンチェスターに熱を上げていた当時、未来を告げる都市としてバーミンガムをあげる人は一人としていなかった。しかし、後になってわかったことだが、未来を告げる都市は、マンチェスターではなくて、バーミンガムだったのである。

能率的専門化というマンチェスターの特色は、停滞と都市の根深い荒廃を告げるものだった。というのは、「無限の広がり」の中身は、他の土地の人々が、能率の良い、綿の紡ぎ方と織り方を習得するにつれて、失う市場もまた大きい、ということが明らかになったからである。その失われた市場を償うのに必要なものを、マンチェスターは何も開発しなかった。今日のマンチェスターは、長期的な回復不能の沈滞に悩んでいる都市の象徴とさえなっている。幾時代、幾世代にもわたって、若い人々がより大きな機会を求めて、ロンドンやバーミンガムや海外の都市に移住しなかったなら、マンチェスターの惰性と失業、マンチェスターの住民の困苦は、今日の現実よりも、さらに深刻なものになっていただろう。マンチェスターの経済と違って、バーミンガムの経済は荒廃しなかった。バーミンガムでは、分裂して非能率な、規模の小さい産業が、新しい仕事を追加し続け、さらに分裂して新しい組織を設立し続けた。そのいくつかは、非常に大規模に成長しているが、全体の雇用と生産の中で、数多い小規模産業の占める比重が、いまだに高い。

今日のイギリスでは、二つの都市だけが、経済的な活力にあふれ、繁栄している。そのひとつがロンドンであり、もうひとつはバーミンガムだ。他の都市は、マンチェスターと同じように、ひとつひとつ、停滞に陥っていった。まるで、たくさんの灯が消えていくかのように。イギリスの都市計画の立案者たちは、皮肉にも、ロンドンやバーミンガムを問題のある都市とみた。両都市では、古い仕事に多くの新しい仕事が追加され、成長を続けているからである。イギリスのニュータウン政策は、ロンドンやバーミンガムの成長をはばみ、「排除」することを主にねらったものだった。バーミンガムの経済は、いまも生き生きとしているし、時代に即応している。しかし、マンチェスターは、そうではない。当時のマンチェスターは、本当に能率的だったのか？　マンチェスターは実に能率的であった。バーミンガムは能率的ではなかった。マンチェスターは、「会社の町」の能率性を保っていたのだ。しかしバーミンガムは、それと異った何かを堅持してきた。何かとは、開発的な仕事の占める比率が高かったことである。

一般的な定義に従えば、能率とは、投入したエネルギーに対する達成した仕事の比率である――この定義は明解で有効だから、変えようと私は思わない。与えられた事例の中で、測定できる二つの相関する要素があるからこそ、能率が高いとか低いとかいうことができるのだ。二つの要素とは、エネルギーの投入量と、達成した仕事の量と質――価値――である。これによって、ある事例の測定値を、他の事例の測定値と比較することができる。マンチェスターでは、労働者と、彼らに必需品を提供した人々が投入したエネルギーに比べて、多量の布地が生産された。

しかし、開発的な仕事が要求されている時には、これらの個々の測定値は意味を持たない。あるキャンデー製造業者が、ニューヨーカー誌の記者に思い出を語った。それは、彼がある製菓会社で発送係として働いていたころに開発した、最初のキャンデーについての話である。「そのキャンデーを私のボスに見せた。彼は、ものすごく喜んでくれた。『一分間に何個作れるかね』彼は尋ねた。私は答えてやった。『一分間にですって？』『これを作るのに四カ月もかかったんだ』。このキャンデーを作るのに八カ月かかっても、あるいは二カ月かかったとしても、その期間は、彼の社長が頭に描いていた生産能率とは何ら関係がないものだ。

生産能率とは、与えられた事例の中で、開発的な仕事の後に来るものである。開発的な仕事は、試行錯誤と失敗を伴い、あか抜けしない、時間やエネルギーを消費する仕事である。開発的な仕事で確実なのは、試行錯誤だけである。成功は確実でない。たまたま、成功という結果になる場合でも、その結果は、実際には思ってもみなかった驚異である場合がよくある。

生産能率が低いということは、仕事する人間や組織が、仕事の処理に適切さを欠いている、ということだ。しかし、新しい仕事を開発する過程で費やされるエネルギーと時間の膨大な量と高い失敗率は、開発的な仕事が適切に行なわれていないことを意味しない。非能率は、開発的な仕事の目的自体の中に潜んでいるものなのだ。避けられない現象なのだ。非能率を避けるための体系的な方法はない。開発的な仕事を最大限に組織化しようとしたデュポンの社長は、フォーチュン誌の記者に次のように語った。会社が模索的な試みを終え、さらに開発を進めようと腹を決めた研究開発計画の中で、会社にとって有益な結果をもたらすと思われるものは、約二〇分の一にしか過ぎない、と。ある組織が大規模生産をしている――これが、組織を巨大にしているわけだが――という事実、さらに、その組織がきわめて能率的に生産をしているという事実は、その能率が開発的な仕事をもたらしている、ということを意味しない。

実際問題として、開発的な仕事は本来、偶然に左右されやすいものだから、確率の法則に従って、多くの努力を積重ねていけば、成功の機会も多くなるものだ。軍事上の開発的な仕事の過程で、どれだけの浪費を排除できるかについての研究を委託されていた米空軍の調査分析組織、ランド・コーポレーション・2は、重複した努力は理論的には消費的であるが、経験的には浪費的ではない、という結論に達した。第一、いろんな人々が、開発的な仕事に対して異った先入観を持っており、どの方法が実り豊かなものであるか、どんな結果をもたらすかを、前もって明らかにする方法がない、とその報告は語っている。有名であるとか、評判がよいとか、過去に成功したということでさえ、信頼できる指標ではなかった。ひとつの例証として、その報告は次のような事実をあげた。ジェット航空機用のエンジンがすでに英国で開発されていた——たまたま、大部分はバーミンガムで行なわれた——一九三七年に、アメリカ国内の著名な航空工学の専門家たちによる委員会が——彼らにはイギリスの出来事が知らされていなかった——、ジェット推進力の可能性を研究したが、それは非実用的だとの結論に達した。ジェット推進力開発の試みは中止されるべきだ、と専門家たちは勧告した。

・2——ランド・コーポレーション (Rand Corporation) 正式には Research and Development Corporation. アメリカのサンタモニカ (カリフォルニア州) にある民間の軍事戦略調査・研究機関。一九四八年に設立され、空軍の組織的な戦略の委託調査から出発したが、コンピューターの開発、自然・社会科学の研究で幅広く活躍している。

軍事上の組織での開発的な仕事に、明確な意味の浪費をみつけた、とランド・コーポレーションの研究家たちは語った。それは、努力の重複を取除くために費やされる行政的な人と時間とエネルギーの膨大な浪費のことだった。まさにその通りなのだ。だから、かの賢人パスツールが生物科学への援助の拡大を懇願した時、望んだのは実験室の「多様化」だったのである。

古い分業に新しい活動が追加された結果、仕事が多彩になる過程を要約するため、前章で私が使った簡単な公式〔D＋A→nD〕は、きちんと整とんされているようにみえる。小ざっぱりした整とんは、人をだますものを含んでいる。その公式には、現実の生活の中に実際に存在する試行錯誤を除いてある。ローゼンタール夫人が、彼女のブラジャーを作り出すまでに、どんなに多くのブラジャーで実験を試みたことか。この公式に、試行錯誤を意味するTEを含めなければならない。したがって公式はD＋nTE＋A→nDとなる。しかし、この場合でも、試行錯誤が成功という結果を示し、生産が行なわれ、その新しい分業を生み出す時だけ、この公式が事実なのである。古い仕事に新しい仕事を追加するための試みが行なわれ、実験が行なわれ、それが失敗に終るならば、〔D＋nTE〕だけしか得ることができない。

マンチェスターと対照的に、バーミンガムで高い率で進んでいたのは、多くの試行錯誤だったのだ。ある時には、成功して新しい活動をもたらしたし、時には失敗することもあった。つまり、バーミンガムは、世俗的な開発用実験室を大量に抱込んでいたのだった。「実験室」は同時に生産もしていたから、以上の事実を明確に見分けることができなかった。その都市の経済を全体として眺めれば、その都市自体の生産によって自給自足している、巨大で混とんとした経済的な実験なのだ、と気づく。もちろん、全体としてみれば、その都市は同時に、非能率的でもあったのだ。

一八四〇年代の観察者たちが考えたように、マンチェスターの驚異的な生産性と能率は、かつてなかったものだった。その機械設備は新鋭だった。しかし、歴史の中には、きわめて能率的な同じ仕事の繰返しに経済的なエネルギーを注ぎ、新しい財貨やサービスの開発のためには、全然、あるいはほとんど全然エネルギーを注がなかった無数の都市が刻まれている。中世に繊維で栄えたコベントリーは、そんな都市だった。中世のヨーロッパでは、ディナンデリーという、真ちゅう製容器を意味する風変りなことばを使った。スコットランド低地帯のディナンは、中世の諸都市の中でも最も重要で繁栄した都市のひとつだった。その都市は真ちゅう製湯わかしやつぼの生産で栄えたが、マンチェスターのように、その成功を繰返すことだけに専念していた。ほんの一時だけ、ディナンは驚異的な生産性を示したに過ぎなかった。

考古学者スチュアート・ピゴットの著書『前史時代のインド』によれば、少なくとも紀元前二五〇〇年ほど昔、「驚異的な能率」を誇った都市があった。その都市とは、インドの古代帝国の首府だった双子都市、モヘンジョダロ・3とハラッパ・4だ、と彼は述べた。ある一時期、モヘンジョダロとハラッパは驚異的な発展を遂げた。しかし、紀元前二五〇〇年に至るまでのある時期、開発的な仕事がつまずいてしまった。その時から両都市は、新しい財貨やサービスを何ら追加できなくなり、古い仕事の生産でさえ、何の改良も加えなくなったようだ。ただ反復するだけだった。両都市での生産は、きわめて豊富だったに違いない。まったく同じ規格のれんがが、両都市ばかりでなく、その帝国の多くの町で、大量に使われた。驚くほど正確な一六進法の同じ規格の石製はかりも、無限に生産された。また、両都市の木を燃すかまどが、あきもせず、同じ規格の陶器のコップを大量に生産したため、コップでひと飲みしたあとそれをこわしてしまう習慣があった、とピゴットが想像したほどだ。必要以上のコップを持っていたように思えるほどだ。

•3――モヘンジョダロ (Mohenjo-daro) 紀元前三〇〇〇年から同二〇〇〇年にかけてインダス川流域に栄えたインダス文明の中心地の一つ。西パキスタン(現パキスタン)のシンド州にあり、一九二二年に発見された。住宅、穀倉などのほか下水溝も整った都市の遺跡があり、石器、銅器や農耕、牧畜の跡も残されている。

•4――ハラッパ (Harappā) モヘンジョダロと同じインダス文明の中心地の一つで、西パキスタン(現パキスタン)のパンジャブ州にある。モヘンジョダロと同様、整然とした都市区画や産業の跡で知られ、とくに度量衡の発達が記録されている。

しかし、他の土地の人々がスポークのついた車輪を開発し、それによって軽い馬車の製造が可能になったのに、ハラッパとモヘンジョダロは、不格好で弾力性のない車輪と重くて扱いにくい馬車を作り続けた。他の土地の人人が、中央に厚いしんを持った、がん丈な青銅製の武具や道具を習得し、これらの頭部にくぼんだ柄をつけて扱いやすくしたのに、ハラッパやモヘンジョダロは、のっぺりした、かんたんにこわれやすい用具を作り続けた。ついには、モヘンジョダロのあったインダス川流域は、泥の海に化した。 *i 泥の流れがその都市をのみ込み多くの建物を削り取った。その都市の人々は、他の方法とか新しいアイデアで反応できなかったようだ。泥の流れが尽きた後でも、以前とまったく同じように、多くのれんがを使って再建に乗出した。その仕事は、次第に衰退し続け、もはや決して行なわれることがないようになった。この泥の奔流がモヘンジョダロの「衰退」の「原因」だった、と述べるわけにはいかない。なぜなら、昔の仕事を同じように際限なく繰返してきたハラッパをはじめ帝国中で、同種の衰退が明らかになったからである。泥の奔流に対する対応の仕方は、あらゆる面に浸透していた停滞を語る、ひとつの劇的な象徴に過ぎなかったのだ。

＊1――この原因は、はっきりしない。大量生産されたれんがや陶器のかまどをまかなうため、五世紀以上にわたって回復不能なまでに進められた森林の破壊が、浸食と沈泥を引起したのだ、と私は思う。

能率と開発の間

都市の経済的な開発率を測定するならば、一年とか数年ごとの生産高を測定しても意味がない。一定期間にわたって、古い生産高に対する新しい仕事の追加分、つまり、古い仕事に対する新しい仕事の比率を測定しなければならない。そして、開発率が高いとか低いとかという場合、新しい財貨やサービスという追加分の占める比率を、いろんな期間にわたって、いろんな都市と比較するわけである。

たとえば、与えられた年――たとえば一八四〇年――に、バーミンガムで行なわれた、すべての仕事を貨幣価値として換算したものが、すべてその年に追加されたものと仮定しよう。一〇年後の一八五〇年に、統計学者たちは同じ計算を試みるだろうが、その際、一八四〇年のバーミンガムで生産されていなかった財貨やサービスの価値を、識別しなければならない。一八四〇年のバーミンガムのすべての財貨やサービスの価値に対する、これら新しい財貨やサービスの占める比率は、パーセンテージの数字で表わされ、一〇年間の開発率を意味する。

一八六〇年には、一八五〇年のバーミンガムで生産されていなかった財貨やサービスの価値が追加され、一八五〇年に生産されたすべての財貨やサービスに対する比率として表わされる。その結果は、一八四〇～五〇年の一〇年間と同様に、一八五〇～六〇年の一〇年間の開発率を表わす。その後も、一〇年ごとに同じように計算できる。こうした数字がバーミンガムやマンチェスターではじき出されていたなら、バーミンガムが一貫して高い開発率を示し、マンチェスターは低い開発率を示したはずだ。どちらの都市が未来の都市であるかは、おのずから、明らかだったはずである。

その当時、そうした測定は、もちろん行なわれなかったし、今日でも行なわれていない。しかし、たとえそうだとしても、概括的な観察によって、都市の開発率を語る何ものかを、つかむことができる。香港は、驚くほど高い開発率を示しているに違いない。東京も明らかにそうだ。事実、たとえば、今日のイギリスや、アメリカの大部分の都市と異り、日本の大部分の都市は高い開発率を持っているに違いない。モスクワでは、多くの新しい仕事が確立されているのに、ソビエトの小規模または中規模の都市では、新しい仕事がほとんど生れず、高い失業率に悩んでいる、とソビエトの計画立案者たちはこぼしている。ハラッパやモヘンジョダロは、その歴史の比較的初期には、高い開発率を示していたに違いない。しかし、衰退に陥った最後の五、六世紀には、その率も実質的にゼロに落込んだ。デトロイトは、その歴史の大部分を高い率で通してきた。自動車が開発されようとしたころには、ことに高い率を示した。しかし、一九二〇年以後のデトロイトは、きわめて低い率に甘んじている。今や、マンチェスターとよく似た存在になっている。ボストンでは、半世紀以上にわたって低い開発率を示したあと、一九四〇年代の末から、科学関連産業が急速に、豊富に発展した。この新しい仕事によって、ボストンは一九四〇～五〇年、一九五〇～六〇年の間に、かなり高い開発率を示していたに違いない。しかしそれは、一時的なスパート以上のものを必ずしも意味しているものではない。その後も、ボストンは高い開発率を維持しているか、あるいはそうでないか——私は、高い開発率を維持していないと思う。もし高い開発率を維持しているとするなら、ボストンの経済の中で新しい財貨やサービスの急速な開発が、今でも示されていなければならないはずだ。

約一八〇〇年を境に、ニューヨークは一二〇〜一三〇年もの間、驚くほど高い開発率を享受した。しかし、その状態が今日も続いていると考えるのは、的はずれである。なぜなら、今日の多くの兆候が、それと反対の事実を語っているからである。その兆候とは——。ニューヨークの事業所数の絶対的な減少。職を持たない者や失業者の絶え間ない増加。市内の高校や大学の卒業生にとって有益な仕事の不足を埋合わせることにはならない、この都市の官僚機構による非生産的な仕事のおびただしい増加。未完成な仕事や未解決の現実的な問題の蓄積。古い仕事の損失を償うのに必要な新しい製造業の不足。強制的に仕事を繰返すのが誤りであることは、はっきりしているが、現在と同じ方法で強制的に仕事を繰返しているように見える事柄。現在の企業や仕事の破壊をはかるような計画に膨大な資本を投下している一方で、新しい財貨やサービスに向けた地元の開発資本の不足と、多額の資本輸出。以上のすべてが、大都市の経済的な死滅を示す古典的な兆候である。これらは、かつて活力にあふれた開発率を示したニューヨークが、ここ数十年、深刻な衰退に悩み、その衰退がさらに加速されていることを示す明確な証拠である。

どの都市でも、新しい仕事を開発する行為は、めまぐるしく変るものだ。マンチェスターでさえ、そうだった。マンチェスターが繊維産業を開発していたごく短期間は、明らかに高い開発率を示した。ある都市が高い開発率を維持する能力を持っているということは、その都市の停滞をはばみ、繁栄を持続させることを意味する。高い開発率が維持されなければならないという事実は、ほとんど理解されていないし、能率が都市の繁栄をそこなうという事実も、理解されていないようだ。ニューヨーク市の住宅当局の理事たちは、能率を上げるという理由から、その都市の企業の数や種類を減らすことによって、都市の経済に利益をもたらしている、と信じている。以下は、理事の一人の自慢である。彼は、役人流のごう慢さで、繰返し述べる。――ニューヨーク市の援助の下で再建されたイーストサイドの新しい下町では、平均して四〇の古い店を取りこわすごとに、計画に従って、新しい店をひとつ、代りに建設している、と。その方法によって、ニューヨークは能率的になっている、と彼はいう。かつてイーストサイドの下町は、開発的な仕事をふんだんに生み出したものだが、今は、まさに経済的な不毛の地と化している。しかし、その理事は彼なりに間違っていない。なぜなら、より能率的な店を持っているからである。

都市の経済が高度に能率的であり、しかも新しい財貨やサービスの開発でも優れているということは、可能なのだろうか？　いや、可能ではない。開発を促進する条件と、現存の財貨やサービスの能率的な生産や分配を促進する条件は、相異っているばかりでなく、たいがいの場合、相対立するものなのだ。そうした事例のいくつかを、考察してみよう。

労働者――特に、きわめて有能な労働者――の現存する組織からの分離は、新しい組織を生み出すばかりでなく、新しい仕事の開発をも促進する。しかし、この分離は、親会社にとっては不利益である。親会社の能率をそこなうからだ。支配的な会社にとって、「会社の町」がもたらす利益のひとつは、そこで分離が不可能なことである。何らかの方法で分離が禁止されている集落では、どこでも、既存の仕事の能率が増すのに、開発率は低下するに違いない。ニューヨーク州のロチェスターは、かつて、無数の分離が行なわれた都市だ。この点でバーミンガムとよく似ていた。さらにロチェスターでは、きわめて多くの分離した組織が、創造的で成功していた。多種多様な科学的な設備や先端的、技術的な設備の開発で、とくに顕著だった。このため、一九世紀末から二〇世紀初めにかけてのロチェスターは、アメリカ国内でも経済的に最も創造的で重要な都市のひとつに成長するように思えた。しかし、イーストマン・コダック社のジョージ・イーストマンが、それに終止符を打った。彼が新しい会社を設立できた理由のひとつは、ロチェスターの事業所が、精密機械や光学機械をはじめ科学的な生産物の製造分野で、かなり進んだ仕事をしていたことである。*2 イーストマンは、ひとたびコダックを強力な会社に育て上げるや――ひとつには、イーストマン自身の開発的な仕事によるが、ひとつには、他の写真機やフィルムの製造会社の買収によって、急速に成長した――、彼の使えるすべての手段を駆使して、彼の会社からの分離に対抗した。その方法はうまくいった。あえて彼の会社を離れ、新しい組織を作ろうとする人々に対しては、彼は、長くてつらい訴訟に持込む作戦を取った。能率的な組織のイーストマン・コダック社が、ロチェスターの経済的、社会的な生活に加えて文化的な生活をも支配するようになるにつれて、ロチェスターの他の産業でも、分離が減った。

*2――光学機械産業は、一九世紀の中期に有名なバウシュ・アンド・ロム社によって始められた。この会社は、眼鏡のフレームを製造する小さな会社として出発したが、その後、所有者がレンズの製造を追加した。

イーストマンがロチェスターを能率的な「会社の町」にした後、半世紀以上たってから、ただひとつの企業、ゼロックス社が、ロチェスターで新しい重要な仕事を開発した。ゼロックス社は、ハロイド社という名の小さな写真機製造会社として出発した。ハロイド社は、イーストマンがその都市を支配する以前に、設立されていた。おそらく、ハロイド社はあまりにも小規模で目立たなかったためである。ロチェスターの史家のブレイク・マッケルビーによると、ハロイド社は「イーストマン社の陰になって」なんとか営んでいた。その後、第二次大戦直後にハロイド社は、写真複写機とそれを作る機械の製造という新しい仕事を追加した。そのゼロックス方式と呼ばれるものは、ハロイド社が発明したものではなかった。[*3] その新機軸が、多くの巨大企業からしりぞけられたあとで——こうした事例でよくあることだが——、その権利をハロイド社が買ったのだった。ゼロックスの成功は、大成功といえるものだったが、ロチェスターを活力にあふれ発展する都市に変えることができないでいる。本来ならば、多くの組織や人々に、新しい仕事と多彩な開発を追加する活動をもたらしただろうに。

*3——この方法は、ニューヨークの電気器具製造会社の特許部門で働いていた一労働者によって発明された。彼の仕事に出てくる難問——特殊調査に使われる図面や書類の複写という、時間を食う面倒な仕事——を解決するために考案したものである。

ここで、しばらく、他の生産者に仕事を切売りしている部品供給者の問題を考察してみよう。比較的規模の小さい多くの供給者たち——その仕事の多くは、重複し、かち合っている——は、高い開発率を保つ上で欠かせない。しかし、その仕事自体をみても、彼らから買う生産者の作業からみても、彼らは能率的ではない。たとえば、デトロイトで、自動車が開発されていた時代、自動車を製造しようとした人々は、膨大な数に上った。その正確な数をだれも知らないが、五〇〇人以上、いや七〇〇人以上だったかもしれない。これら生産者に対する部品の供給者の数は、それ以上だった。これらの供給者のある者は、自動車の製造業者になった。たとえば、ビュイック社は板金製造から、ダッジ社はエンジンの供給から出発した。しかし、デトロイトの産業を支配するようになった三つの巨大なメーカーにとって、小規模で重複し合った多数の供給業者の存在は、能率的な仕組みではなかった。一九二〇年代の初めになると、これら巨大企業への部品の供給は、「単純な」仕事になってしまった。一九四六年にフォーチュン誌にのった部品供給産業についての報告によると、「時には残酷でさえある……。値段は低く、利潤は薄く、量は多くを要求される。このどれもが、工場や機械に多額の投資がかかる大量生産が必要なことを、意味している。第二に、その買手の数が、ごく少数に限られている。ひとつの勘定に損失が出れば、すぐに決定的な状態に追込まれることがよくある……。さらに、初めて作った部品を受入れる市場は、自動車市場に限られている。それより多くもなければ、少なくもない」。以上は、開発的な仕事に従事できる部品供給産業の姿ではない。高度に能率的な供給業者の姿に過ぎない。

さらに、開発と能率とのあつれきを、開発資本の投資と運転資本の供給とにあてはめて考察してみよう。資本投資の最も能率的な方法は――政府によるものでも、半官半民によるものでも、民間の貸手や投資家によるものでも、その違いは問題にならない――、少額の投資をたくさんやるのではなくて、比較的数は少ないが巨額の投資や借款をすることだ。少額の投資がたくさん行なわれる場合は、それらを統合し、すでに標準的になっており日常的になっている目的のためだけに向けるのが、最も能率的なやり方だ。すでに開発されている財貨やサービスを生産する企業の買収のために資本を投入するやり方は、新しい組織や仕事の開発に投資するよりも、より能率的である。また、確実なものとして、開発資本を投資するのも、能率的だ。確実な仕事とは、新しい仕事の場合、前もって買手が保証されている仕事のことだ。たとえば、まだ実験段階の生産物を作っている小規模な企業であっても、その借手が、政府との間で軍事上の開発的な仕事について契約しているならば、そのような企業に対する銀行の貸付けは能率的である。このようにして、その会社の開発向けの支出は補われ、さらに、大きな生産契約の可能性が生れてくる。

しかし、都市が高い率で新しい仕事を開発して行くためには、その都市の企業が、きわめて少額ずつ振り分けられる資本——つまり、多数の少額の投資や借款——に近づかなければならない。その大部分は、日常的な活動から生み出される。さらに、まだ実験段階だが、実用化されたあかつきには——実用化されるのが確実とは限らないが——大規模生産が必要になる財貨やサービスの急速な拡大をまかなうためには、比較的多額な投資や借款に近づかなければならない。この二種類の投資とも、幅広い源泉から手にはいるに違いない。なぜなら、彼らがやれば、確実に他の者も試みられるという先入観が、金を投資したり貸付けたりする企業にしみ込んでいるからである。すべての人間が、同じ投資機会を同じ目でみるとは限らない。すべての人間が、ひとつの機会さえ、かいま見るとは限らない。

さらに、都市の住民に奉仕する、多彩で複合する企業を最大限にし、従って、新しい仕事を可能にする多くの分業を最大限に生み出すような物理的な仕組みについて、考察しよう。*4

*4——この点について私は著書『アメリカ大都市の死と生』（鹿島出版会）で次のように分析した。——都市の消費者に奉仕する企業は、次の四つの条件が同時に満たされている場所で、最も豊かに繁栄する。(1)住宅や職場のようないろんな基礎的使用が、共存し、いろんな目的

で街路を使ったり、消費財や消費者向けのサービスを享受する機会を、人々に保証していること。⑵街区が小さくて短いこと。⑶耐久築年数、型、寸法の異る建造物の存在と、それらを維持するための条件が共存していること。⑷人口の集中。

大規模な建設会社が同一のビルをたくさん作るというやり方は、最も能率的である。また、建築家たちが同一のビルをたくさんデザインするのも、最も能率的である。大街区は小街区よりも能率的である。交差点が少なく、交通の流れがより能率的だからだ。街路がより少なければ、交通機関はより能率的に分布されることになるし、街路の維持費も少なくてすむ。

実際には、多くの小規模な企業は、まさに存続することによって、その都市の巨大で権威ある企業の経済的な能率と闘っている。コロンビア大学の学生新聞が一九六四年二月に――ことに、大学の拡大と増設政策に抗議する学生の大爆発より四年以上も前に――論説で次のように訴えた。

「キャンパスの最初の四角い広場に……大学は研究施設の死せるセンターを作った。それは近接地から切離され、全体的な生活に事欠いていた。それでも、そのセンターは、小さなものだった。しかし、大学が大きくなるにつれて、そのセンターの占める地域も大きくなった。大学側の政策は、古い建物のできるだけ近くに、新しい建物を建設することであった。その理由は、教室と事務所を近接させ、便利にすることだ――つまり、大学行政の能率。拡張につれて……商店やサービス機関が減り始めた……。多様性の消滅は、共同体の生活を侵食する。商店やサービスの不足は、別の難点を追加する。そうした建物が破壊されるにつれて、学生生活のくつろぎの多く――たとえばレストランや便利なクリーニング店――も手に入れることがむずかしくなった」。

この場合、企業は存続することによって、大学の能率と闘っている。学生と教授の集合体としての大学とではなく、行政的な企業としての大学と闘っている。ここで重要なのは、大学の行政官たちが、大学にとって能率的なものとそうでないものとを、決定していることだ。

多くの小規模な企業は、存続することによって、巨大企業の能率と、もうひとつの方法で闘う。会社にとって「会社の町」の大きな利益のひとつは、人々が暮しを立てて行く上で他に選択できる方法がほとんどないことである。しかし、このことは、経済成長を促進しない。ここで、古い仕事に新しい仕事を追加しようとする人々についで、そのあつれきを考察してみよう。能率という見地からすれば、特殊な仕事の訓練を受け、熟練している男女が必要とされている間、その種の仕事にとどまっているのが最高の方法である。しかし、経済発展の見地からすれば、彼らが古い仕事に新しい何かを追加し、彼らの仕事を変えるのが、最も有益である。その場合、もちろん失敗することもある。

以上のように、経済の開発をもたらす社会的な前提条件のひとつは、一般にいわれるように、人がその父の仕事とは別の仕事（階級）を持てるような機会があるというよりは、むしろ、その人生で、自身の仕事や社会的な地位を急速に変える可能性があることである。このことは、他の人によってすでに確立されている仕事の訓練を受け、たとえそれが前向きの仕事であっても、それに従事する機会を与えられることとは、同じ意味ではない。長い停滞を経験していた時代の中国は、有能な役人を発掘する組織を設けた。たぐいまれな才能に恵まれた貧農の息子たちが、中国の経済界でトップを占める職業——官僚機構の威厳ある地位を求めて競い合うことができるようになった。その結果、上流階級のメンバーになることもできた。経済開発についてみれば、これは何の役にも立たない。なぜなら、有能な少年たちは、ひとつの確立された仕事から他の確立された仕事に移動したに過ぎないからである。

もちろん、都市の経済の中で能率を促進する条件のすべてが、経済開発を促進する条件と対立するとは限らない。巨大な都市は、多くのものを受入れる巨大な市場でもある。次の章でみるように、小規模な都市でさえ、ごく二、三の特殊な供給品についてだけみれば、相対的に大きな市場である。密度の高い市場は本来、能率的なものだ。密度の高い市場が持つ特質は、小規模で、分裂して、きわめて間口が狭くて弱く、重複し合った企業が非能率に行動することを可能にし、時には成功もさせることだ。だが、以上の話は別として、私の知る限りでは、作業の能率を促進する都市の条件は、開発的な仕事を促進する条件と相対立している。

大都市の非実用性

都市の規模は相対的なものだ。歴史の一時期に大規模にみえる都市でも、別の時代には小規模である。その時代に巨大である都市は、常に、非実用的な集落であるものだ。与えられた時代の経済がかかえる深刻な現実的な問題のすべてを、都市の規模が濃縮しているからである。今日のアメリカの大都市では、大気汚染と自動車への過度な依存が、慢性的で解決されない難問の典型的な事実になっており、最も巨大な諸都市では、最も緊急な対策が必要な問題になっている。ここで、電気がなかった時代の大都市について考えてみよう。それらの都市では、幼児の死亡率が高く、幼い孤児が街にあふれ、無数の馬車馬や悪臭を放つ馬小屋があり、ハエが大量発生し、小便や大便をたれ流しながら、馬が街路を走り、夏の酷暑は救いがたいものだった。われわれからみれば、そのような都市は非実用的にみえるし、事実そうだった。

紀元前四〇〇〇～五〇〇〇年の都市で、その人口が地元の川や泉から供給させる水でまかない切れないほどふえた時に、それらの都市はどんなに非実用的であったかを考えてみよう。最初の技術的な計画が水道工事だったということは、驚くに当らない。農業が都市より先に生れたという仮定の裏に、農業からみれば都市は非実用的だった、という仮定が潜んでいる。確かにその通りだった。狩猟時代の過度な人口の集中にとって、貧しい時代の野生食物の不足は脅威だったに違いない。さらに、一〇～一一世紀のイギリスの小さな諸都市の非実用性を考えてみよう。これらの都市の当時の膨大な人口は、城壁近くの畑や城壁内の庭園で育てた栽培食物にほとんど依存していた。人口の少ない田舎や荘園で、疲れた土地に対してやっていたように、それらの畑や庭園を見捨てたり、何年間も使わないままで置くのは、非実用的なことだった。ルネサンス時代の都市が、どんなに非実用的だったかを考えてみよう。ヨーロッパでは、飼料作物の栽培までは行なわれていなかった時代だったから、それらの都市は役畜の爆発的な増加を経験した。

腐敗させることなく食糧を貯蔵することは、常に難問である。成長した都市は、限られた空間に大量の食糧を貯蔵したり、貯蔵した物の出し入れの速度を早めるための方法を発見せねばならなかったので、古い解決方法はたびたび、不適当な方策になってしまった。火事は、どこでも危険である。都市でも、大災害になることがある。洪水や水の汚染についても、同じことがいえる。無数の空間を見つけ、燃料や光源を細分化して貯蔵するという都市でのやり方は、なんと非実用的なものだったことか。田舎での仕事と異り、都市での仕事は寒いとか、日ざしが暗いとかということだけで、手を抜くことができなかっただけに、いっそう非現実的だった。また、死を意味する流行病が抑えられるまでの間、すべての都市は非実用的だった。

適正規模の都市――「実用的な規模の都市」と今日考えられている――は、「非実用的」な規模に拡大した過去の都市で解決された難問をかかえている、というだけの理由で、実用的なのである。しばしば提唱されることだが、規模が生み出す火急の問題の解決をはかるため、大都市の規模に限界を設けようとする考え方は、きわめて反動的である。確かに、都市は経済上の現実的な難問を増大させるが、新技術という手段でそれらの問題を解決できるはずだ。

経済の中に現れた深刻な現実的難問は、その経済生活に新しい財貨やサービスを追加することによってだけ、解決することができるのだ。都市の問題をこのように解決することによって、真の経済成長と豊かさが生れる。しかし、どんな都市でも、その複雑で現実的な難問を克服するのに必要なあらゆる種類の財貨やサービスを、自力だけで開発するわけではない。少なくとも、歴史的な時代では、すべてを開発することはなかったし、前史時代でも、おそらくそうだったろう。都市は互いに解決方法を模倣し合い、急速に模倣し合うこともよくあった。また都市は、難問を解決するための関係の財貨を輸入する、という方法で、互いに解決策を輸入し合うこともある。

都市の中で持続し蓄積される現実的な難問は、発育停止の兆候である。この論点は、ほとんど認められていない。たとえば、「急速な技術的な進歩」に根ざした過密で過多な自動車輸送、大気汚染、水の汚染や騒音をとがめることは、伝統的な行為でさえある。しかし、自動車、煙、下水、騒音は、何も新しい問題ではない。それらの未解決な難問が続いていることは、まさに進歩の欠如を示している。伝統的に進歩に根ざすと受取られている悪徳の多くは、むしろ、停滞がもたらす悪徳なのである。

たとえば、機械による騒音の問題を考えてみよう。いまや騒音は、アメリカの大都市では当り前の存在になってしまっており、「騒音公害」ということばが、その積極的な有害性を示している。機械による騒音が初めて問題になった時、その問題を逃がれるための手段は、騒音を出す工場の設置を特定地域に限ることだった。しかし、この方法は、騒音に対抗することではなく、単にわきへそらすに過ぎなかった。その後も、騒音を減らす方法が未開発な半面で、機械設備は増大を続けた。もちろん、解決策は新しい財貨やサービスに頼らなければならないのだ。フォーチュン誌の工学技術問題の専門家、フランシス・ベロは、こうした財貨やサービスのいくつかを列挙している。すなわち、音の型に妨害を与えてこれを消す設備。振動を排除する山。音響上の新しい資材や処理。騒音の源を退治するこれらの工具は、いつか可能になるが、まだ開発されていない、と彼は一九五五年に書いた。過度な騒音は、進歩がもたらした問題ではなく、停滞がもたらした難問である。同じことが、自動車に対する過度の依存という問題についてもいえる。この問題と、それによる幅広いもろもろの結果は、いっそう悪化するばかりだ。これも、進歩がもたらしたものではない。

都市の現実的な問題の大部分に対する解決策は、いやしい仕事として始るものだ。低級な仕事に従事する、身分のいやしい人々が、諸問題の解決に当らなければ、だれも、それらの難問を解決できないだろう。これを知るためには、古代ローマ時代にローマに対する水の供給とローマ内部での水の供給の間に起った、奇妙な差を調べるとよい。その水道施設は随分早くからできている。ローマが大きくなり複雑になるにつれて、何世紀にもわたりローマの技術者たちによって改良され、精巧になった。飲用の噴水せんや水道せんが、遠く離れた水源から豊かな水を、ローマの大部分の地域にもたらした。しかし、ローマ市内の水道管の施設は、田舎のそれとほとんど同じくらい原始的なものだった。ローマ人たちは、水道工事ができないわけではなかった。大きな公衆浴場では、パイプで水を汲入れ、循環したり熱したりする設備を持っていた。豊かな人々は、複雑で精巧な水時計を持ち、邸宅の庭園には、美しい噴水を持っていた。しかし、数少い豊かな人たちの邸宅の一階に対する最小限の供給を別にすれば、ローマの実用的な水の需要は、驚くほど無視されていた。たとえば、マーシャルは、彼の町の家は水道施設の近くにあるのに、不足している、と不平をとなえた。住宅、商店、ほとんどすべての公共建設物をうるおす水は、労役によって運ばれた。時代につれて、どれいによる労働もふえていたが、水運び人たちは下位の労働者であり、最も不運な労働者だった。ジューベナルは、水運び人たちをどれいの「かす」と呼んだ。水道管の施設の建設でその仕事を開発したり、その可能性について実験する自由さえ、どれいたちには与えられていなかった。

排水にしても、同じことだった。ローマの下水設備は紀元前五〇〇年までに始められ、それは技術の驚異でもあった。しかし、ジェローム・カルコピノの『古代ローマの生活』によれば、ポンペイの数少ない住宅が、排水設備に連結されていたが——階上の便所にも連結されていたが——、「ローマの住家についてみれば、その排水組織は、現在のいい気な想像力が生んだ神話に過ぎないものである」。どれいが排水や汚水を運んでいたのだ。ひとつの経済の中で、ある者だけが先んじて現実的な難問の解決に当ろうとするが、他の者たちがそうしない場合、現実的な問題に対する解決策は、救いがたいほど不ぞろいになり、難問は蓄積される。

鉱山としての都市

さて、未来を少しのぞいてみよう。高度に発展した今日の都市で、緊急で現実的な問題を観察すれば、それがどこであっても、将来の高度に発展した経済の中で経済成長が引起すいくつかの形のものをかいま見ることができるだろう。廃棄物の処理が、多くのいろんな形——大気汚染、水の汚染、ごみ、くず、かす——をもった一例である。廃棄物は、巨大都市にとってきわめて緊急な難問である。都市以外の地域では、慢性的でやはり未解決なままだが、それほどの難問ではない。

米国の都市では、廃棄物対策での進歩はほとんどか、まったくみられないといってもよいが、解決をはかるためのヒントや手がかりは、明らかにされている。それらが目ざしているものは、廃棄物「処理」ではなくて、廃棄物の回収だと私は思う。廃棄物についての小さな奇妙なニュースが、ちょくちょく出る。ニューヨーク・タイムズ紙は、日本のメーカーの手で生産された装置について述べている。その装置は、ごみやくずを選別し、水圧で圧縮し、必要に応じてアスファルト、セメント、ビニール、鉄板の、濃縮された固まりを作る。バクテリアはその過程で殺される。それらの固まりは、建設に使われる場合、ほとんど望み通りにその形を変えることができる。金属類でこん包された固まりは、溶接することもできる。タイムズ紙のインタビューで語ったアメリカのある会社重役によれば、この方法をとれば——その生産物の有益性は別にして——、焼却よりも五五％から七五％

安上りですむ。その会社が生産する最も大きな機械を使えば、二四時間に三〇〇〇トンを処理でき、最も小さな機械でも、二四時間に一五〇トン処理できる。その会社は昔から、解体した自動車の車体をスクラップにして経済的に使いやすいように、堅くて小さな固まりに圧縮する装置も作っている。つまり、論理的にいえば、その会社は、この昔からの装置に新しい装置の製造を追加しているのである。

ワシントンのあるメーカーは、ごみ焼却器の代りに、建物に備付けられる装置を宣伝している。その装置は、ごみを経済的に集めやすくするように、ごみやくずの量を七五％減らしてしまう。密度の高いごみで満ちた容器は、ごみ集め業者によって運び出され、代りに空の容器を置いて行く仕掛けだ。もちろんこの方法自体は、廃棄物の回収方法ではないが、廃棄物の排出場所から加工の地点に移動されるために必要な補助的な体系、といった方法を暗示している。

あちこちで、ごみが堆肥に加工されている。ニューヨーク・タイムズ紙は、ごみに大変興味を持っている記者を雇っているようだ。この新聞は、レストランのごみを、水分を除いた軽くて粉状の園芸用堆肥に変える小さな工場——その所有者と一人のパートタイマーによって運営されていた——を紹介したことがある。その工場はニューヨーク市のブルックリンにあるが、堆肥の販売収入は明らかに純益をもたらしている。その工場の所有者は、ごみの中から見つけた銀器をレストランに売渡すという手段で、費用をまかなっている。フロリダ州のセントピーターズバーグに、未選別のごみとくずを処理する、もっと精巧な工場がある。まず最初に、磁石選択機で金属類を分離し、それらはスクラップとして売られる。その後で、残りのごみはかき混ぜられ、水に浸され——バクテリアによって——消化され、乾燥され、板状の堆肥にされる。その堆肥のききめは遅く、栄養分を含んでいないが、土壌の維持には有効である。つまり、化学肥料にない役割を果す。その工場は、一日に一〇〇トンの廃棄物を処理するだけの小規模なものだ。その生産物だけでは操業費用をまかなえないが、最も興味の持てる仕事のひとつだ。販売による収入と費用との差額は、ごみやくずを一トン処理するごとに三ドルの料金という形で、市当局から支払われる。市当局がそれで経済的と判断しているからだ。一見しただけでも、廃棄物の回収がまだ原始的で実験的な段階であるのに、経済的に可能だと知ることができる。

大気汚染問題に対処する伝統的な方法は、硫化酸化物のような汚染源を多量に含む燃料を禁止したり、禁止しようとすることだ。これは不毛な努力だと私は思う。煙突の数が一定ならば、確かに汚染を減少させる。だが、たとえ高級な燃料が使われるとしても、煙突の数がふえるにつれて、汚染も増大する。汚染を「減少」させようとする方法——この方法は、ほとんど行なわれていない——で、難問に対処しようとしている人がいる。ペンシルバニア州のペンシルバニア・エレクトリック社の副社長がパブリックサービス・マガジン誌の一九六四年九月号の技術欄で、より有望なアイデアを述べた。その会社の石炭を燃焼させている工場のひとつで、煙突の硫化酸化物をとらえ、硫酸に変える試験を一九六一年に始めた、と彼は報告している。もちろん硫酸は、今日の経済の中で最も基本的でひんぱんに使われている化学薬品のひとつだ。その試験によると、約三％の硫黄分を含んだ一般用の低質瀝《れき》青炭から、硫化酸化物の九〇％を取出した。二四時間のうちに濃度七〇％の硫酸を約一〇五〇トン作った。その試験をした当時、硫酸の流通市場の価格は、一トンにつき八ドルから一〇ドルした。硫黄分を回収し硫酸に変える費用は、一トンにつき七ドルだった。結局、この方法は、硫黄を採掘し硫酸に変える新しい方法に相当する。理論的には、同じ試みが、飛散する灰やすすのような大気汚染源を捕えるために、広く使われている。その場合、両者とも回収される。飛散灰は、シンダーブロック（石炭の燃えかすで作る固まり）を作るために使われる。しかし、大気の中で危険であるばかりか、きわめて価値のあるいろんなガスを捕え、回収する可能性が大いにある、と私は信じている。

もちろん、二、三の廃棄物回収産業は、すでにかなりの純益を上げている。シカゴの機械回収業者たちは、経済的に価値のある世界的な商売を営んでいる。これについては、第六章でもっと詳しく述べよう。シカゴはまた、スクラップされた自動車部品を再生する中心地でもある。このことも、ニューヨーク・タイムズ紙の興味をそそった。「以前、再生された部品は、小さな車庫の中で、でたらめな方法で作られ、その品質もあやしいものだった」と同紙は伝えている。初期のそうした仕事が発展して、今日の仕事になったのだ。いまや確固たる地位を築き、信用もかち取っている。報告は続く。「いまや、あらゆる規模の、少なくとも一〇〇〇を数えるメーカーがいる。そのすべての事業所が、巨大で能率的な大量生産方式で操業している。それらの会社の配送倉庫には、毎週、何千もの使い古された部品が集り、その後、分析され、清掃され、新しい部品を加えて修理され、試験の後、小売の販路に向けて発送される……。今日補充されているエンジン起動装置の九八%は、再生されたエンジン起動装置だ。ジェネレーターの八一%、クラッチの七八%、気化器の七七%、ブレーキ部品の六六%、ウォーター・ポンプの六二%が再生されたものだ」。消費者に節約ぶりを示すため、その記事は、再生された四気筒は約三五ドルなのに、同じ新しい気化器は五五ドルもする、と述べている。

最も古くからあった廃棄物回収法のひとつは、廃棄された紙の再生である。新しいパルプから作られた紙よりも、再生された紙の方が、湿度や温度の変化による破損に対してより抵抗力がある、と書籍用の紙のメーカーは宣伝している。さらに、そのメーカーは「コンクリートの森」と名づけたニューヨーク市の印象的な写真をのせて宣伝している。その都市が各種の紙を「産出する森」といいたいらしい。しかし「廃棄物を産出する鉱山」というたとえの方が、もっとわかりやすい。なぜなら、未来の高度に発展した経済の中では、都市は原材料が巨大で豊富で多様な「鉱山」になるだろうと考えられるからだ。将来の都市での「鉱山」は、今日のどの「鉱山」とも違っている。それらの「鉱山」の開発がより多く、より長期にわたって行なわれるほど、その数量も豊富になるからだ。他の鉱山には、収穫逓《てい》減の法則があてはまる。つまり採掘されるに当って、最高の鉱脈だけが永久的に持続される。しかし、都市では、同じ物資が何度も何度も復活するのだ。これまでは見落されていた新しい鉱脈が、断絶することなく開かれているのだ。今日のわれわれが持つ廃棄物は、以前になかった成分を含んでいるとまさに同じように、未来の進歩した経済が持つ廃棄物は、今日のわれわれが持たない成分を生み出すだろう。最も巨大で最も繁栄した都市が、最も豊かで最も運営しやすく、最も無尽蔵な「鉱山」となろう。その廃棄物の利用に先んじる都市が、それに関係する開発的な仕事を高い率で持つことになろう。つまり、多くの地元の会社が、必要な集結―加工設備を製造し、その設備を他の都市や町に輸出することになろう。

「鉱山」はどのようにして組織されるのだろうか。最初に、廃棄物を、水によって運ばれるものと、他のすべてとに大きく分類することが有効である。水で運ばれる廃棄物をしばらく横に置いて、他のすべての廃棄物は、人人の手でその生産地点から集められねばならない、ということを考えてみよう。大気に排出されている廃棄物についても、そうだ。大気汚染を「制御」することは不可能だ。*5 すなわち、大気汚染を防ぐため、大気に排出される前に汚染源を捕えることなら可能だ。水によって運ばれるすべての廃棄物と同様に、発電所での硫酸のような「捕えられた廃棄物」も、だれかの手で集められ、その産出地点から加工業者や再生業者に運ばれなければならない。発電所で作られる硫酸は、廃棄物の回収が含む主な困難と思われるものばかりでなく、新しい産業を組織する大きな可能性をも示している。発電所での硫酸の生産は、発電会社に硫酸を蓄積する事業に興味を持たせ、多くの客を見つけ、配送するほど大規模なものではない。しかし、硫酸は、集めるのに値するものだ。この場合、化学会社が請負って硫酸を捕え、金を払っている。巨大都市では、硫化酸化物を大気に吹飛ばしている燃料使用者が他に無数――病院の暖房装置、工場、アパート――にあり、合計すれば大変な量になるのだが、個々にみると、発電所に比べればごくわずかな硫酸を生産するに過ぎない。それらの燃料使用者たちは、個々の廃棄物を利用して小規模な無数の化学的な事業を経済の中に追加しようとはしない。同じように、古い機械を捨てようとする人も、その機械の再利用者を見つけ出すようなことは、ほとんどない。そうした仕事は、多くの工場から古い機械を「採掘」する人々によって行なわれている。そうした人々でさえ、最終的な再利用者を見つけ出すわけではない。彼らは、古い機械を集め、いろんな種類の中古機械を受入れる市場を知っている専門家に、それらを再販売する――といった仲買人に過ぎないのだ。

＊5――アメリカの都市によくある「大気汚染統制局」というのは、その名前通りに読むと笑止千万な機関だ。

現在のように、廃棄物の回収が原始的な段階にある場合、中古機械や廃棄された紙やレストランのごみ収集人たちは、すべて職業として存在し得る。しかし、廃棄物の回収が大いに進歩すれば、そうした職業は必要でなくなる。――家庭という単純な組織とその廃棄物について考えてみよう。中古の金属製品、使い捨ての紙、ごみ、廃棄した木製家具、使い古しのプラスチック製品、古本など――表紙が金文字というだけで、サービスマンも別だ――をほしがる人が、それぞれ異っていたならどうなるか。こうした売買だと、家族は多くの廃棄物をたびたび分離したり、貯えたりせねばならず、気持ちがおかしくなってしまうだろう。廃棄物の処理が緊急な問題になっている経済とは、この種の節約が、廃棄物を生み出した者にとって障害であり、価値のない経済のことである。

しかし、多種多様の廃棄物があるということは、それらが適正に処理されるならば、実際には利益をもたらし得る。廃棄物の回収法が高度に進歩すればするほど、廃棄物の多様性も、よりいっそう価値を持つものだ。その目標は、すべての廃棄物を経済体系の中に組込ませることでなければならない。発展のある段階で、すでに有益な廃棄物ばかりでなく、有益になり始めようとしていたり、まだ有益ではないが、将来有益になる、といった廃棄物についても、いえることだ。

従って、現存しない種類の仕事が必要である。つまり、焼却炉や谷間に放り投げるためにではなく、改造する者や再利用者に資材を振り分ける第一義的な専門家に分配するために、すべての廃棄物を集めるサービスのことだ。それらの包括的な回収サービスが大規模な事業になるにつれて、技術的な設備も多く使うようになるだろう。それらのサービスは硫酸、すす、飛散灰や、今日捕えることのできないガスを含めた、煙突からの廃棄物を集める設備を備え、その役割を果すことになろう。それらのサービスは、おそらく下請業者を雇う形で、廃棄物を入れる容器を供給したり処理したり、ダストシュートのような固定設備を備付けたりするだろう。この包括的な廃棄物の収集サービスを開発するのは、だれだろうか。そんな仕事が現われる場合には、管理人請負業に追加される形で現れる、と私は思う。管理人請負業自体、比較的多数の会館や大どころの依頼客の利用を除けば、ほとんど存在していない仕事だし、開発的な仕事としても目立たぬ存在だ。しかし、低級な仕事をしている人々が古い仕事に新しい仕事を追加する際、じゃまがはいらない経済の下では、管理人請負業の仕事のような下級の職業が、複雑で繁栄し、経済的に重要な新しい産業を開発する足場になるものと、私は期待している。

包括的な廃棄物の回収者は、最初、セントピーターズバーグのくずやごみの加工工場のようなやり方で、収入を引出すだろう。その加工工場は、廃棄物を一トン処理するごとに三ドルの料金を取り、その収入の残りは、それから生産する物の販売によって得ている。これと同様に、包括的な廃棄物回収業者は最初、料金を取ることになろう。彼らが集める廃棄物にかけて直接取るか、税金を通して間接的に取るか、あるいは両者の組合せによる場合もあろう。こうした収入が、再生産者に交換もできずありがたくもない廃棄物を処理するサービスを、まかなうことになろう。しかし、回収業者たちは、彼らが扱う廃棄物から収入を得ることもできる。役に立たない廃棄物が少なくなり、販売によって得る廃棄物からの収入が多くなるにつれて、包括的な廃棄物回収業者たちは、実入りのある特殊な廃棄物の回収業者の一部が今日行なっているのと同じように、回収の仕事を自由に手に入れる特権を競うようになるだろう。最終的には、今日の特殊な廃棄物回収業者の一部がやっているように、廃棄物の利権を求めて料金を払っても、回収権を競うようになるだろう。巨大都市では、包括的な回収業者は、無数の廃棄物を毎日処理し、再分配することになろうし、特殊な廃棄物を交換する産業や回収業者の数や種類を、膨大なものにするだろう。

水で運ばれる廃棄物は、全く別の問題と可能性を示す。水が第一義的な回収の仕事をするにもかかわらず、水を「鉱山」に見立てるのは困難だ。下水処理とその生産物——浄化された水や残余物——を得るための今日の方法は、非常に高くつくし、面倒だ。テンポがおそく、収益を得るためには広大なスペースを必要とする。下水処理プラントは結局、その需要に対してほとんど比較できないほど少数である。同様に、産業廃棄物に汚染された水は、「鉱山」というにはあまりにも金がかかり過ぎる。ソ連の製紙産業はいま、シベリアにあるバイカル湖の水を汚染し続けている。ソ連の自然保護論者たちが、湖水の新鮮な生命に危害をもたらすだろう、と警告している行為だ。その生命は、過去のかなりの期間にわたって、水以外の物体から独立して進化した、ユニークなものである。下水や産業廃棄物によるエリー湖のほとんどすべての生命の破壊——これはすでに完遂してしまっている——を正当化したと同様に、この自然の破壊行為を正当化している便法は、汚染の要因を除去するには金がかかり過ぎる、ということだ。——あるいは、汚染の要因を水中の他の生物体に転嫁したり、最上の場合でも要因の追及を回避してしまっている。

採掘することの困難さからみて、水が運ぶ廃棄物を処理する際、最初に優先すべきことは、なんらかの他の方法で廃棄物を回収するために、まず水中から廃棄物を選別することである。実際にも、こうした方法は、水が運ぶ廃棄物のいくつかについては可能である。水が生産地点から廃棄物を運ぶというだけの理由で、水中にある廃棄物がある。人間の排せつ物は、この部門にはいる。この廃棄物を流水によって運ぶという方法は、きわめて原始的なものだ。そんな古い手段を利用し続けているというのは、驚くべきことである。下水の増大は、暴風雨による流水までも含めた、都市のすべての排水の処理を複雑にし、汚染水と関係する公衆衛生上のすべての問題を激化させている。

将来の発展する経済では、化学的なトイレット*6を使うようになるだろうと私は思う。トイレットの残余物は、他のすべての水が運ばない廃棄物のように回収されよう。結局、それらは灰状のもので、少量に脱水され、無菌消毒された燐酸塩や硝酸塩として「燃焼」されたものだ。家庭のトイレットからは一年に一度の割合で、公共機関からはそれ以上の回数で回収されることになろう。水から選別される他の種類の廃棄物についても、似たりよったりだ。それらは、廃棄物を選ぶ経済的な媒介であるという理由で、水中に存在しているに過ぎない。つまり、包括的な廃棄物回収サービスの役割を果している場合が多い。加工食品工場からのごみも、その一例だ。

*6――もちろん、こうした化学的トイレットは現在もあるが、水が極度に不足している場所や、トイレットと水を結びつけることが不可能な場所で使われる場合を除けば、開発されていない。標準的に使われる化学的トイレットは、おそらく、浴室の付属を作っている現存のメーカーの手で開発され製造されることはないだろう。電気冷蔵庫を開発したのはアイスボックス・メーカーではなかったし、電気ストーブを開発したのも石炭ストーブのメーカーではなかった。同様に、水洗トイレットのメーカーに、将来の実用的な化学的トイレットの開発を期待することはできないようだ。

熱い水が川や湖に流れ出すことから引起される、いわゆる熱公害は生物的な循環を破壊するため、水を非常に複雑に悪化させる。開発を持続する経済の下では、こうした害はなくなるだろう。なぜなら、その熱を利用して燃料の節約をはかるため、熱い水をパイプを使って回収し、循環させるようになるだろうからだ。こうした再循環によって、水中の他の産業廃棄物も減少し、最悪の場合でも、現在よりも増大率は下がるだろう。たとえば紙の再利用は、パルプでは最も深刻な問題である。製紙に伴う流水を、ともかく減らすだろう。アルミニウムの分解もかなり水の公害を引起しているが、廃棄アルミニウムを再利用すれば、公害も少なくなるだろう。さらに、現在、水を汚染している他の産業は衰退するので、汚染も減ることになろう。たとえば、電力を使った運送機関は、間接的に、石油精製に伴う水の公害を減少させる。しかし、それでも残る産業の公害源は、製造業にとって主に不可欠な源泉だ。多量の水は、多くの生産過程で必要な要素だからだ。ごく身近な例をあげると、製紙、石油精製、アルミニウム分解、染色、繊維製造、精糖、醸造業でも、まさにそうだ。今日まだ存在していないタイプの製造業が生産要素として水を使うようになり、不可避的に水に侵入する産業廃棄物を追加することになるだろう、と私は思う。しかし、この場合、病気に伴う問題と似ている問題が重要になろう。天然痘、コレラ、ペスト、腸チフス、しょうこう熱、ジフテリア、結核、小児まひ、はしか、壊血病、マラリア、梅毒、十二指腸虫、黄熱病などにかかった患者を診察する必要のない医療従事者や、それらの病気を研究する必要のない研究者たちは、いまだ治療法のない病気の犠牲者の診察や、そのような病気の神秘を研究するために、より多くの時間を費やすようになるだろう。それと全く同じように、廃棄物についての比較的容易な多くの問題が解決されている経済は、より困難な問題に対処する上で有利な立場に立つことになろう。

最も困難な問題のひとつは、不可避的に汚染される大量の水を、汚染の場所で速く、安価に「採掘する」――別の面からみれば、浄化する――方法をどのように発見するかだ。これらの技術はこれまでとは、全く別個の目的を持った、全く別個の水処理を足場に築かれるだろう、と私は思う。たとえば、海水に資源を求め、海水を速く、安価に「採掘」することだ。その仕事は、また別の仕事に基づいて築かれると思う。たとえば、海水から新鮮な水を速く安価に選別する技術だ。その一部の仕事は、現在ほとんど可能になっている。

過去に都市で緊急、現実的な問題が解決された場合、その解決策は、その社会にとって経済的な負担にはならなかったものだ。反対にその解決策は、真の経済的な豊かさ――真の富――を増大させてきた。もちろん、これまで行なわれなかった仕事を行なうためには、多くの労働者が必要になるが、これまで行なわれなかった仕事の費用は、非生産的な官僚機構を追加したり、怠け者に社会福祉を施して援助するための費用とは、似ても似つかぬものだった。これと全く同じように、公害や廃棄物が生み出す難問の解決は、多くの労働者を必要とするだろうが、そうした難問が現実には解決される、成長する経済に対して、経済的な負担にはならないだろう。逆に、きれいな空気や水に加えて、回収された水から選別された富のすべてが、真の豊かさを増大させることになろう。さらに、新しい仕事の大部分がその困難な試行錯誤と開発段階にある時でさえ、全体あるいは部分的に、それ自体で自立作用をし続けるだろう、と私は考えている。

人口と資源

発展する経済は、労働者の数の増加を必要とする。このことは、もちろん人口の増加を意味する。また、発展する経済は、その人口を支えるための自然資源を、減らすというよりも増大させる。穀物の栽培と動物の飼育を追加した時、人々は、使える自然資源を減少させず、拡大し続けたわけだ。今日の人間も、化学肥料や石油燃料を使った種まき機など無数の財貨やサービスを追加することによって、同じことをしている。未来の発展する経済は、何よりもまず海で、巨大な新しい資源をもっと開発することになるだろう。もちろん、発展する経済は、自然に対してひどく無慈悲である。しかし、この略奪は、その破壊性では、停滞に向っている経済や沈滞し切った経済に伴う略奪とは比べものにならない。停滞した経済の下では、長期間にごくわずかの資源を、重い足取りできわめて単調に開発するに過ぎない。その略奪を償うだけの新しい財貨やサービスを、その経済の中に追加することができないからだ。

　人々の技術があまりにも貧弱で原始的なため、彼らの行為のすべてが、相対的にみて自然の他の領域にほとんど影響を与えない場合、経済的な停滞の自然に及ぼす影響は、ベールに包まれている。だが、ひとたび社会がその経済を著しく開発し、従ってその人口も著しくふやすようになると、経済的な停滞は、大変な環境破壊を引起すことになる。過去の共通した帰着は、森林伐採、野生生物の完全破壊、土壌の肥沃《よく》性の損失、地下水位の低下であった。アメリカで廃棄物処理の進歩の欠如と自動車に対する過度の依存――両者とも発展不全の証拠である

――は、水と空気と土地に対して大変な破壊をもたらそうとしている。

野生動物の数は、それが食糧にしている他の動物を含めた自然資源によって、きびしく制限されている。人間を除くすべての動物は、ごくわずかの資源だけを直接に、恒久的に利用しているからだ。ひとたび他の動物のように、自然が与えてくれる物に頼らずに生活するようになると、人間はトラを駆使し始め、さらに新しい資源を開発し始めた。それらの新しい資源は、経済的な停滞によって制限されない限り、無限なものだ。

従って、今日の資源に対する人口との関係から、動物の増加と人間の人口の増加との間に類似性があるという考えは、皮相な見方に過ぎない。賢明な経済計画の下では、採取される自然資源が制限されているから、人口の増加も制限されなければならない、という見方は、全く逆なのだ。実際問題としてそれは、経済発展をはかるための計画では決してない。それは、経済的な停滞を計画しようとしているのだ。このことが、ほとんど理解されていないものだから、貧乏で非生産的人口が増殖によって――つまり、数の増大によって――、その貧困を引起している、という仮定が伝統的――特に富める者たちの間で――になっているのだ。しかし、もし実際に人口過剰によって貧困がもたらされるということが真実ならば、人口が著しく減少する土地では、貧乏人は豊かになるはずだ、という結論になる。現実の世界では、物事はそうは進まない。シチリアやスペインでは、ほとんど全地域にわたって、移住のため人口が減っている。しかし、人々は豊かにならないままだ。アメリカでは、最も貧しい郡で、長期にわたって移出と絶対的な人口減を経験しているが、結果的には、残っている人々の経済状況は好転していない。それどころか、次第に悪化している場合がよくある。ウエストバージニア州のマクダウェル郡は、かつて主に炭鉱によりかかって生活している、九万七〇〇〇人の貧困人口をかかえていた。一九六五年までにその人口は六万六〇〇〇人に減ったが、ニューヨーク・タイムズ紙の報道によると、その土地の人々の暮しはそれ以前よりもさらに悪化し、施し金でなんとかやっていた。同紙によると、バージニア州のフォーカー郡には、一二人の百万長者と三〇〇〇人の貧しい黒人家族が住んでいる。その郡に、貧困な女性の求めに応じて断種するための無料産婦人科病院が開設されている。一九六二年に同紙が報道したころには、六三人の女性が手術を受けていた。このサービスは、社会福祉費を減少させる結果となり、一二人の百万長者たちの経済事情を改善させているようだ。その手術が貧乏な黒人家族に繁栄をもたらす、と考えるのは、あまりにも単純である。「ジャガイモ飢きん」前のアイルランドには、約九〇〇万人の人々が住んでいた。彼らは非常に貧しかった。飢きんと疾病と移住のため、またたく間に三〇〇万人以下に減った。貧しい人々を極貧にまで陥れた。結婚率や出生率は世界最低となったが、アイルランドを豊かにはしなかった。繁栄が始る前に、どれだけ多くの人口が減少しなければならない、というのだろうか。

さらに、もし貧しい人々の人口増加がその貧困を引起しているなら、次のような結論になるはずだ。もし、ある土地の人口が初めからかなり少ないなら、その土地の人々は貧しくないだろう、というわけだ。しかし、常に人口が希薄で、そのうえ豊富な資源を持っている国は、人口過剰な国と全く同じほど、貧困に悩みがちなものだ。たとえば、人口の少ないコロンビアには、アイオワ州民の夢みている以上の豊かで厚い表土があり、日本人が夢みている以上の精度の高い鉄鉱石がある。しかしコロンビアは、ともかくも、人口が濃密なインドよりも深刻な貧困と経済的な混乱に陥っている。もし人口が濃密な日本や西欧が貧乏で、人口の希薄なコロンビアやコンゴやブラジルが繁栄しているのなら、人口過剰が貧困をもたらす、という考え方にとって格好の事例となるだろうが。

産児制限を進める意義は十分ある。女性の社会的、経済的な自由をはかる大きな推進力であるし、古い仕事に新しい仕事を追加する上で女性のすばらしい才能が使えるようになる。将来の社会では、より大きな役割を果すに違いない。さらに産児制限は、子供を持つという権利ほどはないにしても、人間の重大な権利でもあるだろう。しかし、経済的な停滞や貧困を克服するための処方せんとして産児制限をやることは、全く意味がないことだ。もっと悪くいえば、やぶ医者的な療法である。その場合、産児制限は、現実には建設的なことが何も行なわれていないのに、貧困を克服するために建設的な何かが行なわれているという、錯覚をもたらすだけだ。人間の経済は、数が少なくなれば太るシカの経済とはわけが違う。

今世紀の初めにアメリカの慈善運動家たちは、貧困は病気によって起るものだ、と慣習的に考えた。健康な人は、健康をそこなった人々に比べて、生産的で、独創力もあり、自らの能力もある、というわけだ。貧困は病気をもたらし、病気が貧困を深刻化させる、という悪循環として、貧困を分析した。病気を打負かすための手段は、貧困を打負かすこととは関係なく、病気を打負かすことに成功するものでなければならなかった。その結果が、今日行なわれている貧困―人口過剰―貧困という診断を導くことになった。以上のように、貧困の「起因」を模索する行為は、知的な八方ふさがりにぶつかるだけだった。なぜなら、貧困が起因なのではないからである。繁栄こそが起因だ。類似した例をあげると、暑さは活動過程の結果である。つまり起因だ。しかし、寒さはすべての活動過程の結果ではない。熱の欠如に過ぎない。全く同じように、貧困と経済的な停滞という悪寒は、経済発展の欠如に過ぎない。関連する経済の活動過程が運動する時にだけ、克服することができる。私が正しければ、これらの活動過程は、すべて、ひとつの仕事が別の仕事を非能率的に導く非実用的な都市で進んでいる、開発的な仕事の中に根ざしているのだ。都市の経済の中で進んでいる運動—経済生活の全車輪を回転させる轂《こしき》に当る小さな運動を、点検してみたらどうか。

❹都市の成長はいかにしてはじまるか

いまやわれわれは、都市の経済についてのいくつかの一般的な事例を身につけている。つまり、都市は、多くの新しい仕事が古い仕事に追加される集落であり、この新しい仕事が都市の分業を増大させ、多様化させる。都市以外での出来事のためではなく、以上の過程を通して、都市は発展する。都市は、農村の生活を創造したり、再創造する。新しい仕事の開発は、既存の財貨やサービスの生産を単に能率的に繰返したり、拡大することとは異るもので、従って、能率的な生産に要求される条件とは、別個で相対立する条件を必要とする。成長する都市は火急を要する現実的な問題を生み出し、それは経済的な豊かさを増大させる新しい財貨やサービスによってだけ、解決され得る。さらに、都市の過去の発展は、将来の発展を保証するものではない。なぜなら、都市はその経済の中に新しい仕事を追加することを急にやめることがあるし、従って沈滞してしまうこともあるからだ。

昔のデトロイトは、都市経済の開始を観察する上で格好の土地である。一八二〇年代から一八三〇年代にかけてデトロイトがその成長を始めた時、主な輸出品は小麦粉だった。都市に存在していたものは、一群の工場、製粉所、木造の家、小屋、汚れた街路、酒場、波止場、小さな工場ととりでであった。そのとりでは、デトロイト川に沿ったエリー湖の北部の荒野に突出していた。その集落の人々、とりでの守備隊、近郊の農民のために、工場は毎日の必需品をいくつか生産した。それらは、ろうそく、くつ、帽子、わずかの布地、ウィスキー、石けん、くらと馬具、馬車といった物だった。当時、ほとんどすべての小集落は、その集落や近くの後背地のために、そうした財貨を供給していた。

しかし、われわれの物語にとって重要な創業間もないデトロイトの工場は、こうした種類の工場ではなかった。

むしろ、小麦粉の取引自体を手がける商店、といってよいものだった。製粉所の近くには、丸太小屋があった。その小屋では、製粉機を修繕したり、製粉機の増加をまかなうため、新しい部品や機械が作られていた。湖岸に沿って造船所があった。造船所では、湖を横断する客船や小麦粉取引用の貨物船が作られていた。一八四〇年代までに、いくつかのデトロイトの造船所は五大湖の他の港や湖岸沿いに、顧客を見つけるようになった。まもなくデトロイトの造船所は、海洋を行き来する貨物船を建設し始めた。それらは、帆船ではなく、蒸気船だった。デトロイトの造船所は、世界で最初に蒸気船を建設した造船所のひとつだった。船舶用エンジンの製造がどのようにして始められたかは、はっきりしない。しかし、製粉機の製造という古い仕事に、機械製作工によって追加されたものと考えられている。確かなのは、造船所の輸出事業が成長するにつれて、船舶用の他の付属品や材料の供給とともに、造船所はエンジン製造工場やその部品工場としての役割も高めたことだ。一八六〇年代までに、船舶用エンジン自体がデトロイトの重要な輸出品となった。そのある部分は、欧州に向けて運ばれた。

エンジン産業の成長につれて、その産業自体に対する供給産業もふえた。部品や工具を製造する店、金属類を供給する産業といったものだった。最も重要な供給産業は、精練所だった。精練所は、地元で生産された鉱石から作った銅の合金を、真ちゅう製バルブやエンジン用金具の他の部品を製造する店に供給した。精練所もまた、デトロイトの外に顧客を見つけ始めた。間もなく、見事な成功を遂げ、一八六〇年から一八八〇年にかけて、銅はデトロイト最大の輸出品になった。

一八八〇年ごろ、地元の鉱石は尽きた。このため、デトロイトの精練所を店じまいし、その所有者たちは、新しい鉱山近くの山岳地帯の州に新工場を建設し、そこに「会社の町」を設立した。羊の毛を紡ぐ仕事が都市から農村社会の村に移った時、ニュー・オブシディアンがやったと私が想定したのと全く同じように、いまや銅を輸入するようになったデトロイトは、その輸入品のひとつを生み出したわけだ。銅精練業の損失は、デトロイトにとって経済的な災難にはならなかった。なぜなら、私が述べている場面は、同時に発展を遂げていた多くの場面のひとつに過ぎなかったからである。一八八〇年までのデトロイトは、きわめて膨大な輸出品——塗料、ニス、蒸気発生機、ポンプ、潤滑装置、工具、商店の備品、ストーブ、医薬品、家具、家具用革、スポーツ用品を生産していたので、それら輸出品は間もなく精練所という損失を償う以上の役目を果した。

それは、繁栄をおう歌し、多様化した経済だった。その経済の中から、二〇年後に自動車産業が現れ、デトロイトの重要な輸出品の最後を飾る製品を作り、後になってはっきりしたように、その産業はデトロイトの経済発展を終結に追込んだ。「危機」を示す漢字は、「危」と「機」から構成される。まさにその通りで、見事に成功を遂げた成長産業は、その都市に危機をもたらすものだ。他のすべての開発的な仕事、他のすべての都市成長の過程、成長産業に対する供給者たちの実り豊かで創造的な非能率性、有能な労働者たちの分離を許す機会、非能率的だが創造的な資本の使用——これらすべてが、成長産業の危急存亡の前に、犠牲にされがちだ。これがひいては、その都市を「会社の町」に変える。以上のことが結局、自動車産業をかかえたデトロイトに起った。もし銅精練業が、その最初の急成長の直後に移転しなくて、よりいっそう新しい財貨やサービスを開発する自由をデトロイトに与えていなかったなら、おそらく以上の事態は、より以前にデトロイトが銅精練業を持った当時に起っていただろう。

反復体系

しかし、われわれが今関心を持っているのは、デトロイトが最初にその経済を建設した時、何が起ったか、ということだ。最初の輸出品の小麦粉は、造船所に助けられ、間もなく造船所がその生産物を輸出するようになった。しばらくして、造船所はエンジン・メーカーに助けられ、間もなくエンジン・メーカーがその製品を輸出するようになった。この過程は、銅の精練の場合、再び繰返された。こうした出来事が続いている間のデトロイトは、輸出品の産業とこれに奉仕する産業とを持っていた。これを明快に表現するため、経済学者たちは「第一義的」な、あるいは「第二義的」な都市産業ということばをよく使う。ある産業が他の産業に奉仕するという事実が認められる、という理由からだ。*1 一都市の輸出品と、輸出産業に奉仕するため地元で生産される財貨やサービスのいくつかとが、共に経済的な反復体系を生み出す役割を果す、という概念を私は紹介したいと思っている。

*1——これらの慣習的な用語のうち、輸出産業と地元向けの供給産業とは、少し異った意味を持つ。なぜなら、「第一義的」産業とは、重要な輸出産業だけ（特に、自然資源の使用を基盤にした産業）を表わしているだけで、「第二義的」産業は、輸出品を生産しているのに、そのように命名されているからだ。要するに、慣習的なことばは、輸出される産業と他の地元生産者に販売する産業とを明確に区別していない。その正確な区別に、われわれは関心を持っているのだ。ハーバード大学のレオンチェフ教授・i とその学生たちの仕事を知っている読者は、私の区別と投入—産出分析との間に近似性があると気づくだろうが、重要な違いもある。投入—産出分析では、船舶用エンジンは常に投入品目だ。しかし、この産業は都市経済の中で輸出品目であるし、地元向けの生産財であるし、その両者でもある。

•1――レオンチェフ　ワシリー（Wassily Leontief）。ロシア生れのアメリカの計量経済学者（一九〇五―一九九九）。元ハーバード大学教授。一定期間に行なわれた家計、企業、政府などのすべての経済取引の流れを投入（費用、支出）と産出（収入）の関係で分析した「産業連関表」の発案者。最近は公害を含めた連関表もつくっている。

人間が作った物品はもちろん、自然も含めて、われわれをとりまくすべてに反復体系がある。動物は食べる。このため、食物を見つけ出す力を持つ。このため動物は食べることができ、このため、食物を見つける力をいっそう持つ。動物の体内には、他に無数の反復体系がある。心臓は肺臓を通して血脈を吸い上げ、血脈は酸素を処理する。血脈はより多くの酸素を心臓の筋肉に供給する。動物のほかにも、無数の反復体系が作用している。生態学という学問の分野は、海中や地上の生物の全循環を保っている反復体系を分析する分野だ。すべての自律組織は反復活動をしている、といえよう。しかし、反復体系では、その過程の一部が止っても、全体系は止らない。

われわれが今、関心を持っている体系は単純なもので、すべて、輸出される財貨やサービスと、輸出産業に品物を供給する地元産業とから成る。しかし、地元産業のあるものが、自身の生産物を輸出するのをやめれば、その体系は止る。さらに、古い地元産業がその仕事を輸出する際、新しい地元産業が生れてこなければ、その体系は止る。

この単純な反復体系は、都市が最初に形成され、成長する時ばかりでなく、都市がどのように複雑になったとしても、その経済が成長し多様化する限り、都市で起る。たとえば、一七～一八世紀に英国のバーミンガムが最初に成長を始めた時、その体系が作用したのに気づく。バーミンガムの最初の重要な輸出の担い手は、くらや馬具の生産者だったと考えられる。バーミンガムの輸出の担い手に対する地元生産者の中に「ロリマー」がいた。彼らは、くらや馬具用の金物類を生産した。間もなくロリマーたちは、くらや馬具用の金物類を輸出するようになったばかりか、他の種類の金具類も輸出するようになった。二世紀後、より複雑になったバーミンガムで、同じ過程が再び起った。ボタンの輸出産業に装飾ガラスを供給した地元のガラス産業が、ガラス自体の輸出産業になったからだ。今日でも、非常に複雑になったバーミンガムで、この過程が働いているのに気づく。バーミンガムの電子工業製品という輸出品用に、トランジスター・メーカーはトランジスターを輸出している。重要なのは、都市成長の最初の段階でこの体系が活動――実際には、この体系が都市としての成長を開始させる――するにもかかわらず、後に他のより複雑な都市の成長体系が活動するようになっても、この活動過程が消滅しないことだ。

ニュー・オブシディアンがどのように成長するかについて考えた際、この体系が働いていると想定した。私が想定した例は、獣皮製の袋の地元生産だった。この地元生産は、ニュー・オブシディアンの輸出品を黒曜石の鉱山から集落に下ろすことになる。この袋が輸出品になった、と私は考えた。カタル・フユクという実在した都市では、ネジ巻機や研磨材や固い粘土製の印鑑のほか、機《はた》さえもが、当初はその都市内の生産者――この中には、輸出品の生産者も含まれていた――に供給する目的で生産された後、輸出産業になった。デトロイトで銅精練の会社が設立され、成長した後には、この反復体系が働いたが、それらの会社が山岳地方の州に「会社の町」を設立するようになった時、銅精練会社はこの反復体系の過程を再演することができなかった。移転した後の精練会社は、すでに大企業になっていたし、相対的にみれば自給自足できた。それらの会社は、自身の組織内で大部分の必需品を苦面できた。その「会社の町」では、独立した供給産業が誕生しなかったし、その後に、自身の製品を輸出することもなかった。したがって、ほんの短期間成長するだけの小都市と同じように、それら「会社の町」は、その存続をはかるための経済的な論拠を追加しなかった。[*2]

*2――たとえば、ペンシルバニア州のスクラントン。この都市は、炭鉱都市として成功した際、沈滞の道を歩んだが、その集落の最初の輸出品は石炭ではなくて、鉄と鉄製品だった。鉄製品の生産者に対する地元の供給産業の中に、無煙炭の鉱山があった。その鉱山は、鉄製品工場の燃料をまかなった。最初は地元向けの供給産業として出発した鉱山会社は、石炭を輸出し始め、間もなく石炭は、その都市の主な輸出品となった。

若くて小規模な都市は、必然的に貧弱な経済に甘んじる。その都市の生産物の大部分は、特にその都市の人口の少なさのために、陳腐でありふれた物だ。そうした都市が地元の住民や近くの農村の後背地に向けて、地元で生産する消費財や消費者向けサービスは、その小都市と交易しているより巨大で先輩に当る都市の消費者に向けた財貨やサービスとは、比較にならない。昔のニューヨークは、帽子用のビーバー毛皮をロンドンに輸出していたが、ロンドンの消費者に帽子を輸出することはなかった。ソ連の科学都市、ノボシビルスクは、比較的小規模なその地元経済の中から、モスクワにはそんなに多くは輸出していない。[*3] 逆にノボシビルスクは、モスクワの巨大な消費者向け経済の中から、非常に多くの財貨を輸入していることが明らかだ。

*3――実際問題として、モスクワの労働組合新聞のトルード紙（当時）に掲載され一九六五年五月にニューヨーク・タイムズ紙に引用された手紙によると、ノボシビルスクの婦人労働者たち――署名者の中には、科学者、その都市の公営カフェテリアのひとつに勤める役人、四人の工場労働者も含まれていた――は、その若い都市での消費者向けの財貨やサービスの貧弱なことと成長のにぶさに怒っていた。

それでは、若くて相対的に小規模な都市を、陳腐な性格から脱皮させるものは何だろうか。二つの事柄だけが、その役割を果す。いやしくも都市であるなら、その都市は輸出産業を持つし、それは、定義によると、同等またはより巨大な規模の他の集落のすべてが持つ産業と、重複しないものだ。もしそうなら、その産業を世に送る者は、ほかにだれもいないことになろう。しかし、輸出品を持つだけでは十分でない。不活発な町でさえ、輸出品を持つ。たとえば、デトロイトの銅精練会社が設立した「会社の町」だって、そうだった。だから、若い都市は、その輸出産業に部品を供給する企業も持たなければならない。小都市の輸出産業に供給する、これらの財貨やサービスは、供給先の輸出産業自体がどんな土地とも重複しないという理由で、どんな土地とも重複しない。たとえば、小麦粉というデトロイトの輸出産業に寄与した船舶、バーミンガムのくつ輸出産業に供給された金具類が、その例だ。以上が、それらの財貨やサービスが有力な輸出となり、都市の成長をもたらす供給―輸出の反復体系が動き始める道理であり、ただひとつの道理といえる。

胎生学の歴史の中で重大な論争のひとつは、「予造説」と「後成説」との論者の間で争われたものだった。予造説の論者たちは、愚かにも、胎児の発育はすでに存在したものの拡大過程だ、と信じた。一方、後成説の論者たちは、胎児の発育は当初の分化していない実体が組織を多様化し、分化する過程だ、と信じた。正論をはいたのは、後成説の論者の方だった。都市は動物ではないが、この理論は都市にも類推できる、と私は思う。より規模の大きくなった「町」として都市をとらえる人々は、都市成長の「予造」理論――つまり、基本的には、すでに存在していたものの拡大――を信じている。しかし、私はむしろ、都市の「後成」理論を選ぶ。都市の最初の輸出産業と、輸出産業に対する供給産業から出発し、都市の経済を漸進的に多様化させ、派生させる過程を通して都市は成長する、という考え方を私は選ぶ。私の考え方が正しいとすれば、都市の規模が町や村ほどに小さくなったとしても、その成長過程についてみれば、都市は町や村と全く異る。

中継都市

デトロイトとバーミンガムは「製造産業都市」として出発した。すなわち、両都市の最初の輸出産業は、その集落で製造したり加工するものだった。もちろん、両都市は交易にも従事したが、最初の交易は、両都市が輸出する製品や、輸出品と交換される財貨やサービスの扱いが中心だった。しかし、商人が独立して存在し、彼らが必ずしも、その集落自体の中で生産されたり加工されたり、その集落の買手に向けられることのない品物も取引する、といった便利な場所になる都市もあり、それらの都市は主に、交易の中心地あるいは中継都市として発展の道を歩む。多くの港湾都市は、中継都市として出発したものだ。同様に、川沿いのとりでや重要な交易ルートの接点に当る内陸の都市も、中継都市として出発した。

都市の初期の輸出品や、製造産業都市であれ中継都市であれ、その都市の根源となるものは、その後にも都市の性格を規定する、とよく考えられている。しかし、この考えは正しくない。何世紀にもわたって交易都市の「女性の座」を占めてきたヴェネツィアは、中継都市としてではなく、製塩集落として出発した。塩の商人が、製塩の仕事に広範な交易事業を追加したのだ。ロンドンは早くから中継都市になり、おそらく一〇世紀にはそうだったが、広範な交易中心地としての地位は、デトロイトと同様、食品加工に基づいて築かれた。ともかく、ロンドンが若くて小規模だった時の輸出品は塩づけの魚で、それはロンドンで加工された。パリの中継都市としての地位は、ブドウ園とブドウ酒の製造に基づいて築かれ、強化された。

ピッツバーグは製造産業都市としてではなく、中継都市として出発した。大阪は、今日巨大な製造産業の中心地として「日本のシカゴ」と呼ばれているが、前世紀には「商人の都」と呼ばれていた。シカゴは、木材や小麦粉を加工輸送する一方で、最初から中継都市でもあった。シカゴは、その歴史の初期に「北西部の大取引市場」と呼ばれていた。真ちゅう製容器の製造に過度に専念したため、文字通り容器に押込められてしまった中世都市のディナンは、中継都市として出発したらしい。紀元前二五〇〇年、急速に衰微したインドのかつての巨大都市、モヘジョダロとハラッパは、その最盛期には巨大な交易都市であった。ピーゴットは、廃墟の中から発見された、遠くから運ばれた品物や原材料を列挙している。それは次のようなものだ。バルチスタンからはアスファルト、雪花石こう、おそらく石けん石も。ペルシャからは金、鉛、すず、トルコ石、るり、おそらく銀も運ばれていただろう。ペルシャ湾沿いの内陸地帯からは赤鉄鉱（綿布の染色に使われた酸化鉄）。インドの南海岸からは貝殻、めのう、紅玉髄、しまめのう。インドの西海岸からは乾燥した塩づけ魚。ラージプターナ地方からは銅、鉛、準宝石類。カシミールやヒマラヤ地方からはヒマラヤ杉。チベットやビルマからは硬玉。しかし、モヘンジョダロとハラッパとも、あるいはそのどちらかの都市が、製造産業都市として出発したようだ。両都市の交易圏が大幅に広がり、多くの土地から輸入品を集めていたころには、赤く染色された綿布が重要な輸出品だったようだ。一都市が製造業中心地として出発する場合、間もなくその都市の商人たちが、広範な中継サービスを追加することになる。また、中継都市として出発する場合には、間もなく交易事業に対する供給産業が、製造産業に追加されることになる。なぜなら、交易はそれ自体の仕事をはかる上で、多くの財貨——たとえば船舶、馬車など輸送機関、容器、加工産業、加工産業用の道具——を必要とするからだ。

一二世紀の大規模な中世的市場は、もちろん交易の大中心地で、多くの商人がそこに集った。しかし、それらの市場は製造産業の中心地にもならなかったし、都市にもならなかった。それらの市場は、ごく短命だったことが明らかにされている。今日では、トロイよりも話題に上がることが少ない。だが、ロンドン、サウラウト、メシンズ、バール・アウベ、ラグニーという名前さえ、ほとんど記憶されていない。ハンブルクのような中世都市は、そうした市場が現れる数世紀前に、より小規模な交易中心地、おそらく季節的な交易中心地として出発したが、ごく初期の時代に広範な手工業の中心地ともなった。「産業と交易の成長」という抽象的な表現でしか説明されなかった問題は、どうして起るのだろうか。輸出産業と輸出産業に供給する産業とによってもたらされる反復体系による成長理論を使えば、何が起ったかを明らかにすることができる、と考える。

ベルギーの偉大な経済史家、アンリ・ピレンヌ・2 は、その著書『中世都市』の中で、ヨーロッパ北西部の粗末な原材料——獣皮、羊毛、スズ、塩づけ魚、毛皮——やヴェネツィアを通して東方から集った貴重品を商った一〇世紀の商人たちのことを書いている。ピレンヌによれば、それら商人たちは「放浪と冒険に生きる存在」だった。こうした商人が次のような人たちの間から出現した、とピレンヌは推測している。「あらゆる社会をさすらう放浪民。彼らは修道院の施し物で毎日飢えをしのぎ、収穫期には雇われて働き、戦時には軍隊に応募し、必要とあれば略奪、強奪もいとわない。交易の最初の名人たちが探しもとめなければならなかったものが、これら自由気ままな冒険者たちの中にあったことは明らかだ」

•2――ピレンヌ　アンリ（Henri Pirenne）。ベルギーの歴史学者（一八六二―一九三五）。リェージュ大学などの教授を務め、『ベルギー史』（Historie de Belgique, 1932）、『中世都市――その起源と貿易の再興』（Medieval Cities: Their Origins and the Revival of Trade, 1925）などの著書で知られる。

小規模でごみごみした街道筋の野営地や港で、これらの放浪商人たちは休養をとり、情報を耳に入れ、物々交換し、次の冒険のために隊商や商船隊を組織した。そうした野営や港には、商人にこそならなかったが、放浪商人と同じたぐいの人間が大勢いた。彼らは逃亡者や半端者や普通の飢えた人間たちで、彼らを受入れることを拒否した土地で、じっと死滅を待つよりも、何か起りそうな土地で好機を捉えようと考えていた。野営地や港に巣食ったこれらの常に飢えた人間たちは、きっと商人になろうと考えていたのだろう。しかし、彼らの大部分は、幸運に見放されたり、能力に欠けたり、女であるという不幸をかこった。だが、これらの集落では、商人という仕事のほかに、他のいろんな種類の仕事をつかむことができた。ある者は、内陸を渡ってきた商人の乗っている馬などの駄《だ》獣を手入れし、草を食べさせた。航海者の船に補給したり、清掃、修理する者もいた。商人や侵略者の侵入を防ぐため、船を建造する者もいた。また、ある者は、旅行者の到着パーティー用に獲物を捕えて食肉を準備したり、短期滞在客のために料理を作ってやった。船荷を預り、再包装する者、たるや箱を作る者、動物や馬車や船に荷を積む者、寝台を提供する者、愛人となって尽したり、便利屋や臨時労働者として働く者もいた。

下働き的な仕事にありつけたわけだ。上衣や外とうや長くつ下の洗たく、他の旅行ですり切れた装具——くつ、革帯、くらとかくつ袋——の洗たくや修繕もその例だ。この種の装具がすり切れると、放浪商人たちが新しい装具や洋服を買うのに適当な場所は、港や街道筋の野営地だった。その買替えを満たしたのは、臨時労働者たちだった。彼らは、下働き的な仕事から出発したが、いまや、品物自体を生産するようになっていた。

彼らが最初に提供した布地や革製品は、商人たちが買替える前に身につけていた布地と比べて、良質でもなければ悪質でもなかった。商人たちが身につけていた布地は、農民や小地主の家族の手によったり、荘園の家族のために農民が苦役によって生産したものだった。ローマ帝国の衰亡後、機織りをはじめ他の手工業の技術がヨーロッパの全地域で退歩していたから、繊維製品の質もおそらく貧弱なものだったろう。*4 上衣や外とうや長くつ下を商人たちのために製造する際、下僕たちが使った羊毛は、商人自身が持ってきたものだったろう。商人たちが持ってきた獣皮という荷物が、その商人のくつや帯やくらを作る際に原材料となった。これらの完成品に対して商人たちは、原材料を追加するという方法や、あるいは銅貨で支払いをすませただろう。こうした方法で、彼らは運転資本を蓄積し始めた。

*4——たとえば、ヴェネツィアを別にしてみれば、一〇世紀のヨーロッパで良質の布地を生産した集落は、フランドル地方の二、三の村落に過ぎなかった。それらの村落の数少い生産物は、国王のための布地であった。シャルルマーニュは、バグダードのカリフ、ハルン・アル・ラシッドにフランドル産の布地を贈物として送った。ヴェネツィア経由でごく少量だけ運ばれた東方の高価な絹や美しい布地と同様、一〇世

紀のフランドル産の布地は、商人が、豊かで権力を握る人々に売りつけるには格好の品物だったようだ。

一〇～一一世紀にかけてヨーロッパの放浪商人たちの身なりは、農民のそれよりはましになったし、そのくつも、中世の貴族たちの使った物よりはき心地のよい物になった。というのも、交易集落の下層階級から生れた機織工や革製品職人は、手工業に専念し始めるようになったからだ。彼らと同様、食肉加工業、小料理店、居酒屋、馬小屋の経営、馬車の製造、たる屋や売春宿に専念する者も現れた。こうして作られた布地や革製品の中には、交易に向ける価値のある物もあった。このようにして、中世の集落のあるものは、単なる交易中心地以上の存在になった、と私は思う。それらの集落は、手工業製造の中心地になろうとしていたのである。

しかし、二つの出来事が、次の段階で全く異った結果をもたらしたのを知ることは、きわめて重要である。商人たち――その中には、後に立派な商人になった者もいたが――が、既存の商売という仕事に、職人という仕事を追加したに過ぎない場合、港や野営地の職人は、商人に対して品物を提供する地元の供給業者にとどまったことだ。これまでと違いがあるとすれば、自分自身が個人的に使っていた財貨に加え、交易される財貨を商人に供給した、ということだけだった。スコットランドがこのよい例だった。そこでは、スコットランド自治都市の職人たちが、彼らの製品を既存の商人に供給していた。アンウィンの『経済史研究』によれば中世時代を通して、スコットランド自治都市は、職人の仕事と商人の仕事との分離を強制した。この区別が、中世でのスコットランドの産業発展の勢いをそぎ、発展を続けたイギリスやヨーロッパ大陸の小都市と比べても、それら自治都市を弱体にし、経済的に後退させた、とアンウィンが非難している。まさにその通りだ、と私も思う。そのような区別がどうして発展の腰を折りがちなのか、というと、手広く品物を商う商人は、彼らが扱っている特定の財貨を受入れる最上の市場を、見つけだそうとしないからである。一方、特定の財貨を専門に扱っている人々だけが、そうした財貨を受入れる市場の探索に専念するものだ。さらに、新しい仕事が、古い財貨やサービスを扱っている商人たちの興味をひかない場合、そのような区別は、職人たちが、古い仕事に新しい仕事を追加する行為をも妨害する。

インドについても心当りがある。インドでは、ヒンドゥー教徒の職人は同じカーストに属していた。一方、商人という仕事は、より一段高いカーストの人々に準備されていた。その二つのカーストの壁を飛越えることは、許されなかった。今日でも（一九六八年当時）、ヒンドゥー教徒の職人は、伝統的に下僕という同じ階級に属している。ここでは下僕とは手工業労働者を示すのだが、中世初期のヨーロッパ都市と同じように、インドでも職人という仕事は、下僕の仕事という古い仕事に追加されたものだ、と私は思う。

スコットランドやインドで起った区別に対処する道は、職人自身がその製品を商う商人になることだった。パリ、ロンドン、ハンブルクといった中世の都市では、早い時代にこの現象が起ったに違いない、と思われる。自身の手工業製品販売に専念することによって、商人＝職人たちは、市場を広げ、従って都市内での生産も拡大することができた。この輸出品の生産増加は、輸出製造産業に対して財貨やサービス、設備や部品を供給した地元の下請け的な職人の成長を助けることになっただろう。中世のギルド組織が、こうした現象が実際に起ったことを明らかにしている。これらのギルドが最初に存在したとされている一二世紀には、商人ギルド、地方ギルド、職人ギルドの三種類から成立っていた。

最も豊かで最も勢力を誇り、おそらく最も古くから存在したギルドは、商人ギルドであった。その仕事は古い交易商人のそれに相当した。このギルド組織は、単純なものだった。このギルドは徒弟や他の労働者も含んでいたが、すべての親方は遠隔地の売買に従事していた。ともかく魚屋ともブドウ酒商人とも呼ばれたが、その交易は、雑貨商人と呼ばれたものもあるように何でも扱い、その名前自体——雑貨品を扱う人々を意味する——が、彼らの交易の全般的な性格を明確に物語っていた。つまり、彼らは、手にはいるすべての物を売った。しかし、一二世紀になると、彼らの多くはあちこちの都市に倉庫や会計事務所や代理店を構えるようになった。

その一方には、遠隔地交易をしない、貧弱なギルドや商人の教区組織があった。銀行員、食肉加工業者、桶店、馬車製造業は、このグループの典型的なメンバーだった。彼らは、第一の分類に属する商人から品物を買い、彼らの品物を地元で販売した。その親方は、作業所を経営する小売業者であった。*5

*5——今日のわれわれが考えているような、店内では作られない品物を売るといった地方の小売店は、まだ知られていなかった。『フランス文明史』の著者デュビーとマンドルーによると、最初の小売店は一三世紀のパリに現れた。最初の小売店は、屋根裏部屋の貧しい学生が写した写本——それまでは修道院でだけ作られた——や、所有者が売りに出した芸術作品や、作業所を持てない職工が作った品物を販売した。

第三のギルドは織工やくらの製造のような職人ギルドだった。その出発点から、職人ギルドは他の二つのギルドとは異った組織だった。親方のある者は商人であり、都市の外でその製品を売ったり、少なくとも、時々、都市の外から原材料を買った。だが、彼らは「職人」でもあった。このギルドに属する親方の中には、小売店主もいた。彼らは都市の中でだけ交易し、その製品を商人=職人に売ることもよくあった。

職人ギルドがなぜ、このような組織を築くに至ったかは、はっきりしている。一三世紀からこのかた語り尽された出来事が、それを明らかにしている。ひとつの手工業がひとつのギルドとして組織される前、次のような歴史を持った。最初、都市の中の他の職人ギルドや商人ギルドのメンバーは、生産財やサービスを供給する地元産業として出発した。たとえば、染色工が機械工に奉仕したり、一三世紀のロンドンのつぼ製造工が商人に製品を売ったように。その後、都市の地元経済向けにその手工業の生産を営んでいた人々の中に、自力でその財貨やサービスを輸出する者も現れた。たとえば、染色職人が他の土地で織られた布地を輸入し、それを染めて輸出した。また、あるつぼ作り職人は、自力でつぼを輸出し、さらに、つぼ製造の仕事に鐘の製造――依然として、つぼ作り職人と呼ばれたが――という仕事を追加した者もいた。二〇年前のロサンゼルスや東京で、都市の中の生産者に対して財貨やサービスを供給する地元産業として形成された電機産業を見れば、そのあるものは地元向け企業だが、その仕事を輸出している企業があることに気づこう。もしこの時点で、それらの企業がギルドとして組織されれば、いくつかの地元の産業が輸出産業になっているという理由で、職人ギルドと同じ組織を持つことになろう。

興味深いのは、中世の職人ギルドが、最初からそうした組織形態を持っていたことだ。それは、こうした組織形態を作った出来事が、中世都市の初期に起ったに違いないことを意味するし、都市を形成する際、同時に起ったに違いないことも意味している。たとえば、ロンドンの機械職人ギルドは、ロンドンの都市憲章ができる以前に組織されていた。これら三種類のギルドを合わせて考えると、中世ばかりでなく、現代にも当てはまる都市経済の姿を、つかむことができる。地元経済内の地元向けの財貨やサービス。最初の輸出品としての輸出品。そして、地元向けの財貨やサービスも輸出品になる。

輸出乗数効果

一集落の輸出品がふえれば、その都市の地元経済も成長する。この地元経済の成長は、経済学者が「乗数効果」と呼ぶ過程からもたらされる。このことばは普通、仕事について述べている。つまり、都市の輸出産業が生み出した仕事の追加は、その産業の労働者とその家族の増加をもたらし、彼らに供給するための他の仕事を、地元経済の中で追加する。さらに、これまで見てきたように、成長する輸出産業の生産者に対して財貨やサービスを供給するために、より多くの仕事が行なわれなければならなくなる。輸出産業の成長は、都市にとって、より多くの輸入品を得させることになるから、地元経済の成長も可能なのだ。この輸入品の増加分のある部分は、成長する輸出産業に直接に向けられる。他の部分は地元経済に向けられ、都市の増加した人口によって消費される財貨やサービスとなる。残りのものは、輸出産業に生産要素を供給する地元産業に向けられる。

集落によって、手に入れた輸入品の中で地元の経済に向けられる比率や、直接輸出産業に向けられる比率は異なる。メイン州のあるリゾート・タウン——その土地の主な輸出産業は、観光旅行者たちの落す金だった——の市長は、旅行者たちが支払ったほとんどすべてのドルで、同じ旅行者が消費する食物、まくらおおい、ガソリンなどが買われている、ということに気づいていた。輸出産業の生産者に対して財貨やサービスを供給する多彩な地元産業を多く持てば持つほど、輸出産業の成長がもたらす乗数効果も大きくなる。

大きな乗数効果を得るためには、輸出組織のための地元の仕事が、輸出組織自体から独立した地元の組織で行なわれなければならない。たとえば、マンチェスターの綿工場やピッツバーグの製鉄工場は一貫生産をしている。輸出組織として、これらの工場は、その工場に原材料、機械、部品や修繕の仕事などを供給する地元企業を多く持っていない。その輸出の成長のおかげで、その工場が生み出した新しい仕事——これらの工場で仕事の量がふえていたところ——は、その工場自体の成長以上の産業の成長を、マンチェスターやピッツバーグにほとんどもたらさなかった。この場合でも、もちろん輸出産業で働く労働者やその家族がふえるから、彼らに対する消費財の供給という地元の財貨やサービスも成長するので、乗数効果は働いた。しかし、そのことから生れる地元の仕事の成長は、マンチェスターやピッツバーグではかなり低いものだったようだ。なぜなら、これらの都市には、その地元経済の中に自律的な生産者をほとんど持たなかったし、従って、古い仕事に地元の消費者向けの財貨を製造するという仕事を追加できたものが、相対的にみて、ほとんどなかったからだ。さらに、そのような財貨を製造する他の生産者に対して、部品を供給する者もほとんどなかった。そのような都市では、消費財を地元で生産するために必要な原材料よりは、完成品の消費財を高い比率で輸入する。以上のように、都市の輸出産業の成長がもたらす乗数効果は、すべての集落で定まった比率を示すとは限らない。特定の一都市でも、時代とともにその数字が変化する。

次の章で述べるが、都市が成長している過程で、別の種類の乗数効果が作用するから、今日、伝統的に必要とされているよりも、もっと正確な名前——「輸出乗数効果」——をつけることによって、都市の輸出産業の成長がもたらす地元産業の成長という乗数効果を、総括的に呼ぶことが便利だと私は思う。これによって私は、次の章で述べる別のタイプの乗数効果から、輸出の成長がもたらす効果を区別したい。

重要なことは、われわれが都市経済と呼んでいるわく組みの中で、高い乗数効果は「より多くの余裕」を生み出す、ということだ。地元の経済は、新しい仕事の大部分を開発する実験や、試行錯誤を含めた新しい仕事を追加できる。地元の経済が、分業を増大させる余裕を持っているからだ。それは、D+nE+A→nD という過程が、成功した場合に生れる。先に述べたように、経済生活に新しい財貨やサービスが追加される経済が発展する経済なのだ。事実、古い仕事に新しい仕事を追加する過程は、分業を増大させるから、発展する経済であるに違いない。しかし、発展を可能にするためには、文字通り、新しい分業が創造されるための余裕がある集落でなければならない。この余裕は、新しい分業が現れる後に、作り出されたものであるはずがない。なぜなら、その後に、新しい出現を可能にするだけの余裕を持たない場合もあるからである。むしろ、必要な余裕とは、新しい仕事とそれによってふえる分業が現れる以前に、運動する出来事が生み出すものでなければならない。輸出乗数効果を通して、新しい輸出品の誕生は、地元の仕事の拡大を受入れる余裕を提供する。したがって、この章で述べてきた通り、この乗数効果は、都市の成長の反復体系の基本となるものである。

都市の経済で地元の仕事がふえることは、輸出産業の成長による単なる受動的な帰結だ、と伝統的に考えられている。しかし、私が述べてきた反復体系に従えば、そんなことはあり得ない。地元の新しい仕事のあるものは、新しい輸出品の先駆者であらねばならない。都市の既存の輸出組織に対して財貨やサービスを供給する地元の全産業の中で、常にごくひと握りのものだけが、反復体系の機能を通して、自力で輸出という仕事を創造する過程をたどる。もちろん、新しい輸出品の流れが大きければ大きいほど、反復体系は速く運動し、その都市の地元経済に、いっそうの経済的な試行錯誤や開発をはかり、分業の増大をはかる上での余裕を、より多く授けることになる。この運動を図式で検討したいと思う人々のために、乗数効果とともに、既存の輸出産業に奉仕する、都市の地元産業が新しい輸出産業を生み出す過程を示す図式を、付録の第一節にのせてある。

見せかけの成長

ニューイングランドの最大の川、コネティカット川の河口は、中継都市としては格好な場所だ。もし地理の教科書なら、河口という地理条件ゆえに、そこに大都市が生れる、と説明するだろう。しかし、現在この土地は、ライムやオールド・セイブルックというほんの小さな集落を生み出したに過ぎなかった。ワシントンが若いアメリカの首都に指定されたころ、大方のアメリカ人は、首都であるためにはロンドン、パリ、ローマのように大商業都市、大産業都市になるものだ、と信じていたようだ。しかし、都市とは、その立地条件や与えられた資源では簡単に「説明」できない。都市としての存在やその成長の源は、都市自体の内部、つまり都市の中で働く過程や成長体系に内在する。都市は神によって定められたものではなく、完全な実在である。交易にとって格好な場所にある「おかげ」で都市が成長した、と語ることは、現実の世界をみてわかるように、全く愚かな発言だ。交易にとって条件の悪い土地は、条件のよい土地よりもずっと多いが、格好な立地条件に恵まれている集落の大部分は、都市にもなれない。たとえば、イギリスで最上の自然港の中に、イプスウィッチ、ヤーマス、キングズリン、サンダーランド、サウスシールズ、ロジーマウス、ショーハム、ストーンウェー、グリーノックといった集落に属する港がある。

アメリカ合衆国の地理上では、多くの地名が、恵まれた交易地点と大きな望みを享受している。セントロポリス、セントラル・シティー、センター・ジャンクション、センタートン、セントラリア、センター・ポートなどだ。マーク・トウェインは『ミシシッピーの生活』の中で次のように語っている。ハンニバルの人々は、鉄道が走るようになれば、彼らの集落は自動的に都市となり、以前、川蒸気が走った時にそうだったように、通過する汽車に驚異の目を向けることを願った、と述べている。大規模な交易に従事している多くの都市は、明らかに恵まれない交易地点にある。たとえば、東京とロサンゼルスがよい例だ。メイン州――多くの恵まれた港を持ちながら、重要な都市を持たぬ州――選出のある上院議員はかつて、ロサンゼルスの人々にこう語ったことがある。「あなたたちの土地に都市を立地したのは、大きな誤りだ」。一九二〇年代のロサンゼルスが議会に働きかけ、連邦資金を使って港を作ろうとしていることに、その上院議員は驚いた。彼はなじった。「自然が拒否しているものを得るため連邦政府に働きかける代りに、すでに港が存在している場所に港を求めればよいのだ」

たとえ、ある集落が重要な中継地点になったとしても、それが、都市としての必然的な成長を保証するものではない。ロング・アイランド東端のサッグハーバー――良好な中継地点――や、内陸に抜ける広い水路を持つパムリコ・サウンド――ノースカロライナ州とその東海岸に並ぶ島々との間の瀬戸――を望むノースカロライナ州のポーツマス——いまでは、郵便船さえ止らない——は、アメリカの独立戦争直後には、税関になる地点として非常に重要だった。エリザベス一世時代のプリマスは、重要な商工業都市ではなかったものの、ロンドンよりも重要な港だった。ラテン・アメリカやアフリカで、植民地主義者の手で設立された多くの中継地点は、都市に成長することはなかった。しかし、植民地への中継地点が、すべてさびれているわけではない。香港は、世界の中で重要な商工業都市のひとつだ。

われわれのすべては、学校で、ニューヨークが一八二五年のあと急速に成長したのは、エリー運河の「おかげ」だと学んだ。実際そうだったろうか。それならば、ジャージー・シティーは、なぜ成長しないのだろうか。ジャージー・シティーは、マンハッタンと同様、エリー運河や大西洋に接近している。マンハッタンの急速な発展と成長の開始——市民戦争の直後、発展を始めた——を見たアレクサンダー・ハミルトンは、ジャージー・シティーがもっと恵まれた立地条件にある、と述べ、彼は軽率にも、ジャージー・シティーが「世界のメトロポリス」になろう、と予言したものだ。この運河が開通前の二五年間に、ニューヨーク——植民地時代に比較的、停滞していた——は、きわめて急速に、新しい財貨やサービスを作り始めたので、一八二四年には、その総価値ではまだ及ばなかったが、工場の数や製品の種類では、それまでのアメリカの主な製造産業都市、フィラデルフィアをしのいでいた。運河だけでは説明できない発展・成長過程が、ニューヨークで進んでいた。もちろん、ニューヨークの高い開発率は、開通後の運河の使用に負うところも大きい。しかし、より小規模な都市は、ニューヨークとの競争では、自ら建設した運河から強力な魔力を引出すことはできなかった。

今日のヨーロッパの巨大都市は、首都であるという理由で、巨大都市ではなかった。原因と結果が別の道を歩んだ。パリは最初、フランス王の玉座にしか過ぎず、ほかに六つの王の邸宅があるだけだった。事実、一二世紀になるまで、もうひとつの交易中心地、オルレアンの方が、王や王室の玉座や文化、教育の中心地としてのパリよりも、多く輸入していた。パリは、王国最大の商工業都市——経済的にも最も多彩な都市——になってから、真の首都となった。プロイセンの領土の中で、最も巨大で経済的にも最も多彩な商工業都市に成長するまで、ベルリンはプロイセンの首都ではなかった。それまでは、ブランデンブルクが首都だった。一二世紀になるまで、ロンドンは事実上も、公式にも、英国の首都ではなかった。ウィンチェスターが世俗の首都であり、カンタベリーが教会の首都だった。一二世紀のロンドンは、王国で最大の——経済的にも最も多彩な——商工業の中心地となり、事実上の首都になるとともに、次第に正式の首都ともなった。古代の都市国家や帝国では、都市が首都だった。それらの都市は、その政府を輸出するほど巨大で強力だったからである。最初、本土の後背地に、さらに遠くの地域に政府を輸出し、その規則に従って搾取した。ローマ政府は最初、ローマだけを統治したが、ついには、政府がローマの輸出品となった。理屈からいえば、地元の他の財貨やサービスが輸出品になったのと、全く同じことである。

政府という仕事が、主要な、そして最初の輸出産業として与えられる集落は、巨大都市になるようだ。コンスタンチノープルがそうだった。だが、貴重な経済的な意味での存在理由を他に明らかにすることなく、人為的に選ばれた集落の場合、もっとよくあてはまる。ワシントン、オタワ、ハーグ、ニューデリー、キャンベラがその例だ。おそらく、ブラジリアもその一つとなろう。だが、多くの郡都や州都は、ひどくさびれた町であるし、沈滞し切った小都市である。最初の主要な輸出産業として政府という仕事を持つ都市は、「会社の町」と同様、多くの共通点を持っている。

都市によっては、見かけだけから、その存在を「説明」しても、何ら利益がない。たとえば、バーミンガムが最初に持ったすべてのものは、飲水の供給だった。これは、ルネッサンス時代のヨーロッパでは、めずらしいことではなかった。アルケウスは紀元前六〇〇年に、ギリシャの都市について物を書き、次のように指摘した。「みごとな屋根を持つ家も、石壁も、運河も、造船所も、都市を作れない。しかし、人間は、都市を作る機会をつかむことができる」

❺ 都市の爆発的成長

この章は、都市がどのようにして新しい輸出品を生み出すか、という問題に関連したことを扱う。また、都市が輸出品を生み出すことによって手に入れたいくつかの輸入品をどう処理するか、という点についても注目したい。

先に指摘したように、一九世紀末の東京は、自転車を大量に輸入していた。これらの自転車が壊れたり老朽化すると、東京の修理職人たちは、自転車の新しい部品を作り始めた。間もなく、個々の部分を専門に作り始め、ついには、製造業者が修理職人と契約して多量の部品を買取り、組立てるようになった。この方法で製造業者は、東京で自転車の新しい完成品を製造した。東京が輸入していた自転車は、地元で生産された自転車に置換えられたわけだ。*1

*1——経済学者たちは習慣上、この現象を「輸入代替」と呼んでいる。しかし私は「輸入置換」と呼ぶことにする。「輸入品に代替する」という動詞態はぎこちないが、「輸入品を置換える」という表現は、そうではないからだ。さらに私は、輸入置換の効果について、伝統的な問題処理の仕方では引出しえなかったいくつかの結論を、明らかにしようとしているのだ。だから、どんな場合にも、新しいいい回しを使った方がよかろう。

都市は成長するにつれて、国外からはもちろん、近くの都市から手に入れる輸入品も置換えていく。私たちが、これからきわめようとしている理由で、輸入品を置換えて行く過程は、都市を爆発的に成長させるだろう。都市が生命を持続ける間、いろんな輸入品を手に入れ、それを置換えるごとに、都市の爆発的な成長を語るエピソードは何度も繰返される。しかし、その話に立入る前に、東京の自転車の例のように、都市が輸入品を新しい地場産業として置換えた際、一体どんなことが起るかを、もう少しくわしく調べてみよう。

輸入品の置換過程が起る前に、まず二つの出来事が起っていたに違いない。第一に、東京はすでに、輸入自転車の豊かな市場になっていた。このことは、自転車を作る者たちにとって、東京が価値のある土地になろうとしていたことを意味した。第二に、自転車が東京で実際に製造される以前に、東京の労働者は、自転車の作り方を学んでいたことだ。はじめは、別の目的を持っていたとしても。こうして、自転車の生産は、すでに東京で行なわれていた仕事に、すんなりと付け加えられた。

東京がまだ自転車を輸入していたころには、輸入された自転車は、東京からの輸出品で弁済されなければならなかった。この場合、自転車は海外から輸入されたから、外国への輸出で償われなければならなかった。もし、その自転車が大阪とか、国内の他の都市から輸入されていたのなら、国内の他の土地に対する東京からの輸出品で、弁済されなければならなかったろう。しかし、ひとたび東京が自力で自転車を作り始めると、もはや、東京からの輸出品で弁済する必要はなくなった。もちろん、自転車に必要な多くの資材がまだ輸入されなければならなかったし、その分は、輸出品で弁済しなければならなかった。もっとも、その経費は、完成品として輸入した自転車の経費ほどにはならなかった。この経費の差だけ、東京は代りに他の品物を輸入できた。もちろん、この変化は、これまで自転車を製造し、日本に輸出していた土地が、その輸出事業をある程度失ったことを意味した。しかし、このことは、東京の輸入が以前に比べて少なくなったというのとは、意味が全く違う。東京はその輸入品を、自転車以外の品物に移したのだ。東京は他の財貨やサービスに市場を広げることになったのだから、外国の自転車会社の損失分は、他の国民の輸出収益になった。

ここで、少しの間、われわれが想定した農業前の都市ニュー・オブシディアンに話を戻そう。ニュー・オブシディアンが、以前輸入していた野生の動物や種を、地元で新たに生産した家畜や栽培穀物で置換えるようになると、元々買っていた野生食糧に代って、他の品物を輸入することが可能になった。それらの輸入品は、絵具、銅、毛皮、藺《い》草、つの、木材、獣皮や皮ひも、貝殻などだった。そのいくつかをニュー・オブシディアンは前よりも多く輸入できた。いまや、前の得意先から野生食糧を買う必要がなくなったからだ。中には、初めて輸入された品物もあっただろう。そのいくつかは、ふえた労働者の衣服や装飾に向けられた。ニュー・オブシディアンは、食糧の生産という新しい仕事を付け加えたから、労働者がふえたのだ。しかし、これらの初めての輸入品は「剰余」であった。ニュー・オブシディアンからみれば、実際には輸入品の構成が変っただけなのに、ちょうど、その都市の輸入が多量にふえたかのようにみえた。だが、ニュー・オブシディアンは、以前手に入れていた品物に、初めての輸入品を加えたすべてを獲得した。実際、この都市の輸入は、輸出の急上昇によって、これらすべての輸入品をふやしたと思えるほど「増大」した。ニュー・オブシディアンは、全く別の過程——つまり、前の輸入品を置換えること——によって、新しい輸入品を手に入れたのだ。輸入品の構成変化によって生れた都市の輸入の表面上の増大は、都市の成長をもたらす輸入置換過程と、その重要な結果を解くかぎである。

野生食物という輸入品を置換えた時、ニュー・オブシディアンに何が起ったかは、輸入品を地場産業として置換え、その結果、輸入品の構成を変えた時に、われわれの都市に起る現象から推測できよう。東京の場合、初めて手に入れた「剰余」輸入品のいくつかは明らかに、ふえた労働者とその家族を潤す食糧や消費財だった。自転車を自力で生産し始めると、東京は以前よりも多くの労働者を必要としていたからだ。そこで、自転車の製造に必要な輸入資材に、新しい仕事によって生み出された人口増を満たすための輸入品を加えてみよう。これら輸入品の経費の総額と、完成品として輸入された自転車の経費との差だけ、東京は、以前手にはいらなかった他の輸入品に費やすことができた。

東京は地元向けだけに自転車を生産したのだから、世界の他の土地についてみれば、経済活動の総計は、縮小もしなければ拡大もしなかった。しかし、東京の経済活動の総計は拡大した。従って、その後、世界の経済活動の総計も拡大した。そこで、輸入品を置換える過程は、自転車の生産地をあちこちに移動させることよりも、ずっと重要であることに気づく。輸入品の置換過程は、ニュー・オブシディアンから毛糸に必要な動物の群を移し、デトロイトから銅精練所を移動させる、といった具合に、ひとつの都市から企業を移すこととは意味が違う。買手になった都市で輸入品が置換えられなければ、都市から都市に生産地を移すこととも意味が違う。現在の輸入品を置換え、他の輸入品をかなり買う、という過程は、経済生活を拡大し、国家の経済がその財貨やサービスの総量を増加させるための重要な手段だろう、ということを、これからこの章で述べる予定だ。

しばらく、自転車についてもうひとつの問題を研究してみよう。それは、自転車を輸入する代りに、東京で生産することの「経済的な可能性」という問題だ。東京で自転車が製造されるようになると、自転車の小売値は東京で下がった。地元で生産した自転車は、輸入した自転車よりも安かった。その場合、定義上、東京での自転車の生産は、経済的に可能だったのである。もし東京の自転車が輸入した自転車よりも、消費者により多くの負担をかけたとすれば、地場での生産は経済的に不可能だっただろう——たとえ政府が外国製品に対して輸入関税を課して人為的に地場生産をはかったとしてもだ。

しかし、「経済的に可能だ」とは、本当は何を意味するのだろうか。それは、自転車が東京で生産できた、ということを意味するのか。東京が、自転車の生産に利益をもたらすほど支払い能力を持った大きな市場を持っていたことを、語っているのだろうか。輸入品の消費者が負担しなければならない輸送費を、いくらかでも節約できた、という意味か。いや、それ以上のことを語っている。地場生産の費用が、禁止的でなかったことを意味しているのだ。地場生産に必要な費用を支払っても、ゴムや鉄鋼や、自転車産業が東京の外から輸入せざるを得なかった他のすべての品物をまかなうほどのマージンが、自転車の販売価格の中にまだ含まれていたのだ。別のい い方をすれば、東京が輸入せざるを得なかった財貨やサービスの費用が、それほど高くなかったため、地元の費用を補うほどのマージンが販売価格にあったことを意味した。

もし東京の自転車製造業者が愚かで、たとえば、当時ハートフォードにあったアメリカ自転車トラストの大工場が使っていた生産方式を安直に真似していたならば、東京での自転車の生産は、経済的に可能ではなかっただろう。この方式を真似ていれば、東京の生産者は、利益を上げるより先に、巨額の金をかけて大規模な新工場を建設しなければならなかっただろう。また、高価な機械を大量に輸入しなければならなかっただろうし、工場などの経営管理技術の輸入や管理者の海外訓練のためにも、多額の金を費やさなければならなかったろう。しかし、生産方式を東京が持っていた既存の能力の範囲内に調整し——これは、創造的な仕事だ——、そして、すでに技術と応用能力を持ち、仕事の間口を広げることだけを望んだ既存の生産者を使うことによって、東京の自転車製造業者は、この新しい仕事を経済的に可能にした。

高度に発展した経済社会が、手細工の輸入品を機械生産された製品に置換えていく際にも、同じ原則が働いているのに気づく。このような新しい地場産業——香辛《しん》料のひき方やまぜ方であっても、布の染め方や皮細工であっても——は、すべてが人力で行なわれるなら経済的に可能ではないだろう。機械で作られた製品で置換えた場合、置換えられた輸入品は、模倣した手細工の品物ほど上等でないこともあるし、そうでないこともある。しかし、その場合も、生産方式は安直に真似されてはいない。模倣があったとしても、地元の技術能力の範囲内に収められている。

巨大な経済力

われわれは、時には恐しくさえあるほど巨大な経済的な力が生み出される過程を、探究している。はじめに二つの特異な事例を考察すれば、ある知恵が引出されよう。その特異な事例とは、もし輸入品の置換えがなかったなら、一時的にも恒久的にも、恐しい経済的な苦悩に陥ったと思われる都市を、輸入置換が救った、という例だ。

普通、ある都市が以前手に入れていた多くの輸入品を、急速にその都市の市場に向けて生産するようになり、従って、輸入品の構成を急激に変え続けると、その都市の輸出は、以前と同じ量にとどまるか、ふえるものだ。

その場合、以前の輸入品を生産するようになった産業が生み出した都市の成長は、その都市にとってまさに純増である。つまり都市経済の絶対的な拡大だ。しかし、前の輸入品を地元で生産するようになり、他の仕事がその都市でふえているにもかかわらず、特異な環境のために輸出事業が急激に衰退することも、時にはある。その場合、その都市の成長を持続させるためには、明らかに、輸入品の置換え作用がその責任を果さなければならない。

ロサンゼルスで、この特異な事態が第二次世界大戦の末期に起った。当時ロサンゼルスで、新しい財貨やサービスが地場生産されるようになったことは、輸出の巨額な損失を償ったばかりでなく、よりいっそう成長をはかるために責任を果した。第二次大戦中、ロサンゼルスからの輸出は非常にふえた。戦時の不足にもかかわらず、ロサンゼルスが受取った輸入品も、またふえた。これらの輸入品とは、この都市で生産していた戦時物資に関係した製品や、労働者とその家族の衣食住をまかなう品物だった。だが、大戦の終結を前に、輸出は衰退し始めた。その後六、七年の衰退ぶりは、さらにひどかった。主な損失だけを述べてみよう。

ロサンゼルス最大の産業だった航空機産業は、一九四五年の終りまでに約四分の三の労働者を解雇した。その後、一九四〇年代の残りの歳月の間にも、その落込んだ水準で操業され、時には、もっと低い水準で操業せざるを得ないこともあった。*2 ロサンゼルス第二の戦時産業だった造船業は、ほとんど閉鎖状態になった。ハリウッドの映画産業も衰退の道を歩もうとしていた。かつてロサンゼルスの最大の輸出品で、一九四六年までは重要な輸出品だった石油は、その後、この都市の輸出経済にとってマイナス要因になった。ロサンゼルスの住民が多量にガソリンを消費するようになったため、ロサンゼルスの石油事情は「赤字」に転落し、石油の輸入都市になってしまったからだ。ロサンゼルスで最も古い倉庫業者の中には、店じまいする者も出た。これら倉庫は、この都市の後背地で育ったかんきつ類、くるみ、アボカドを全国へ流通させる際、拠点の役割を果した。郊外に高速道路を建設するためとか、ふえるロサンゼルスの人口に食糧を供給する野菜畑を作るために森林が伐採されたのと時を同じくして、こうした損失に見舞われたのだ。一九四四年から四五年にかけて、ロサンゼルスの輸出産業がこうむった輸出産業の損失の総計を語る数字を、私は発見できなかった。だが、航空機産業の労働者だけでも、一九四四年の二一万人から一九四五年の終りには六万人に減ったし、造船の労働者もこの間に、九万人から一万八〇〇〇人に減ったことは確かだ。この事実から、何か知恵がわいて来よう。その後にも、両産業の労働者の数は、減少の速度はにぶったものの、相変らず減り続けた。輸出産業ばかりか、他の産業で働く労働者も、また減少した。それらは、輸出産業に部品や工具やサービスを売っていたり、輸出産業に働く労働者とその家族に、いろんな財貨やサービスを供給していた産業だった。輸出の乗数効果を受けていたこれらすべての産業は、輸出産業の衰退とともに衰微したのだ。

*2――これと同種の衰退は、アメリカの巨大産業にはほとんど起らなかった。巨大産業とは、シカゴの製鉄産業――一九世紀から二〇世紀への変り目にピッツバーグから手に入れていた輸入品を地場産業として置換え始めた――、自動車産業、化学産業、衣料品産業、建設産業などでそれらすべては、戦時産業からすばやく転向していた。

一九四九年にロサンゼルスの輸出経済は底をついたといってよかった。大恐慌以来、最悪の低迷ぶりではなかったろうか。第二次大戦が終った時、実に多くの人が、ロサンゼルスはきびしい経済的な不況と恐慌に陥るだろう、と予言した。ロサンゼルスが戦時産業とその乗数効果に寄りかかって成長するしか方法がなかったならば、そうした予言は当っていただろう。だが、実際にはロサンゼルスの産業や事業は衰退しなかったのだ。縮小どころか、拡大を続けたのだ。一九四九年のロサンゼルスには、かつてないほど多くの職場があった。輸出が縮小し続けていた一方で、ロサンゼルスの経済は拡大していた。一体、どうしてだろうか。もちろん、ロサンゼルスが輸入品を高い率で置換え続けていたからだ。

新たに生れたこれら地場企業の多くは、地元に新設された会社か、あるいは昔からあった会社が、新しい事業を付け加えた形で行なわれた。どの場合にも、たいがいの企業は、これまでの輸入品を置換えはじめた段階では、きわめて小規模なものだった。新設された企業は、古い二階建のビルやかまぼこ型の小屋や裏庭の車庫から、出発した。こうした企業は、のれん分けに似た分離方式で、急速にふえた。そして、鉱炉、引戸、自動のこぎり、くつ、浴衣、下着、陶器、家具、カーテン、手芸品、医療機器、科学的設備、技術サービス、その他数え切れない製品を世に送った。一九四〇年代の後半、アメリカで新設された事業所の八分の一は、ロサンゼルスで店開きした。それら新事業所のすべてが、輸入品を置換えていたわけではないし、また成功したわけでもない。試行錯誤が繰返された。だが、その多くは輸入品を置換えていたし、成功した事業所も多かった。

この当時発足した会社の中には、輸出企業としても成功しようとしていたものもある。よい例が、地元の住宅建設業者向けにガラスの引戸を製造した会社だ。この会社は、ダグラス・エアクラフト社の資材研究所の勤めをやめた若い技師によって、一九四八年に設立された。彼は、溶鉱炉を製造しようとしたが、すぐに時代遅れになってしまった。その後、二万二〇〇〇ドルの資本金で、若い建設設計士と組み、かまぼこ型の小屋でドア作りを始めた。その会社は地元で成功し、間もなく輸出企業にのし上がった。四五万ドルをかけて新工場を建設しようとした一九五五年には、アメリカ国内に手広く輸出する最大のガラス引戸メーカーになっていた。その当時ロサンゼルスで発足した新しい地場産業は、新しい重要な輸出品をたくさん生産しようとしていた。それほど重要でない輸出品となると、数え切れないほどの量に上った。

ロサンゼルスでは、こうした新しい地元企業が輸入品を置換えていく一方で、また別の方法によっても、輸入品が置換えられていた。これまでロサンゼルスに輸入品を送っていた多くの企業が、すでに大きな市場に成長したこの都市の近くでその財貨やサービスを生産するため、分工場を開設しようとしていたのだ。そんな企業のひとつが、デトロイトの自動車会社だった。ロサンゼルスに新しい分工場を作り、古い工場も拡張した。その下請業者たちも、ロサンゼルスに自動車部品を製造する分工場を開設した。デトロイトからみれば、自動車産業は地方に分散しようとしていたし、地方に分散しなければ保持していたはずの輸出産業を失おうとしていた。だが、ロサンゼルスからみれば、これまで輸入していた製品が地元で生産できるようになったので、自動車にかわる輸入品を購入できるようになった。ロサンゼルスの輸出品は、こうした分工場からも生み出された。間もなく、ロサンゼルスはロッキー山脈から西の地域一帯で「デトロイト自動車」の輸出都市になった。しかし、自動車をはじめ分工場で生産された製品は、他の土地でも生産していた、いわば標準的な製品だったため、全国的に行渡る輸出品までにはならなかった。

第二次大戦後の教年間、ロサンゼルスの輸入は輸出同様、以前の水準に比べて落込み、その後の停滞に比べても低い水準に陥っていた。それにもかかわらずロサンゼルスは、新たに地元で生産できるようになった財貨やサービスに必要な原料を、十分に輸入できた。これまで輸入していた財貨やサービスを地元で多量に生産できるようになったので、ロサンゼルスは、これまで「買う余裕のなかった」輸入品を手に入れることができた。ともかく、必要な財貨やサービスを輸入できた。最終生産物から地場産業に必要な原料に至るまで、ロサンゼルスはその輸入品の構成を大きく変えた。石油のように、以前には輸入されなかった品物を「剰余（余分な）」輸入品として手に入れることができた。また、他の土地の野菜畑でとれた農作物を、より多量に輸入するようになったように、以前から輸入していたが、地場産業として置換えができなかった輸入品のいくつかを、前よりも多く輸入できるようになった。こんなわけで、ロサンゼルスの輸入は、実際には衰退していたのだが、ちょうど輸出経済の拡大によって引起されたと思えるほど、増大したようにみえた。

ロサンゼルス以外の地域からみれば、同市は精一杯輸入していたのだ。ここで、もし輸入置換や輸入品の構成変化を経験しなかったなら、ロサンゼルスには生活水準の低い遊民が多数はびこっただろう。輸入置換がロサンゼルスの全経済活動を成長させたばかりか、アメリカをはじめ世界全体の経済水準も押上げたのだ。

シェークスピア時代のロンドンでも、輸入置換が、膨大な輸出の損失を埋合わせても余りある役割を果した。*3　一六世紀末から一七世紀初めにかけて、ロンドンは国内の他の土地から手に入れていた輸入品を、置換えていたに違いない。この時、新たに手に入れた輸入品は、多くの場合、地場産業に従事する外国労働者だったため、この輸入置換はきわめて鮮明だった。非常に多くの労働者が、ヨーロッパ大陸から仕事を求めて相次いでロンドンに殺到した。アンウィンによれば、当時クラークンウェルからホワイトチャペルに至るまで、移入してきた外国労働者の居留地があたふたと建設され、これらの地域は強い外国色を帯びていた、という。A・L・ラウズによれば、シェークスピア自身も、ロンドンに移住して頭飾りを作っていたユグノー教徒のフランス人の家庭に、しばらく下宿していた。また、ドミニコ会修道士も移住してきて新しい店を開き、これまでは海外にしか求められなかったぜいたく品を、イギリスに供給した。エリザベス女王が君臨したイギリスの黄金時代の経済的な成功——大船長たちの海外航海に最初の資金を提供した——は、その当時ロンドンが輸入品を置換えた、という幸運な環境の下で成立った、といえよう。イギリスが輸入置換を経験しなかったなら、この図は、どれほどに経済的に沈滞し、弱体をかこったことだろう。

＊3——この損失を引起した原因は、ロサンゼルスのそれとは別だが、その深刻さは、双方とも同じようなものだった。その当時、イギリスの対外貿易は不振をきわめた。これは、ロンドンが海外に大量に送っていた輸出（それと輸入）が、減少したことを意味した。さらに、ロンドンが国内の他の都市や農村に送っていた国内向け輸出品も、激減してしまった。なぜなら、その当時、ロンドンを除くイギリス国内のすべての都市がありがたがって——事実、自ら好んで——経済的な沈滞に陥っていたからだ。

いま検討している論点を離れてみても、この停滞の性格は、きわめて興味深い。これらの地方都市では、職人が自分の意志で自由に輸出事業を営める、という既得権をはく奪された。新たに輸出組織や輸出事業を持つことが、抑圧されていたのだ。たとえばニューカッスルの職人たちは、自分の意志で荷物を輸出入することを許されなかった。ニューカッスルの貿易権は、その政府によって許可され、その都市の権力機構を支配していた人たちが設立した商人同業組合が、貿易を独占した。職人たちがこの禁制を破ったり、商売がたきの商人が絶対に現れないようにするため、船主や商人が製品を輸出しようとする職人の代理業務をやることを、法律で禁止した。

イギリスの古い都市の多くは、当時陥った衰退を払いのけることができなかった。それ以後、程度の差はあるが、どれも活気を失った都市になってしまった。その衰退は、明らかに、独占的な貿易会社や閉鎖的な体制を確立していた古いギルドによって引起されたものだった。しかし、成長の一歩を歩みかけていたバーミンガムの馬具業者たちは、この種の衰退を避けようとしていた。バーミンガムやシェフィールドは当時、なんとか都市を形成し、発展し始めていた。イギリスの他の多くの土地が、力はあるが退廃的で沈滞し切ったギルドや貿易会社に支配され、経済的な自由を失っている中で、バーミンガムやシェフィールドは、昔ながらに経済的な自由を確保していた。

これまでに述べたように、輸入品が置換えられる一方で、輸出が減少する、という事例は、例外的な場合だ。普通、輸入品を地元で生産するようになった場合、その都市の輸出は衰退しない。輸出も同時に拡大すれば、その都市の経済は輸入置換と輸出乗数効果の二つの力が結びついて、拡大する。しかし、この場合にも、輸入置換が引起す巨大な経済的な力を、輸出の乗数効果から識別できる。その場合、輸出の成長だけでは説明できないほど急激な成長を経験するからだ。たとえばシカゴは、最初の輸入置換を経験した一八四五年から五五年にかけて、人口は一万二〇〇〇人から八万人にふえた。ほんの一〇年間に約七倍にもふくれ上がった。遊休人口の増加ではなく、労働機会を持った人々がふえたのだった。つまり、シカゴの経済が成長したのだ。当時のシカゴは貯蔵基地だった。主に小麦粉や木材を貯蔵、中継し、五大湖を渡ったり、新しくできた鉄道を使って東海岸に輸送した。またシカゴは、東海岸から中西部へ向けた輸送基地の役割も果した。シカゴの倉庫産業は成長を続け、すでに生み出されていた新しい輸出産業——機械製造、造船、小規模な地方銀行——も拡大を続け、元の姿をとどめぬほど大きくなった。だが、シカゴに驚異的な成長をもたらしたのは輸出乗数効果だ、といい切れるほど、シカゴの輸出は拡大したわけではなかった。

当時のシカゴでは、地元の市場向けの生産が、異常なほど急速に発展していたのだ。多くの輸入品を手に入れるやいなや、置換えていった、といってよいほどの速さだった。このことは、次のような事実から明らかだ。この一〇年間（一八四五―五五年）のはじめのシカゴは、他の小さな中西部の貯蔵基地と同様に、他の都市で生産された製品はすべて輸入しなければならず、どんな辺ぴな町でも生産できるといったたぐいの製品だけを、地元の市場に供給するに過ぎなかった。だが、その一〇年の末期には、他の都市で生産されたありきたりの製品は、あらかた地元で生産できるようになり、いくつかのぜいたく品も作れるようになった。柱時計、腕時計、薬、家具、ストーブ、台所用具、もろもろの道具、建設資材を、地元の市場向けに供給した。

一八五五年のシカゴは、すでに工業都市になっていたのだが、まだそうとは受取られなかった。近接した後背地を除いた他の地域に、工業製品をほとんど輸出していなかったからだ。しかし、シカゴに住む人々や生産者向けの生産は、盛んだった。その製品は多種多彩で、特定の製品を取上げて論じてみてもあまり意味がないほどだった。こうした現象は、都市がきわめて多くの輸入品を急激に地場産業として置換えていく時に、起りがちだ。

世界中の巨大都市は、輸入置換と爆発的な成長を語るエピソードを、何度も繰返してきた。ロンドンがそのエピソードを経験したのはいつだったか、だれも知らない。一三世紀に、ひとつのエピソードを経験したことは確かだ――当時、ロンドンが置換えた輸入品の中に、これまでディナンから買っていた真ちゅう製の容器があった。ディナンは真ちゅう製の容器を独占していたが、輸出先を失った時に、その輸出損失を償うほどの新しい輸出品を作り出せなかった。しかし、ロンドンにとって、最初のエピソードではなかっただろう。一方、パリも、ロンドンと同じ時期にディナンからの輸入品を置換えた。一二世紀のパリは、商工業の中心になっていた他の六都市よりも小さかった。他の都市に比べて特色がない、ということで知られていたに過ぎない。しかし、一三世紀になって急速な成長を遂げ、他のフランスの都市の五、六倍の規模になった。この成長は、輸出の拡大では説明できない。地元の経済の驚異的な発展でもたらされたのだ。すなわち、パリがその住民や産業に向けて供給したものの総計が、経済成長を引起したのだ。

古代ローマの最初の爆発的な成長――少なくとも初めての重要な成長――は、紀元前四世紀の初めに起った。その当時、ローマの長老たちは、移住促進計画を作る一方、移入をはばんで大きな成長を食止めようとした。しかし、地場企業が引起した巨大な経済力は、とどまることがなかった。私の知る限りでは、この発展は、当時のローマの輸出成長では説明できないので、「地元経済の拡大」と述べておこう。この大発展はどうして起ったのか。この疑問は、ローマの征服からも説明できないため、長い間、歴史家を悩まし続けてきた。ローマの最初の征服――ローマ帝国とその直後にイタリア半島を征服した――は、この最初のエピソードが起った後に行なわれた。ローマが成長するにつれて、古代の都市国家も、比較的ゆるやかで、海のものとも山のものともわからない初期の成長段階から、規模もその経済力も、突然ロケットが飛出したように急上昇した。

都市がひとたび成長を始めれば、どんな都市でも、驚異的な力を伴った爆発的な成長を経験する。農村や町では、こんなわけにはいかない。成長のあと、都市に脱皮することもない。だが、ほんの短期間、成長を経験しただけで、その後決定的に沈滞してしまった小都市でさえ、その歴史に、少なくとも一時期、異常なほど急激な経済成長を刻み込んできた。そうした小都市の建造物の建設時期を調べると、急激な成長がいつ起ったかを知ることができる。それらの建造物には、ほんの短期間で建設されたものが多い。

都市が輸入品を置換えると、輸入置換をしない時よりも、より多く輸入するようになる。だが、購入先を別の都市に移すので、これまで購入先にしていたいくつかの都市からの輸入は減る。買手だった都市が、自力で同じ製品を作るようになった際、輸出品を失う都市はどうなるだろうか。その場合、活発さを失った都市は、敗れ去る。[*4] 沈滞し切った都市は、損失を償うために必要な別の輸出品を開発できない。創造力にあふれた都市は、古い輸出品に代る新しい輸出品を開発していく。輸入品の置換と輸入品の構成変化は、創造的な都市に新しい発展の機会を提供する。そんな都市が、かつてないほど新しい輸出品を作り出せば、また広い新市場を見つけ出すことができよう。

*4――沈滞し切った都市が、その輸出産業が旧式になったり、農村に移転してしまったため、輸出を失う場合も同じだ。

輸入置換の乗数効果

私が育った都市、ペンシルバニア州のスクラントンは、一九〇五年から二〇年にかけて、最初にして最後の急速な輸入置換と爆発的な成長を語るエピソードを経験した。この成長は、二つの原因が結びついて起った。スクラントンの輸出はふえていた。[*5] また、ありふれた製品だが、それまでは輸入していた多くの製品を、地元で生産するようになった。それらは、ビール――合法的には禁酒法の制定まで、その後は非合法に作られた――、文房具、墓石、株式仲買業、マットレス、ポテトチップス——発生地の名を取って、サラトガ・チップスと呼ばれた——などだった。さらに、他のいろんな財貨やサービスが、スクラントンの地元経済に急速に付け加えられた。子どものころの私に大きな意味を持っていたので名を上げるのも楽しいが、それらの財貨やサービスの中に動物園、博物館、公立中央図書館があった。いくつかの病院、風通しはよくないが堂々としたクラブ・ハウス、百貨店、消防や公衆衛生機関など市の公共建設物、それに市電も新設された。アメリカ国内で初めて姿をみせた市電——その後になって、紫紅色、銀色、明るい水色に塗られ、さらさ模様のシートカバーが張られた——を除けば、これらの財貨やサービスは、他の都市ではすでにおなじみなものばかりだった。他の都市でおなじみとはいえ、スクラントンでは目新しいものばかりだった。他の土地から輸入されたことさえなかった。小都市では、爆発的な成長が続く間、他の都市ではすでにおなじみになっているが地元では手に入れることもなかった財貨やサービスが大量に、ほとんど間断なく押寄せ、「都市を巻込んでうず巻く」。そのうずまきは、金融事業や法律事業、倉庫業でも印刷業でも、広範囲にわたって巻込むだろう。

＊5——特に、石炭、繊維、郵便によって人々を教育する通信教育。繊維工場の大部分は、炭鉱作業員の妻や娘たちの安い賃金をねらってスクラントンに移転、立地された工場だった。通信教育はスクラントンから興った。発足当初の生徒は主に、若いころ働くために学業を捨てなければならなかった作業員たちで、職人の責任者や監督者や炭鉱技師の資格を得るため家庭で勉強していた。その後、炭鉱作業員用のコースも加え、多くの学習コースを用意した。間もなく、世界中の多くの国々から生徒が入学した。

経済は、また別の方法でも成長する。輸入品を置換えると、都市は、その製品を輸入していた時よりも大量に、地元の市場向けに生産するようになる。輸入品を置換える行為そのものが、より多くの仕事を生み出すわけだ。スクラントンがひとたび墓石を生産し始めると、その都市の墓石職人の仕事がふえ、墓石の買手もふえる結果になった。シカゴが地元でランプを作るようになると、ランプを使う人がシカゴでふえた。ボストンから砂糖づけ製品を輸入していたサンフランシスコがジャムやゼリーの生産を始めると、サンフランシスコの住民はジャムやゼリーをたくさん食べるようになった。ほんの一、二の輸入品を都市が置換えるだけなら、地元の市場に起る以上のような成長は、わずかな規模にとどまるだろう。しかし、多種多様な輸入品を間断なく急速に、あるいは同時に都市が置換えるなら、それらの品目に対して地元の市場は、以前の姿をとどめぬほど大規模になる。輸出の増大が乗数効果を生み出すのと同様に、輸入品の置換も乗数効果を生み出すのだ。だが、双方の効果には重大な違いがある。

輸出乗数効果の場合には、輸出の拡大に伴って手に入れた輸入品のいくつかは、直接、輸出事業に向うものだ。たとえば、ピッツバーグが輸入した鉱石は、鉄鋼として輸出され、ニューヨークが輸入した繊維のうちかなりの量が、衣服となって輸出される、といった具合だ。輸出で手に入れたその他の輸入品だけが、地元の経済に振向けられる。だが、この場合でも、その多くは間接的に輸出に向うことになる。一方、輸入置換—乗数効果の場合には、いろんな——地元経済に付け加えたように見える——輸入品はどれも、間接的にも直接的にも、その都市からの輸出品にはならない。そのすべてが、地元の経済に付け加えられ、経済は成長する。その結果のひとつとして、ゼリーとかランプとか、墓石を地元で生産するようになると、その生産量は、輸入していた時よりも多くなる。さらに、他の都市ではすでにおなじみになっていたが、その都市では目新しい財貨やサービスがどっと押寄せ、その都市を巻込んでうず巻く。従って、その都市の雇用人口がふえるので、輸入置換の過程にはいる以前に、その都市が地元でなんとか生産していた財貨やサービス——たとえば住宅、アイスクリーム、小学校教育——の生産もふえる。

以上を総合すると、輸入置換が引起す乗数効果は、輸出の成長がもたらす乗数効果よりもずっと強力だ。輸入品が構成を変え、そのすべてが地元の経済を膨張させるからだ。輸出の拡大に伴って手に入れた輸入量が、輸入置換によって得た輸入量と同じ量であっても、輸入置換ほどにはその都市を成長させない。都市が輸入品を置換え輸入品の構成を変える、というエピソードを経験した後には、その都市は、そのエピソードが起る前に比べるとずっと大規模になる。地元経済は絶対的に拡大するばかりでなく、輸出と輸入に対する比率も大きくなる。

特に巨大都市について、その都市の地元経済に占める輸出経済の比率を示す正確な統計が、今日残っていない。そうした統計を求めるため、多くの努力がされてきた。しかし、やっと手にはいった統計は、財貨やサービスのゆくえに従ってではなくて、活動面——たとえばサービス、輸送、製造、建設、娯楽など——に従って分類しているため、当て推量がたくさん含まれている。さらに重大な欠陥がある。輸出する財貨やサービスと、地元の経済に向けられた財貨やサービスとを区別する作業が行なわれていたとしても、その分類がひどく貧弱だからだ。一般的に行なわれている分類は、地元の住民に向けられる財貨やサービスを意味する「非基本的」活動と、その他の「基本的」活動とを区別することだ。私は、大体この名づけ方が間違っていると思う。ともかく、この分類によると、後者の「基本的」活動は通常、輸出産業に供給される生産財やサービスを意味する。しかし現実には、「基本的」活動として、輸出産業に向けられた生産財やサービスが果して地元の消費財やサービスに向けられなかったのか、という点になると、大変な混乱がある。こうした分類は荒っぽくて、利用すれば間違いを起しかねないのだが、都市が大きければ大きいほど、輸出や輸入に対してその都市の地元経済の比重が高いことを、それらの統計は大概明らかにしている。*6

*6――たとえば、ある研究は、以下にあげる「基本的」経済を一〇とした、「非基本的」経済の数字を次のように明らかにしている。ニューヨーク（二一）、デトロイト（一二）、シンシナティ（一七）、アルバケルケ（一〇）、マディソン（八）、オシトッシュ（六）。これらの都市は、人口が多い順に並べられている。もし輸出産業に向けられた生産財やサービスと輸出それ自体とを、もっと厳密に区別していれば、以上の都市の差はもっと大きかっただろうし、おそらく驚くほどの差になっていたと思う。

なぜ巨大都市は、その規模に比例して大きな地元経済を持つのか。輸入置換とその強大な乗数効果が、その理由を説明している。輸入置換の過程をグラフで見たいと思う人のために、都市の規模に比例して都市経済の諸分野で起る変化とともに、一連の図式を付録の第二節にのせた。

それでは、なぜすべての都市が、次から次に輸入品を置換えるとは限らないのか、という疑問が起きよう。ロンドンのような都市は何度も輸入置換を経験したのに、スクラントンのように、たった一度しか経験しなかった都市があるのは、なぜだろうか。その答えは――。もし輸入置換を語るエピソードを経験した後、新しい輸出品を創造できなかったならば、その都市は、次に置換えるべき輸入品をほとんど持たなくなってしまうからだ。つまり、その都市は、次のエピソードを生み出す「糧」を持たなくなってしまう。都市の輸出品の創造をはばむ過程は、しまいには輸入置換過程も殺してしまうのだ。

過去に輸入置換を経験し、そのおかげで強力な地元経済を持つようになった都市が、改めて急速な輸入置換をやる場合、その都市は、それまで手に入れていなかった財貨やサービスを付け加えていくだけの余力を、地元経済に貯えていたことになる。電気、電話、室内水道施設などを初めて使ったのは、すでに巨大な規模に達し、しかも急速に成長している都市であった。最も速く伝染病を克服したのも、そんな都市だった。今日緊急対策が必要な問題を最初に克服し、別の緊急問題を一番先に生み出すのも、そうした巨大都市だろう。他の都市でまだ「慢性」なのに「急性」になってしまった重大問題を克服するためには、新しい財貨やサービスを受入れるだけの強力な余力を、地元経済の中に貯えていなければならない。

さらに、巨大都市は、学問や芸術の隆盛も受入れる余裕を、その強大な地元経済の中に貯えている。シェークスピアの演劇は、それを受入れるだけの余力を持った都市で育った。シェークスピアの天才ぶりを述べているのではない。ニューカッスルや、この場合、シェークスピアが生れたストラトフォード・アポン・エーボンの地元経済よりも、ロンドンの地元経済が彼の天才を受入れるだけの余裕を持っていたことを論じているのだ。

巨大都市はまた、その規模に比例した大きな地元経済の中に、多くの新しい物を付け加えながら、古くからの技術や組織を保存する余裕も持っている。活気を失い停滞し切った都市に、映画がはいってくると、オペラ劇場は店を閉じ、映画館に転身する。両者を共存させるだけの余裕が、その都市の地元経済にないからだ。テレビがはいってくれば、映画館も閉鎖することになるだろう。だが、多くの輸入品を次から次に置換えている都市は、古い物も新しい物も、寄せ集めて収容する余力を持っている。都市が新しい財貨やサービスを最大限に付け加えたその時に、その地元経済もまた、最高の速度で拡大を続けるのだ。

巨大な規模を誇り、しかも急速な成長を続けている都市が、かつて手に入れたことのなかった財貨やサービスを地元経済に付け加えるための絶好の機会に出会っていながら、その好機を賢明に、生産的に生かすとは限らない。浪費されてしまうこともあろう。現に、浪費されてしまったことがたびたびあった。旧約聖書に出てくるバベルの塔——古代人がシナイの地＝バビロニア＝に建設した、といわれる未完成の塔。神が人間の虚栄心を怒ったため、建設が中断した——が、そのよい例だ。昔々、ある都市が、その地元経済の成長をもたらす絶好の機会に出会ったのだが、不毛な虚栄から、その生かし方を誤った。だが、経済上の大切な好機を浪費したからといって、新たに創造された財貨やサービスを生み出す機会が生れてくる、という事実は否定できない。ある時、ある場所で、人々はその好機を十分に生かし、きわめて創造的で有益な業績を世界にもたらしてきた。

爆発

ここで話を元に戻して、成長を始めたばかりの若い都市について検討を加えてみよう。第四章で述べたように、そうした都市は、その貧弱な地元経済の中から新しい輸出品を生み出そうとする。輸出の拡大と歩調を合わせて、安定しているが、ゆっくりした速度で、その都市は成長する。その歩みがどんなにゆるやかでも、新しい輸出を次々に生み出し続けると、遅かれ早かれ、その都市の輸入品も膨大な量になり、多彩になるに違いない。ある時点で、これら輸入品のいくつかの生産が、この小都市でもきっと経済的に可能になるだろう。

都市に住む人々が、地元の経済に新しい産業を付け加えるための仕事にすでに手をつけ、これまでの輸入品を地元で生産できるような適地を見つけ、資本を持ち、さらに公的にも、暗黙のうちにも、輸入品の置換を禁止されていなければ――植民地経済などの場合、輸入品の置換を禁止されることがよくある――、間もなく、いくつかの輸入品はその都市の地元産業として置換えられるだろう。そうなると、その都市は、この新しい産業のおかげで成長すると同時に、輸入品の構成を変え、輸入置換がもたらす乗数効果を通して、地元産業はいっそう拡大する。さらに、その都市は、多種多彩になった輸入品のいくつかの生産が、経済的に可能になる土地となるだろう。改めて輸入置換が行なわれ、輸入品の構成を変え、その都市はさらに拡大する。輸入置換が始ったばかりの段階では、予想もしなかった財貨やサービスの生産を経済的に可能とする都市に、成長する。そんな都市には、いろんな輸入品がどっと押寄せ、次々に置換えられる。こうした段階に達すると、都市はきわめて急速に拡大するので、輸入置換を始めたばかりの時、輸入品の構成を変えたために手に入れた新しい輸入品のいくつかも、置換えるようになる。都市が自立し加速度的に発展する過程を要約すると、以上のようになる。輸入置換を語るエピソードは、ひとたび力強く歩み出せば、きわめて巨大な経済力を引起すので、その帰結点に達するまで、息を休めることなく活動し続けよう。

しかし、そのような成長する都市では、きわめて多くの輸入品が置換えられるので、今手に入れている輸入品を以下に述べるようなものに大幅に変えていく時代がきっと来よう。(a)農村で生産される財貨(b)地元で生産しても利益があげられないほどの小さい市場しか期待できない財貨やサービス(c)技術的な生産能力を持たない財貨やサービス――などに、輸入品の構成を変えていこう。都市が、以上に述べたような成長過程を経験し続けている時に、もしその都市の輸出も膨張するなら、その都市の輸入品は構成を変化させるばかりでなく、量の増大はもちろん、その種類も多彩になる。この際、輸入品の中で輸入置換に向けられる候補は、輸出が成長していない場合に比べてずっと多い。あるいは、輸入品のいくつかの地元生産が、経済的に可能になる時期が早まろう。このように、急速な輸出の拡大は、輸入置換と爆発的な成長のエピソードを、引延ばすことができる。あるいは、輸出の成長は、都市の爆発的な成長が起る間隔を短くし、次々に爆発的な成長を引起すことになろう。

一九世紀末から二〇世紀の第一・四半期にかけて、ニューヨークは巨大な爆発的成長を経験したが、その間、輸出も急速に膨張した。第二次大戦後の東京、香港、モスクワ、ミラノといった都市で起った爆発的な成長は、これらの都市からの輸出も急速に拡大したことによって強められたし、長い間持続することができた。爆発的な成長が死滅してしまってからも、都市はその地元経済に、きわめて有力な新しい輸出産業を持つ。この点は、次の章で明らかにしよう。

事実、都市が新しい輸出品を生み出し続けさえすれば、その都市は、輸出の避けられない損失――どんな場合でも必ず起る――を償うばかりでなく、将来、置換えることのできる輸入品を、たくさん蓄積できるわけだ。間もなくその都市は、輸入置換―輸入品の構成変化―急激な成長を語るエピソードを、改めて経験することになろう。

われわれはここで、以上の要約が正しければ、反復運動を続ける別の成長体系があることに気づく。この体系は、前の章で述べた成長体系よりも、もっと複雑だ。その作用はこうだ。ある都市が、将来置換のできる輸入品を蓄積する。次に、それらの輸入品の多くを、地元の産業で置換えることができるようになる。輸入置換によって、その都市は、より多くの輸出品を生み出すことができるようになる。輸出の成長によって、改めて輸入品を蓄積し、その多くの置換が可能になる。そして、より多くの輸出品を生み出すことができるようになる。こうした成長過程が、繰返し、反復する。

仕事や働き場所が、数からみても、その種類でも巨大都市に集中する状態は、仰天するほどだ。これほどの集中は、どうして起るのだろうか。その答えは、この反復体系にあると私は思う。

輸入置換と経済成長率

この章のはじめに述べたように、輸入置換の過程は、全経済活動の総計を拡大させる、という結果をもたらす。従って、この過程は、経済成長をもたらす要因だと私は思う。そう思える要因が、いくつかある。

一国の経済成長率——年次ごとのパーセンテージで表わす慣例——は、その期間の経済活動の中間取引を差引いた、経済の全分野の成長の合計だ。それは実質で出される。停滞し切った土地、衰退した都市などは、成長を示さない。急速な経済成長を続けている都市などは、平均よりも高い経済成長率を示し、実質の率を引上げる。もちろん、ひとたび爆発的な成長を示した都市が、連続して、しかも安定的に実質成長率を引上げるとは、限らない。爆発的な成長が、ほんの一時期だけの現象に過ぎないこともあるからだ。急速な経済拡大を続けている都市のすべてが、同時に、輸入品も急速に置換え続けているとも限らない。経済は、ポップコーンみたいなものだ。すべての粒が同時にはじけるとは限らないが、いつもコーンははじけ続けている。

一国の中で経済成長率で比較するよりも、輸入置換で比較した方が、もっと説得力を持つ状況がある。その状況が、輸入置換が経済成長を引起す大きな要因であることを示している。ここで、都市が輸入品を急速に置換している時、次の三つの結果が直接に起るという事実を、考えてみなさい。

一、経済活動の総計が急速に拡大する。

二、都市の輸入品の構成が変化するため、農村で生産される財貨に対する市場が急速に拡大する。

三、都市の仕事が急増する。

以上にあげた三つの結果は、高い成長率を示す経済が持つ三つの重大な特徴でもある。もし、以上の法則があてはまらない世界が存続しないとすれば、たとえば、農産物にとって恵まれた市場が急速に拡大している経済のもとでは、農業労働者の数もふえる、とだれも思うだろう。だが、全く逆の現象が、現実の世界では起る。農業が急速に成長すれば、それに歩調を合わせて都市の仕事も急増する。農村の仕事が急増するのではない。*7 一国の農業生産が急速に成長すると、農村での労働機会は相対的に、時には絶対的に減少する。この場合、これまでも述べてきたように、農村に残った労働者の生産性は、もちろんずっと向上する。

*7――もちろん、農村の生産が急成長すれば、必然的に都市の人口が急増するといっているのではない。経済が停滞し切った都市では、貧困

な農村から都市の遊民となる、という形で、人口がふえることもある。こうした現象は、高度に発達はしているが、停滞し切った発展途上の経済のような不振に陥った経済で、起りがちだ。アメリカでは、いまこの現象が広範囲に起っている。

先に列挙した三つの変化は、ひとつの経済の中で同時に起ることが昔から知られている。そこで、この三つの変化が起る時、どのように相互作用し合うかを明らかにするために、多くの試みが行なわれてきた。過去に行なわれた研究は、きわめて不満足なものだった。このために最近行なわれた研究として、ワシントンのブルッキングズ研究所・i が一九六七年に刊行した『なぜ成長率が違うか』というのがある。一九五〇年代に欧州共同市場が急速な経済成長を遂げるにつれて、労働者が農業から工業へ移動したことを、この研究は克明に明らかにしている。また、同じころアメリカの経済成長率は比較的ゆるやかだったので、農業から工業へ移動した労働者は少なかったことも、この研究は指摘している——この時期のアメリカでは、多くの労働者は農業から都市の遊民に落ちぶれるか、工業に従事する、という形で移動した。この点を、この研究は見落している。そしてこの研究は、次のような結論を引出した。生産性の低い農業に、どれだけ多くの労働者を収容しているか、どれだけ多くの労働者を農業以外の仕事に使っているか、によって、主に経済成長率が決定される、と。それならば、インドはどういうわけなのか。ミシシッピー、エジプト、ポルトガル、ペルーはどういうわけなのか。

・i——ブルッキングズ研究所（Brookings Institution）ワシントンにある政治、経済中心の民間研究機関。メリーランド州出身の実業家・慈善家ロバート・ブルッキングズ氏（一八五〇—一九三二）が中心になって一九二八年に設立、とくに第二次大戦後は議会の委嘱で国際収支、外交などのユニークな報告書を出している。

同時に起る三つの現象が互いに作用し合う、という仮定に誤りがあるからだ。それらの現象は、それぞれひとつの共通した原因から起った相異る結果なのだ。都市が以前買入れていた輸入品を、急速に地元で生産するようになったことにより、それらの現象が引起された、と私は考える。そうならば、低開発で持たざる国の農業を含んだ発展や繁栄は、その国の都市の輸入置換に依存しなければならないことになる。つまり、持たざる低開発国が発展するためには、低開発国の都市が自力で作り出し、互いに輸入―輸出し合っている輸入品を置換えるとともに、高度に発展した既開発国から手に入れている多くの輸入品も、置換えていかねばならないことを意味する。

もし日本が絹や他の原材料の輸出に頼り、絹などを売って手に入れた多くの輸入品を国内の都市で急速に生産しなかったならば、日本は開発の遅れた貧しい国になっていただろう。だが、日本の都市は輸入品の構成を極端なまでに変化させたので、それら都市の輸入品は、国内ではどうしても生産できない物を多く含むようになった。これが、鉄鉱資源をほとんど持たず、燃料の大部分を輸入に頼っているのに、日本が近代的な工業国に成長した理由だ。日本の都市は、蓄積した置換できる輸入品を浪費しないし、そうした蓄積を絶やすこともない。

未発育都市の父

第四章で都市がどのように成長するかを述べた時、未発育な都市がどのようにして最初の輸出産業を生み出すか、という問題には結論を出さずにおいた。また、未発育都市が初めに生み出した輸出品の市場を、どうしたら広げることができるか、という問題についても答えを出さなかった。どちらも、非常に重要な問題だ。未発育都市にとっては、最初の輸出品を受入れてくれる成長する市場が必要だ。そうでなければ、その地元経済の成長は望めないし、従って、次の輸出産業を生み出すこともできない。

これまでの定義によれば、初期の都市は農業社会だけを持ち、互いに各々が、最初の輸出品の買手になっていた。はじめは、その地域内でとれた自然資源だけを交換し合ったに違いない。各々の輸出品がふえるにつれて、未発育な都市の地元経済はゆっくりと成長し始め、都市周辺の農家から買う輸入品も、遅い速度だが次第にふえただろう。その後、その共同体内で作った加工製品を交換し合ったに違いない。そしてその加工製品は、輸入先の都市で置換えられただろう。つまり、農業以前の状態の小都市が、経済上の「借り」を互いにし合うようになったのだ。加工された輸入品が置換えられる際、いろんな例があっただろう。農村社会から買っていた野生食糧という輸入品が置換えられ、その間に、その未発育都市が爆発的に成長すれば、その後の都市形成は、もはや以前のような「運まかせ」ではなくなるし、その成長も歩みを早めることになっただろう。生れ変った未発育都市は、この時から、その最初の輸出品を受ける既存の大市場を、すでに爆発的な成長を続けている古い都市の中に見つけ出すことができたに違いない。現代でも、歴史上の時代でも、より古い都市が未発育都市の最初の輸出品に広い市場を提供するものだ。新しい都市の経済がどのようにして古い都市の市場に育てられていくかを知るために、こうした関係のいくつかを、時代をさかのぼって追跡してみよう。

香港からニューヨークに至るまで、数多くの若い都市が生み出した初期の輸出品に対して、ロンドンは広い市場を提供してきた。またロンドン市場は、停滞し切った都市に息を吹き返させる役目も果した。たとえば、コペンハーゲンは一九世紀の初め、貧しくて停滞し切った都市であった。その当時のデンマークは、世界で最も貧しい国のひとつだった。七世紀もの間、飢餓と疫病がその国の人口を、ほぼ一定水準にとどまらせた。長い貧困の間にも、時たまルーベーやアムステルダムの市場がデンマークの穀物や馬や牛を買ってくれる、といった恵まれた時期もあった。しかし、ほんの一時的な現象に過ぎなかった。この交易でデンマークは、新しい産業はもちろん、輸出品の新ルートも築くことができなかった——ちょっと驚くべきことだが、この貿易は農村に住んでいた地主たちの手で行なわれた。彼らは、港町に貿易の独占会社を設立していた。こうした商人＝地主以外の人々には、貿易をやる機会が与えられていなかった。一八世紀になると、オランダやイギリスの安価な農産物が豊富に出回ったため、デンマークはその初歩的な交易もほとんど失ってしまった。そこでデンマーク人は、飢餓と隣合せの生活を強いられた。デンマークが食糧を豊富に生産しようと思えば、それは可能だったろう。だが、これまで述べてきたような成長過程をデンマークが欠いていたために、食糧を豊富に生産しなかったのだ。経済を成長させる機能が働かなかったのだ。その後、一九世紀の第四・四半期にロンドンが爆発的に成長し、その輸入品の構成を大幅に変えたので、デンマークにも新しい好機が到来した。デンマークの生産物に対する需要が再び生れ、このたびはいろんな財貨がコペンハーゲンに集められ、そこから輸送された。コペンハーゲンで都市の成長を引起す新しい好機が、ついに有効に生かされたのだ。貿易や中継に向けられる供給産業から、コペンハーゲンは新しい輸出品を生み出すようになり、今日も創造し続けている。コペンハーゲンはごく短期間のうちに、これまでの輸入品のいくつかを地元で生産するようになり、輸入品の構成を変え、デンマークの農村地帯や他の多くの地域に広い市場を提供するようになった。

西部に向って進んだアメリカの経済成長は、農村の移動として描かれてきた。しかし、西部への拡大は、いろんな居住地を建設し、その多くは後になって急速に都市に成長した。これらの都市は、成長の道を歩み始めたばかりの時、西部の荒野にも、貧しい開拓者や入植者の小屋の中にも、最初の輸出品を受入れるだけの広い市場を見つけ出すことができなかった。それらの都市は、その市場——生存する上で欠かせない経済的な根拠——を、アメリカの東海岸地帯や海外の古い都市に見つけ出した。その後、西部の田園は、西部の都市にも市場を見つけ出すことができるようになった。

アメリカの東部やヨーロッパの古い都市は、時には一段階を置いて、未発育の辺境都市に広い市場を提供した。デトロイトが小麦粉という最初の輸出品の広い市場を見出したいきさつが、そのよい例だ。デトロイトの小麦粉は西インド諸島に輸出された。西インド諸島では、北米産小麦粉の市場が拡大したのだ。その後も拡大し続けたが、その理由は、ライムの実（イギリス海軍向けに）、ラム酒、テレビン油といった西インド諸島の生産物に対する市場がイギリスで拡大し、その後も拡大し続けたからだった。西インド諸島を一角に置いたいわゆる三角貿易は、イギリスの植民地だったフィラデルフィアをはじめ多くのアメリカの都市に発展の糸口を提供した。この三角貿易が成立ったのは、イギリスの都市、特にロンドンがその輸入品の構成を変化させ、市場を拡大させていたからだ。

シェークスピア時代のロンドンで起った輸入品の大幅な構成変化の影響は、最初の移住者がニューイングランドに到着する前に起っていた。ネイティブアメリカンのサマセット部族長は、でたらめな英語で最初の移住者に話しかけ、彼らを驚かせた。サマセットは、この当時すでに夏の仕事をして、イギリス製の船をあやつってコッド岬沖で魚を釣り、おそらくロンドン市場に出荷していた。サマセットは、彼の部族のために鉄製のおのを望んだ。この要求は、イギリスの漁師の反対で拒否されたようだ。そこでネイティブたちは、プリマスにできた新しい小集落に、おのの供給先になってくれるよう望んだ。そして実現した。プリマスは、最初の困難な時代が過ぎてから、大西洋の渡海で背負った負債や信用買いした品物の支払いを終えた。プリマスはビーバーの皮（主にネイティブアメリカンが買った）や羽目板といった財貨を輸出し、それらの輸出品に対してロンドンが市場を広げたため、プリマスの小集落は繁栄への道を歩み始めた。プリマスや、まだ未発育だったロンドンで製造された羽目板は、ロンドンの大火の復旧に役立ったに違いない。

しかし、ロンドンもかつては未発育な都市だった。他の都市に市場を提供するどころか、最初の輸出品を買ってくれる市場がなかったなら、ロンドンは成長への道を歩み始めることができなかったろう。ローマ帝国が衰亡した後、一〇世紀の末になって、未発育な中世の都市が出現するまでの間、つまり暗黒時代に、ロンドンはおそらくきわめて原始的な交易集落だったに違いない。ビードは、八世紀のロンドンを「多くの国々が海陸から寄集る商業の中心地」と記した。ロンドンでの交易はおそらく、当時デンマークのドラガーやバルト海沿岸の港で行なわれた原始的な交易と同様、季節的なものだったろう。ドラガーやバルト海沿岸の港では、毛皮や鉱物を一年の特定な時期だけ交易する習慣になっていた。これらの集落に住んでいた人々にとって、交易と略奪とをはっきり区別することが困難だったに違いない。交易といっていいのか、略奪といっていいのか、両者を区別できないことがしばしば起った。ロンドンが交易に向けた品物は、主に塩づけの魚だったようだ。八〜九世紀のこのような集落での交易は、最も初期の都市の、最も初歩的な交易といったものだったに違いない。その規模はきわめて小さく、成長したとしても、その歩みはきわめてのろいものだった。地域内で生産される二、三の自然資源を、互いに交換し合い、時たま加工製品と交換したこともあったが、そんな例はごくまれだった。

ロンドンを含めたヨーロッパ諸国の交易地が、きわめて初期の都市と同じほど、その市場を互いの交易地や農村社会に限っていたならば、ロンドンなど交易地の成長がどんなに緩慢なものだったか、という質問には答えられない。原始的なこれらの貿易拠点が、成長の後にはたして都市に成り得たかどうか、という質問に答えられないのと同じように。たとえば、ドラガーは都市に育たなかった。しかし、ヨーロッパの経済にとって幸運だったのは、これら八〜九世紀の交易拠点が、広い市場を提供してくれるような古い都市を持たなかったのに、次に述べるように、初歩的な都市に成長していく上で、最初の好機に出会うことができた、ということだ。というのは、一〇〜一一世紀のヴェネツィアが、爆発的な成長都市に発展し、ヨーロッパの西部や北部で生産された原材料に広い市場を提供したからだ。ヨーロッパに比較的テンポの速い経済成長をもたらしたのは、このヴェネツィアの市場だったのだ。ヴェネツィアは次のような品物を買った。革（とくにスペインのコルドバで加工されたコルドバ革）、すず（一部は英国から運ばれたようだ）、フランドル地方のフリーシアン布、羊毛（ロンドン経由ばかりでなく、他の多くの交易拠点経由で運ばれた）、パリやその郊外から買ったブドウ酒や羊毛、ドイツやロシアからの毛皮、バルト海沿岸の古くからの資源、琥珀《こはく》。

この貿易のいくつかは、三角貿易だった。たとえば、ロンドンが、成長したばかりのヨーロッパ内陸の小都市に魚を供給した。一方、ヨーロッパ内陸のコルドバは、成長の道を歩み出したばかりのロンドンの小さな市場に革製品を供給した。*8 その背後に、輸入品の構成を変えながら爆発的な成長を続けていたヴェネツィアの市場が控えていた。この貿易ルートは、北イタリアの港や内陸の交易地を経由してヨーロッパ大陸を西や北に延び、再び東にカーブして北海やバルト海経由で広がる、といったものだった。この経路は「下層民によって引かれた道」とピレンヌが述べたように、一〇世紀の遊牧商人がたどった道だった。

*8――ロンドンの初期の革職人が「コルドバウェーナー」と呼ばれた理由だ。この単語は後に、高級ぐつを作る職人を意味するようになったが、はじめは、高級でやわらかい革を扱う職人のすべてを意味していた。

だが、ヴェネツィアも、かつては未発育都市や農村社会に広い市場を提供するどころか、未発育な一小都市に過ぎなかった。五〜六世紀のヴェネツィア人は、貧しくて魚を常食とし、じめじめした住居で暮し、居を転々と変えていたようだ。まず彼らは、塩を生産した。塩を買ってくれる広い市場を、コンスタンチノープルに初めて見つけた。間もなく、木材も売込んだ。ヨーロッパの他の地域は、異教徒との貿易をけがらわしいもの、と見下していたが、ヴェネツィアの商人はイスラムの世界の古都と取引を始め、長い間続けた。

ヴェネツィアに広い市場を提供したコンスタンチノープルも、はじめから力を持った都市ではなかった。コンスタンチノープルもかつては、より古い都市に市場を求めねばならなかった。その先輩都市は、ローマ帝国内の都市だった。それらの都市は、ローマからコンスタンチノープル——以前はビザンチンの小さな古都に過ぎなかった——に移った政府機関ばかりでなく、商業機関にとってもお得意になってくれた。ローマは、これらの都市のいくつかに広い市場を提供した。それらの都市はローマよりも古かった。ロンドンの輸入品の構成変化がコペンハーゲンに息を吹返させたように、それらの都市もローマの輸入品の変化によってよみがえった。これまでの歴史でも、最大の市場をローマは提供した。カルコピノはその著『古代ローマの生活』の中で、次のように述べている。「オスティア、ポルタスの三つの港や、アベンティンの丘の下にあった市に、タイルやレンガがどっと押寄せた。イタリアからは酒や果物、エジプトやアフリカの小麦、スペインの油、ガリアからはシカ肉や木材や羊毛、バエチカの保存肉、オアシスのナツメヤシの実、トスカーナ（イタリア中部）、ギリシャ、ヌミディアからは大理石、アラビア砂漠の斑岩、イベリア半島の鉛、銀、銅、シルテスやモーリタニアの象牙、ダルマティアやデーシェアの金、カシテリデス（今のシチリア島）のすず、バルト海沿岸の木材、ナイル渓谷のパピルス、フェニキアやシリアのガラス、東方の品々、アラビアの香、インドの香辛料、サンゴ、宝物、極東の絹」

こうした財貨の流れの背景に、輸入置換や輸入品の構成変化を語るエピソードを大規模に、しかも何度も経験したローマがあった。オスティアのピアッツァーレ・デッレ・コルポラツィオーニに設立された船大工の組織から、大きなヒントを得ることができる。ロサンゼルスに次々と分工場を設立した人たちと同じように、その船大工たちは、その仕事場を需要のある市場に移転させた。カルコピノが列挙したところによると、次のような土地に船大工たちが散らばった。アレキサンドリア、ガリアのナルボンやアーレス、サルディニアのカリアリやポルト・トッレス、カルタゴ、ヒポ・ディアリタス（今日のビゼルト）、クルビス（コルバ）、ミシュア（今日のシディ・ダウド）、グンミ（今日のボルジュ・セドリア）、マスラビアム（シディ・レカネ）砂漠の象牙港サブラッサ。

ローマばかりでなくローマ帝国の多くの都市も、輸入品を置換えた。現代の都市で起るのと同じように、置換えて地元で生産できるようになったかつての輸入品は、それを置換えた都市の輸出品になった。ロシアの古典学者で歴史家のミカエル・ロストフツェフ・2は、その著『ローマ』の中で、東洋デザインの陶器がローマ帝国中に出回った、と述べている。その陶器は最初、ギリシャや小アジアからローマに輸入されていた。紀元前二世紀になる前に、この輸入品はイタリアで置換えられ、イタリアの都市の特産物になり、輸出品になった。この現象は、北イタリアの都市で殊に顕著だった。「紀元後一世紀になると、南ガリアが競争に加わってきた」とロストフツェフは続ける。「一世紀の後半になると、その陶器の製造はさらに北に上り、二世紀にライン川に達した。これらの土地で製造された陶器は、北や北東の市場ばかりでなく、イタリアの市場も征服するようになった。同時に小アジアも、同じ流儀で南や南東の市場に同じ品物を輸出していた。二世紀に、西洋でも東洋でも、すべての土地が、かつては北イタリアでせん望の的だった陶器のランプをつけるようになった。事実、産業の大中心地に発した生産物が、各地で真似され、その模造品がすべての土地に出回るようになる」

・2——ロストフツェフ　ミカエル（Michael Rostovtzeff）ロシア生れのアメリカ古代歴史学者（一八七〇—一九五二）。元イェール大学教授。ローマやエジプトの経済史、とくに当時の農業経済史の研究で知られる。『ローマ帝国の社会・経済史』（Social and Economic History of the Roman Empire, 1926）などの著書がある。

現代と同様、古代でも、新しい輸出品を生み出せない都市は、買手の都市が輸入置換をする結果、敗れ去ってしまった。古代ローマでは、最も活発に輸入置換を続けた時代に、その全経済は急速に拡大した。だが、この間に、かつては手広く輸出していたギリシャの製品が「世界の市場からほとんど姿を消してしまった」。ギリシャの都市は、新しい輸出品を生み出すことができなくなり、そして沈滞してしまったのである。

ローマの繁栄がその頂点に達したかにみえた紀元二世紀に、不吉な停滞のきざしがほとんど全地域に広がり、西ローマ帝国の都市の成長率はほとんどゼロに落込もうとしていた。ロストフツェフは帝政後期についてこう述べている。「ごくわずかなぜいたく品を除けば、いまやどんな物も遠くに市場を見つけ出すことができない」。このことはもちろん、付け加えることのできる新しい産業がもはやなくなり、新しい輸出品がこれらの都市で生み出せなくなったことを意味する。また、置換えられるような重要な輸入品も、手にはいらなくなったことを意味する。轂《こしき》の小刻みな動きさえも止り、経済生活の大きな車輪も回転を止めようとしていた。[*9]

*9——新しい財貨やサービスの創出を止めるばかりでなく、古くからの生産物の改良も怠るようになった、後期の帝政時代について、たとえばロストフツェフは次のように述べている。「(製品の)品質は悪くなり、技術的にも美的にも劣るようになった。技術は単純になり、幾分旧式になった。……また、重要なことだが、廃墟や墓が、ローマの生産物の姿を無限に明らかにしている。これらの品々は実際、新しい発見が技術的に行なわれなくなり、初期の多くの発見がすたれてしまったという主張を、正当化している」

また、ローマ帝国の力と領土が頂点にあった時、遠くの属領に設立された新しい集落も、自立できる都市にはならなかった。初期のローマ属領の中心地も、自立できたのはほんの一時期だけだった。それらの土地は、むしろ行政府の中心地にとどまり、政治上の町に過ぎなかった。たとえば、ローマ帝国の行政支配がイギリスから撤退すると、その地のローマ人の集落は、またたく間に衰退した。それらの集落は、存続に必要な重大な経済的根拠を発展させることができなかったからだ。
これらの都市が、経済的な発展の機会を持った中心地でもはやなくなってしまった——かつては、こうした機会を持っていたが——事実を論ずるに当って、アンウィンは次のように述べている。その都市の居住者は、上司の役人にあまりにも抑圧されたので「農村に逃がれることさえも禁止されなければならなかった」。彼はどれいについて述べているのではない。「自由な」住民について語っているのだ。

底知れぬ沈滞と経済的滅亡に陥る前のローマに、話を戻そう。かつてローマは、その最初の輸出品を受入れる広い市場を必要とした、未発育な都市であった。ローマが遊牧民——彼らはまた泥棒でもあった——に占領された、とるに足らぬほど小さな集落に過ぎなかったころ、谷間に抱かれた小高い丘——この丘は、後にパラチンの丘となり、ローマの最初の宮殿が建てられた——に立ち、サビア人に占領されたもうひとつの丘と向合っていたころ、イタリア北部のエトルリアでは、一二の都市が繁栄を続けていた。その中で最も古い三つの都市は、ティレニア海岸にあった。若い都市は内陸にあった。これらの都市は、互いに交易し合っていただろう。フェニキア、キプロス、アッシリアの先輩都市とも、交易し合っていただろう。小アジアのエイラット山岳地帯でかつて栄えた都市国家ウラルトゥとも交易したに違いない。エトルリアの三都市は、ローマにとって最初の得意先になった。最初の、かけがえのない市場になった。それならば、それらの都市はどのようにしてローマに豊かな市場を提供できるほどに成長したのか。エトルリア人たちが輸入品を置換えたからだ、と私は思う。たとえば、エトルリアの都市はかつて、ウラルトゥや他の都市から金属製品を輸入していた。しかし、その後、エトルリア人たちは金属製品の偉大な製造者になった。都市近郊の鉱脈を掘尽した後、エルバ付近の内陸で鉄鉱の発掘作業に乗出した。

エトルリア人は輸入品の構成を変え、エトルリアの都市は以前、少量しか買わなかったり全く買っていなかった品物に対して市場を広げるようになった。ローマがその最初の輸出品を受入れてくれる好機を見つけ出したのは、その後である。ローマは、どんな財貨やサービスを供給したのか。革――獣皮だった、と私は思う。未発育な都市、ローマだったが、獣皮を貯蔵、加工し、輸送するだけの力を十分に持っていた。ラテン語で金を意味するペクニアは、獣皮（ペクス）から生れている。

すべての都市は、経済上の直接的な祖先、文字通り経済上の父を持つ、ということを私は述べているのだ。その祖先は、ひとつの都市であることもあるし、多数の都市であることもある。自然発生的に新しい都市が生れることはない。都市の経済的な生命の火花は、古い都市から若い都市に受継がれる。今日の都市は、はるか昔に廃墟となった祖先の都市に育てられて生きているのだ。ニューヨークはエリー運河――これはニューヨークのひとつの建造物に過ぎない――から発展したというよりも、ウラルトの孫―孫―孫―孫―孫都市みたいなものだ。つまり、ニューヨークの祖先は、ロンドン、ヴェネツィア、コンスタンチノープル、ローマ、エトルリア最古の都市ベトロニア、タルクイーニアにさかのぼる。この生命の輪は、時には危険なほど細くなったが、断切られることなく、クレタ、フェニキア、エジプト、インカ、バビロニア、シュメール、メソポタミアにさかのぼり、カタル・フユク、そしてカタル・フユクの未知の祖先にまで至るだろう。

❻大都市の輸出要因はいかにして生れるか

新しい輸出品や新しい輸出組織が都市でどのように生れるか、という主題に立戻ろう。この章では、すでに爆発的な成長を遂げ、従って、その地元経済もすでに巨大になっている都市で、以上の過程がどのように起るかについて検討する。

もし巨大都市の職業別の電話帳のページをめくれば、膨大な生産財やサービスに出会うだろう。ニューヨーク市の電話帳のPの欄のはじめを一例にとっても、次のような名前が浮んでくる。包装業者、食料品（食肉）包装出荷業、応答設備、絵筆清掃、ペンキ屋（煙突も含む）、パジャマ装飾、パレット掛、パンフレット調達、パンケーキ製造機、窓わく、緊急避難設備、縮尺彫刻、パパイア製品、紙袋製造機、紙コップ、紙の穴あけ機、駐車場、特許開発、道路舗装業、従業員名簿製造、真珠採取用具、穴あけ金具……。

いろんな仕事を提供する組織を豊富に提供できる都市で新しい輸出組織を設立するのは、可能だ。その組織が必要とする多くの財貨やサービスを、他人に依存して手に入れることができるからだ。ヘンリー・フォードは自動車会社を設立した当初、他人に依存した。フォードは、一人の業者から車輪を買い、別の業者からエンジン、他の業者から車体部分を、さらに他の業者からランプを買った、等々。その後になって彼の会社は、十分に自給自足できるようになった。だが、初めは、デトロイトの他の生産者の仕事に完全に寄りかかっていたのだ。

ニューヨークのロング・アイランドの郊外で、器楽増幅器（アンプ）を製造、全国的に売っている知人が、数年前、仕事の場所を選ぶ機会をたまたま持った。そのわけを知るためには、彼の前歴をちょっと知る必要がある。彼は一〇年前、ロサンゼルスのヒューズ・エアクラフト社をやめ、二人の仲間と同市に会社を設立した。そこで飛行機製造業者向けに、尾翼の防水装置の電子変換器を供給した。結構、繁盛した。間もなく、規模は大きいが業績は思わしくないある会社に、目をつけられた。いい値で会社を売却することに、仲間たちも同意した。だが、売買に当って買主が、競争を最小限にとどめたい、と要求、三人の経営者はそれぞれ――会社の売却とともに共同経営者の関係を解消したので――、売却前の会社と同種の会社をどこにも設立しないこと、カリフォルニアで事業を興さないことも了承した。

そんなわけで私の知人は、カリフォルニア以外の土地に、しかも売却前の会社と異った製品を作る会社を設立せざるを得なかった。会社を売って得た取分を資本金に回した。アンプを製造し、はじめから全国的に売りまくろうと決心した。だから、彼の製品を売込むのに、特定の地方市場にだけ関心を払う必要はなかった。発足した新会社が、必要とする財貨やサービスを供給してくれる土地の中から、彼の目がねにかなう土地を自由に選択できた。三カ月以上にわたるスカウト旅行を続け、二〇以上の都市を訪れた。しかしその結果、予想していたよりも選択の範囲が狭いことに気がついた。前の会社の買手との約束で「立入り禁止」だったロサンゼルスやサンフランシスコを除けば、ボルチモア、ボストン、ニューヨークが、彼の必要な財貨やサービス――そのいくつかは高度に技術的なものだった――を供給していた。その上、彼にはありふれた財貨やサービスも必要だった。彼が私に話したところによると、彼は販売カタログやパンフレットも用意してくれる企業がある土地を求めていた。彼が殺到する照会をさばく臨時事務所を提供してもらいたかったし、彼の販売努力を補い、販売体制が確立するまで、彼を助けてくれる移動販売員を提供する仕事も必要とした。

輸出業者が、他の人々が支配している地方産業に輸出品を付け加えるという形で新しい輸出産業を始める方法について、私は述べているのだ。その輸出産業に関係した産業は、既存の分業を構成している。新しい輸出産業は、もちろんそれに伴って、それ自身の新しい分業を増殖する。だが、普通の場合、新しい輸出産業は何よりもまず、地方で使われた生産財やサービスに依存する。時には、こんなこともある——。もしその成長が巨大で長い間続いているならば、その地方の爆発的な成長の直後に限って、新しい輸出品は以上に述べた方式で生み出すことができる。しかし、普通の場合、新しい輸出産業が安心して頼れるほどその都市で作られた生産財やサービスが多種多彩になる以前に、都市は爆発的な成長を何度も経験してきたに違いないし、他の方法で多くの輸出産業を生み出してきたに違いない。

一五世紀になるまで、中世の都市では、他人が支配していた地方産業に新しい輸出品が付け加えられる、という過程は、ロンドン、アントワープ、フランクフルトといった巨大な規模を誇った都市を除けば、あまり働いていなかった。これらの大都市で、この方法で生れた最初の組織は、新しい貿易事業だったようだ。これらの貿易事業は、遠隔地貿易の商人を多数生み出した。この新しい過程が起る前の中世の都市の商人は、一〇世紀に存在したヨーロッパの遊牧商人の継承者に過ぎなかった。だが、中世の都市の商人が成長するにつれて、彼らの分業は多岐になり、巨大な組織を持つようになった。彼らは、倉庫、会計事務所、駐在事務所、旅行事務所、船舶や、航海ごとに株券も持つようになった。彼らは、商品を提供した職人に資金を融通した。職人たちが自立し、自力で買手を見つけ出して輸出するようになるか、その古い事業に新しい事業を付け加えるまで、資金を融通し続けた。中世のヨーロッパで、輸出職人（親方商人）になるか、でなければ商家の出身か、結婚して商家の籍にならない限り、新たに商人になることは、きわめて困難だった。ほとんどの小都市では、ルネサンスの時代を通して、商人としての新規参入はむずかしかったし、時には不可能でさえあった。

だが、一五世紀の初めから中期にかけて、ロンドン、アントワープ、フランクフルトなどの都市で、事態は突如一転したようだ。そのころになると、これらの都市は、その地元経済に、独立した組織を十分に持つようになっていた。従って、そうした組織に原料を供給したり、必要な財貨やサービスを生産する組織に資金を融通しなくても、これらの独立した組織から財貨やサービスを引出しさえすれば、だれでも商人になることができるようになった。新しい商人は、自立した職人から信用買いし、品物が売れてから支払いをすませることができるようになった。契約しさえすれば、他人の建物に品物を保管してもらい、他人の船に船荷を預けることができた。他の都市の同業者に代理人になってもらい、その代りこちらも代理人になってやるようになった。

これらの新興商人を概観したイギリス人が一六世紀の初めに書いた論文を、アンウィンが引用している。「ロンドンの多くの商人は貧乏な家の息子から出世した者たちだ。彼らは、全分野にわたって恐るべき破壊をもたらした」と。この論文の著者が殊にきらったのは、この若い新しい商人との競争によって「古くからの富める商人たち」が一五世紀の後半に貿易事業から撤退し、かつて行なった経済活動のひとつ（金融）に専念せざるを得なくなったことだ。彼らは、職人に資金を融通する代りに、いまや新しい商人階級にせっせと金を工面した。この論文に述べているように、昔からの商人は「金の交換を職業とし……程よい高利貸に落ちぶれた」。彼らは貿易から手を引き、個人の金融業者になった。今日のマーチャントバンカーやインベストメントバンカーの間接的な祖先であり、今日のコマーシャルバンカーの直接的な祖先となった。「貧乏な家の息子から出世した」新しい商人階級からみれば、以上の出来事は、その都市の地元経済の中で、もうひとつの独立企業が利用できるようになったことを意味した。商人はもう、自前で会計事務所を持つ必要がなくなった。銀行ができたからである。さらに、その都市で独立した弁護士に頼れるようにもなった。契約とか訴訟が、なんとふえたことか。それに伴って、宗教的な意味で牧師の教育として始った教育に加え、世俗的な目的に沿った高度な教育もまた、さかんになった。

今日、都市の地元企業が多ければ多いほど、多種多彩な輸出品が生み出される固有の機会も、多くなる。ニューヨークと同様、ボルチモアでも、科学を基礎とした輸出品が、他人が支配していた地方産業に新しい輸出品が付け加えられる、という方式で付け加えられ得る。だが、輸出品を宣伝するための新しい雑誌の発行は、ボルチモアでは不可能だ。一方、ニューヨークでは、そんな雑誌を発行できるし、編集者の居間が発行場所だったりすることも、よくある。これが可能なのは、関係するすべての分業体制が、編集者の居間の外にすっかりでき上がっており、いつでも利用できるからだ。

近代都市でさえ、超巨大企業を除いたすべての企業が、地元の生産財やサービスを利用せざるを得ないのに、新規参入した輸出企業となると、地元の供給に極端に依存せざるを得ない。だが、地元の生産者にほとんど依存しないで、その都市の地元市場向けにだけ製品を作る組織を設立することは、必ずしも不可能ではない。ごく限られた生産財やサービスを供給するしかない、きわめて小さな町でさえ、町で雑貨店を営むことができるし、新聞販売なども可能だ。だが、なにかを輸出しようとすれば、多くの困難が立ちはだかる。はるか遠くに買手を見つけ、製品を供給することは、地元で買手を見つけ——あるいは、買手に目をつけられ——供給することほど、容易ではない。

ある人が、最初から輸出を手がける新しい組織を発足させようとすれば、彼はどんなに困難な仕事に立向わざるを得ないか、を考えてみよう。彼は、たくさんの試行錯誤の上で、生産を始め、製品の輸出に取りかからねばならない。と同時に、企業の中である程度自給自足できるような組織を設立しようとするなら、彼はもはや、超人的な仕事に立向うことになる。うまくいくとは、とても思えない。経済人によって適当な範囲内でそれが行なわれるのであれば、人間の能力内にある、といえるかもしれないが。フォードが、はるか遠くに自動車の買手を見つけ、供給する仕事に取りかかった当時、車内装飾、ランプ製造、車輪製造、エンジン製造はできなかった。他の人々が営んでいる地元産業に強く依存した形で、輸出業者として新規参入しようとした場合、必要な資本量を削減することはできる。だが、比較的小資本でもやっていけることとは、全く意味が違う。地方の財貨やサービスに対するこうした欲求は、本来、輸出業者として新規参入する過程がどんなに困難なものであるか、を示している。だが、このことは、大資本を持つ人々には、全くといっていいほど理解されていない。小規模で目立たぬ組織によって作られた、目立たぬ物であるために、地方の財貨やサービスに対する必要性は割引して考えがちだ。地方の組織は、新しい輸出企業にとって、ごくわずかのすき間を埋めるに過ぎないとしても、地方の組織は不可欠なのである。

ロックフェラー財団が最近インドで経験した出来事から、以上の論拠が明らかになる。

一九六〇年代の初期、ロックフェラー財団は産児制限をはかるため、プラスチック製の子宮リングを製造する工場をインドに建設することになった。財団は、インドの出産庁*1に働きかけると同時に、農村人口の都市への移動も食止めようとした。このための有効な方法は、一種の農村産業を興すことだ、と彼らは考えた。つまり、都市ではなく小集落に新工場を建設しようとした。彼らが工場用地として選んだ土地は、きわめて農村色の濃いウッタル・プラデーシュ州の小さな町エタワだった。インド国内ならどんな土地でもよい、といった選び方にみえた。機械設備はすべて輸入し、子宮リングをインド中に売りまくろうと考えた。工場は小規模だったが、近代的な機械設備を持っていたので、はじめから一日に一万四〇〇〇個の子宮リングを生産できた。作業工程は簡潔に合理化され、仕事を教えることは簡単だった。訓練された労働力がなくてもよかった。発電所の設置も検討され、可能だと判断された。資本はふんだんに持っていた。ウッタル・プラデーシュ州政府も、この計画に協力をおしまなかった。

*1——貧乏な人たちは、過度の繁殖によって貧乏を不滅にしている——と公式声明が伝えたこともある。

しかし、計画がひとたび動き始めると、すべてがうまくいかなかった。ニューヨーク・タイムズ紙が「失敗」と報道するほどだった。ある特定の問題がまずかった、というのではない。小さな誤りが、数え切れないほど起った。工具の到着も、故障品の修繕も、設計の明細書通りになっていない工場の手直しも、それに紛失資材の輸送も遅れた。発電機の設置は思うように進まなかった。なんとか完成させたものの、電力不足に悩まされた。さらに悪いことに、仕事が進んでからも厄介な難問が減ることがなかった。新しい難点が次から次に起った。疑惑がつのる中で工場は稼働を続けたが、将来にわたっても、稼働を続けることは不可能だ、ということが明らかになった。一年近くと多額の金が浪費されてから、エタワは見捨てられた。新しい工場用地はカンプールに選定された。カンプールは人口約一二〇万のウッタル・プラデーシュ州最大の都市で、インドの標準からみればその商工業は急速な成長を続けていた。間もなく、電気メッキ工場に、二つのあき部屋が見つかった。機械設置が導入され、労働者が雇われ、六週間もたたぬうちに工場は生産を始めた。カンプールには、用地や電力ばかりか修理用具、電気技術者、必要な原料もあり、必要品がカンプールにない場合でも、比較的便利な輸送機関を持っていたので、割と速く、インドの他の大都市から求めることができた。

エタワの小さな失敗から、大躍進運動と名づけられ、一九五七、五八年に作られた中国の経済計画が大きな失敗に終った理由を、引出すことができると思う。この計画の立案者たちは、ロックフェラー財団と同じく、都市の産業よりも農村の産業の方が、きわめて農村色の濃い国土の発展にとってより有効であると信じていた。本書の後で言及するが、ある意味でこの施策は、国防上の手段だったのかもしれない。だが、別の面からみると、農村の生産や農村生活は経済的にみて「基本的」なものだが、都市はうわべだけにすぎない、という伝統的な信念に、はっきり基づいていたのだ。ともかく、中国は大躍進計画を進めた。計画が進展するにつれて、中国の広報当局は、驚きをまじえて次のように報じた。――「一九五〇年の中国に、人口一〇〇万人を超す都市は五つしかなかった。だが、いまや一〇〇万人を超す都市は一三にもなってしまった」。つまり、忠告を無視して農村から都市へ人口がどっと流入し、都市で「非生産的」な仕事にありつこうとしていたのだ。大躍進運動は、中国の急速な工業化とともに、都市への人口流出を防ぐことをもくろんだものだった。計画によると、工業と農業の発展を結びつけることにより、毎年四〇％の超高度成長を遂げようとしていた。

毎年無数の工場を新設し、その大部分を五〇万の中国中の農村や町に分散させて、工業の成長をはかろうとした。これらの工場のいくつかは、都市と農村の中間地帯に住む人々に向けて生産された。だが、それらの工場の多くは、その地域内の集落に輸出品を提供した。この計画で他の無数の小さな溶鉱炉が建設され、その製品のいくつかは、既存の工業中心地に輸出するはずだった。大部分の工場は、小規模なものだった。英雄的な努力にもかかわらず、実際には、これらの工場は、ほとんど稼働しなかった。この計画は二年後に廃棄された。その試みは、経済的な死骸になってしまった。大躍進運動は、エタワの失敗を何倍にもした失敗に終った。

通信や輸送が思うようにならない中国やインドといった発展途上国でなら、新規参入した輸出産業が生産財やサービスに依存しようとすれば――あるいは、しなければならないとすれば――、地元で作られた生産財やサービスに依存せざるを得ない。それは、もっともなことだ。だが、割りと高度に発展した経済のもとで、そうした生産財やサービスを地方で調達しようとする要求が、なぜ起るのだろうか。結局、高度に発展した経済を誇る都市では、無数の多様多彩な生産財やサービスは、その都市からの輸出品になっているからだ。もしそうでなかったら、都市は成長しないし、その経済は発展しないし、拡大もしない。以上のことは、これらの生産財やサービスが見出されない土地ならば、どこでも容易に輸入できる、ということを意味しているのではなかろうか。

私の知人の若い科学者が行なった計画が、この質問の答えを教えてくれるだろう。彼は最近ニューヨークで、外の組織からの依頼である調査研究をした。彼は、その仕事を受入れる市場を持たなかった。しかし、ニューヨークで彼がどうして仕事をしたかを明らかにするため、彼は私に前月の買物リストを見せてくれた。それは、親切にも購入先ごとに分類してあった。


電機機具店から＝半導体整流計、三種類の精密抵抗器五個、ワニロクリップ一〇個、普通型抵抗器、電子回路の一覧表、絶縁銅線、乾電池、小型分圧計。

別の電機機具店から＝大きさの違う精密抵抗器二個、二電極二行程スイッチ。

実験用機具店から＝硫化アルミニウム、水晶を入れる標本つぼ、ガラス棒、ガラス製毛細管、グリス、にかわ。

機械機具店から＝ダイス型。

金物店から＝ドリル二個、絶縁鉄線、石綿入りセメント、めどつきネジ、乾電池二個。

別の金物店から＝真ちゅう製ボルトと引締めネジ。

機械金具店から＝ドリル、カネノコの刃、大型鉄製ボルトとステンレススチール製巻尺。

プラスチック機具店から＝二種類の厚さのプレクシガラス。

特殊鉄線を製造している小工場から＝二フィートの特殊ステンレス鉄線。

機械機具店から＝注文生産による軟鉄製円錐《すい》体。

科学機具店から＝特殊ミラーと特殊レンズ。

航空機機具店から＝三種類のゴム製Oリング。

最後の二つの供給先は、ニューヨーク市の外にあった。そうした供給先から買う場合、彼は自分自身、輸入業者の役割を果した。これらの供給先のひとつを見つけ、まさに彼が欲しい物を手に入れるまでに、このリストにあげた他のすべての品目を手に入れた時に比べて、二倍以上の時間がかかった。ともにニューヨークで、鉄製円錐体を作っていた機械製作工と、高精度の電線を作っていたメーカーは、彼に提供した財貨のまさに生産者であった。*2 たまたまマンハッタンの下町に集っていた他の八つの供給先は、それなら何なのだろうか。彼らは私の知人に、他の多くの土地で生産された財貨やサービスを供給していた。ニューヨークで生産された物がいくつかあったが、大部分は市外で作られた物だった。これらの供給者は、私の知人にとって輸入業者―彼の輸入購買課―または彼の「重要な輸入請負人」であった。もちろん、これらの供給業者は、私の知人がたまたま彼らの財貨を買うひとりのお客ということだけで、サービスしたのである。しかし、彼らのこうしたサービスは、きわめて多くの財貨がニューヨークに輸入されなければならないだけに、不可欠なのである。

*2――たまたまその機械製作工は、腕は確かなのだが、ほとんど文盲だった。彼は設計から仕事をしていたが、文字に頼って仕事をしてはいなかった。領収書を作る際、厄介な文字を並べるのを避け、彼は cone（円錐体）を come と書き、physics（物理学）は「Fi」とつづった。

エタワの失敗にちょっと話を戻そう。その後、インドの経済がもし著しく発展を続けるなら、いくつかの産業は、当初発展した都市からエタワとか、取るに足らぬ小さな町に移転するような時代が来るだろう。その場合、生産とか輸送問題はすでに解決されているので、これらの移転産業は営業していけるだろう。それらの移転産業は、必要な修繕、維持の組織を容易に見つけ出せるようになるし、しかもすぐ近くに持つようになる。さらに、そうした移転産業が必要とする物を見つけ出すため、都市に本店を持つこともあるだろう。だが、その時には、さらに新しい輸出組織がインドに生れ、それらの組織は、その産業を迎え入れてくれるような地元の都市の経済を必要としよう。事実、新しい輸出組織は、いまのところインドには存在しないが、もしインドの発展が続くならば、将来いつか、巨大都市の地元経済の中の生産組織や商店に見出せるような生産財やサービスを、地元の都市経済に求めることになろう。

地元産業への輸出

ローゼンタール夫人を覚えているだろう。彼女はニューヨークの地元経済の中で、注文服を作っていた。その後、彼女はその仕事に輸出事業（ブラジャーの製造）を付け加えるようになった。デトロイトのダッジ・ブラザーズ社は、オールズ社やフォード社に変速器や自動車エンジンを作ってやっていた。その後、各社とも自動車を輸出するようになった。以上あげた二つの事例は、どちらも、輸出品の生産が地元市場に向けて行なわれた生産に追加された例だ。どんな取るに足らぬ地元産業でも、いろんな輸出品を生み出す父の役割を果すことができる。今日、アメリカ最大の紙や薄板プラスチック食器器具や包装容器のメーカーにのし上がった会社のはしりは、紙製ミルク容器の目立たないメーカーであった。その会社は、シカゴで酪農家向けに製造していた。その後、同社の所有者が食肉用包装紙の製造を追加した。食肉用包装紙は、シカゴ内外の包装卸業者に売られた。各種の通信設備の巨大メーカー、フィルコ社とモトローラ社は、それぞれフィラデルフィア、シカゴという地元都市の経済の中で出発した。両社とも、他のメーカー向けに、ごく平凡な生産財だがバッテリーを生産した。その後、フィルコ社は、普通型のラジオを輸出品として追加し、モトローラ社はカーラジオを輸出品として追加した。

以上あげたどの事例でも、輸出産業はいろんな地元産業の懐の中で育ったばかりでなく、地元の産業から暗示も受けた。これらの生産者は、地元産業の中でその一歩を歩み始めた時には、将来、輸出業者になることを予想していなかった。だが、時には、その暗示の関係が逆になることもある。生産者がはじめから輸出組織を作ろうと考え、最初から輸出しようとする物を自覚している場合だが、そんな場合にも、生産者ははじめのうちは、都市の地元経済向けに、ある財貨やサービスを生産する、という方法で出発するものだ。

ロッキード・エアクラフト社の創始者、アレン・ロッキードは、飛行機を設計、製造し、あらゆる土地に売りまくろうと考えていた。しかし、最初から目的を達しようとせず、まず観光飛行を勧誘したり、展覧飛行をして、ロサンゼルスの地元経済の中に足場を築いた。その間に、彼は最初の飛行機を設計し、組織作りに乗出した。ロイ・グラマンも、飛行機製造を考えていた。だが、最初はニューヨーク(ロング・アイランドの郊外)の地元経済の中で足場を固めた。そこで彼は、製造業の下請けになって、破損した水陸両用飛行機の修理に当ったり、地元のトラック製造業者向けに、アルミニウム製のトレーラーの車体を作った。彼にとって最初の輸出契約は、米海軍機用のフロートだった。アンドリュー・カーネギー・i が後にUSスチール社の中核となった組織を設立した当初、彼は、地元の鉄道貨車メーカー向けに鉄鋼軸を作る鉄工場を買った。その後、輸出品を付け加えた。ダラスの地ならし機械製造業者は最初、地元のグレイハウンド犬のレースに使う電気ウサギの製造から出発し、その後、石油採掘機械をダラスから輸出していた人々の下請けになって、その部品を製造するようになった。だが、常に彼は、将来輸出しようと思う物を自覚していた。レコード器具メーカー、アンペックス社の創始者たちは、サンフランシスコの郊外で最初から輸出を手がけようと考えた。しかし、準備作業の途中で資金不足になってしまった。この危機の中で、彼らが使った便法のひとつは、溶鉱炉の製造メーカーから二万五〇〇〇台の小型電動モーターを請負って生産することだった。この仕事で、組織の分解を防げたばかりでなく、遅ればせながら、地元で仕事を見つけ出すことができた。

・1――カーネギー　アンドリュー（Andrew Carnegie）アメリカの鉄鋼王（一八三五―一九一九）。ピッツバーグを本拠に世界一のカーネギー鉄鋼会社をつくったが一九〇一年、同社をUSスチールに売渡して引退、ニューヨークの音楽堂カーネギー・ホールを寄進するなど社会事業に転進した。

いろんな輸出産業を、それ自身の地元産業に追加する過程は、地元の産業を利用して輸出産業を始めようとする人々に多大な利益をもたらす。たとえ地元産業が輸出産業に暗示を与えていない場合でも、所得と同様に、組織の足場を提供する。その間、輸出産業は発展し始めようとし、組織も確立されつつある。また、地元産業の中に、輸出産業となるための足場を慎重に求め、その後、輸出経済に向けて育とうとする場合でも、ちょうど父である地元産業に輸出品を追加したように見えるだろう。その場合、輸出に意欲を燃やす産業に目をつけられた地元産業は、常に輸出産業になる上で不可欠な技術を使うものだからだ。以上にあげたどの場合にも、組織の生産が地元経済の中で豊かになると同時に、より広範な市場に向けて、いろんな仕事を発展させていく、という方法で、輸出品を追加する過程が起る。

地元産業からの輸出

もちろん、都市の地元経済の中で、企業を経営し、その後、輸出業者に成長した人々が、これまでと異った物を輸出するとは限らない。当初、地元経済の中で供給していたのと同じ物を、輸出するようになる例が、むしろ一般的だ。われわれは、この過程にはすでにおなじみになっている。第四章で述べたように、都市が初めて成長を始めると、既存の輸出産業に生産財やサービスを供給していた人々は、当初地元で供給していたのと同じ品物の輸出業者になるからだ。

ひとたび都市が爆発的な成長を遂げると、事情が違ってくる。爆発的な成長を遂げた都市の地元経済は、小規模で若く、その地元経済も貧弱だった時に比べると、きわめて多種類の輸出可能な財貨やサービスを持つようになる。都市の地元経済が大規模に成長すればするほど、その地元経済は、有望な輸出可能な財貨やサービスをより多く持つようになるものだ。消費財や消費者向けサービスをよく調べると、以上の事実が最もはっきりする。「今やカンザスシティには、すべてがある。行こう。出かけよう」。ミュージカル『オクラホマ』に、こんな歌が出てくる。この歌は、カンザスシティには室内水道施設やストリップショーがあることを、農場の人々に語ったものだ。最初、あちこちの都市にある、というニュースがはいる。間もなく、そのいくつかが農場にもはいってくる。その他の物を手に入れるには、都市に出かけなければならない。

ロイター通信は一九六四年、北京から次のように報道した。「北京や各省の大都市の病院や医療組織が、農村で活動するための移動医療班を組織した」と。農村に新しい財貨やサービスを創造させようとした「大躍進運動」に比べれば、この計画はセンスがある。通信は続く。「中国が〝革命的保健活動〟と報じたこの計画に従って、閑村の診療所や施薬所、人民公社の比較的大きな医療センターに専門医を派遣する」と。いまや、都市で発展した仕事が、都市から輸出されようとしているのだ。

巨大都市の消費財や消費者向けサービスは、輸出されないかもしれないが、それらを提供する都市の地元組織は、輸出されることがある。たとえば、ニューヨークの多くの歯科医はその仕事を輸出しないが、歯科に対する財貨やサービスの供給者は、たいがい、その仕事を輸出する。そうした供給者とは、歯科用の医療機具のメーカーや、歯科医療の研究を専門にする企業であり、当初は地元の歯科医を訓練するために設立されたが、ほかの土地の学生も訓練するようになった学校のことだ。同じように、シカゴの公立学校機構は輸出されないが、少なくともシカゴの学校機構に対するこんな供給者——天下ったシカゴの前教育責任者が設立し、シカゴの公立学校に卒業証書の用紙や科学用の壁掛図、科学実験用の設備などを供給する企業——は、他の都市の教室にも科学用の設備や実験材料を提供する供給者になっている。ロサンゼルスは住宅をほとんど輸出しないが、当初、地元の建設業者のために供給した多くの部品を、よその建設業者にも輸出している。私は、目や眼鏡をロンドンで調べてもらったりはしない。だが、多くの人がそうしている。そんな仕事の供給の中に、輸出業者がいることは明らかだ。私の眼鏡だって、オリバー・ゴールドスミス社という魅惑的な名前を持つロンドンの会社で作られたものだ。
以上のように、巨大都市の地元経済が持つ輸出可能な財貨やサービスの中には、既存の輸出産業や生産者向けの財貨やサービスばかりでなく、消費者向けの財貨やサービスや非輸出品向けの生産財も含まれる。

多くの有望な輸出品を持つ巨大都市の地元経済の財貨やサービスには、もうひとつの重要なグループがある。これらの財貨やサービスでは、普通、都市経済の全分野、あるいはほとんど全分野で使われている。グラフィック・コンサルタント、図案家、デザイナー、通風装置や建築の専門家、照明コンサルタント、広告代理店が、その例だ。それらは、地元の他の組織に生産財やサービスを供給すると同時に、地方の人々に消費財やサービスを供給する輸出業者であり、企業だ。

中世の時代、都市の地元市場の多くの分野に財貨やサービスを提供した職人に、塗装、建具、金属細工の職人がいた。塗装職人は建造物やタンスなどの家具を飾りつけ、建具職人はキャビネットや木工製品を作り、金属細工の職人は金物類を製造した。これら三つの経済活動——装飾塗装、建具、金属細工——は、馬具を製造するための分業として、中世に始ったようだ。しかし、馬具製造者のために地元でやってきた仕事に、多種多彩な品物を付け加えていくにつれて、塗装、建具など、細工職人の多くは、都市の他の消費者にも財貨やサービスを提供するようになった。そして彼らは、その都市の全市場の消費者を引きつけるようになった——ひとつの製品にとどまらず——ので、巨大な地元市場に向けて急速にいろんな特色のある製品を提供するようになった。巨大都市の全市場にわたって消費者に財貨やサービスを提供する仕事は、それ自身、きわめて専門的なものになりがちだ。

未来の輸送施設やサービスも、このグループにはいるだろう。廃棄物を回収するという財貨やサービスも、このグループにはいると思う。現在局部的に活動している回収サービスでさえ、巨大都市ではきわめて幅広い領域で活動できる機会を持っている。現在のシカゴは、中古機械または老朽機械の貿易の世界的な中心地になっている。廃品回収業者がシカゴの製造工場が使い古した機械を買上げ、その中から役に立つものを、地元シカゴの他の製造業者に再販売する、という形で、その仕事は始ったようだ。廃品回収業者にとって、供給者も消費者も、シカゴ経済の全領域にわたって存在した。輸出業者も含まれていたし、地元の消費財生産者、地元の生産財生産者も含まれていた。第二次大戦末期になると、多くの工場が回収物質を欲しがったので、機械の回収屋たちはシカゴの消費者のために、クリーブランド、デトロイト、インディアナポリスのごみ捨て場や工場も、あさり始めた。そうこうするうちにシカゴの廃品回収業者たちは、シカゴで余った機械や部品をクリーブランドなどの都市の消費者にも供給するようになった。彼らはその後も、活動範囲を広げ続けた。一九五〇年代の中期には、アトランタの供給とマドリッドの需要、ミラノの供給とボンベイの需要を一致させるようになった。いまや彼らは、国内的にも国際的にも取引するようになり、廃品回収業者ではなく、ブローカーとして知られている。だが、輸出される仕事自体も同じだし、当事者たちも、かつて地元経済の中だけに限ってやっていたのと同じ人々だ。

地元の市場へ供給するよりも輸出する方がよりむずかしい、という法則に、ひとつの例外がある。消費者が進んで輸入する場合、輸出はよりむずかしくはない。消費者は、買物、娯楽、特殊な医療機関、金融機関、法律機関を求め、専門的な学校教育を受けるなどの目的で、他の土地から巨大都市にやって来る。彼らは、その都市で地元向けに供給される財貨やサービスに頼っているのだ。都市の多くの企業にとってみれば、地元向けに供給しているのと同じ品物を輸出することになるが、都市の外の人たちに売った財貨やサービスは、ほんの一部に過ぎない。だが、多彩な産業をかかえた巨大都市では、それらの断片的な輸出でさえも、合計すると膨大な量になる。

殊に消費者が進んで輸入しようとしている場合、地元の仕事を輸出するという行為は、都市の新しい輸出品を生み出すための最も簡単な方法と思えるだろう。この方法が最も現実的な方法であると思えることが、しばしば起る。だが、もともと輸出するために行なわれていた行為を除いた、すべての厄介な作業が、はじめは都市の地元経済の中で始る、という理由だけから、単純に思えるだけに過ぎないのだ。実際には、こうした形の方法は、最も複雑で影響力を持つ輸出品が生み出される方法なのだ。アテネで生れたうずまき模様は古代のアレクサンドリアの図書館に使われた。水道を設計したローマの測量士や技術者の複雑な仕事は、イベリア半島やガリアに、パリで書かれた農業や化石や楽器についての論文はモンティセロのトーマス・ジェファーソンに、ロンドンの定期刊行物はフィラデルフィアのベンジャミン・フランクリンに送られ、医療事業は専門家のグループによって、今日の北京から旅立った。——以上の行為は、どれも簡単または単純と呼ぶべきものではない。われわれが文明の流布と抽象的に呼んでいるものは、最初は都市の地元経済の中で発展した多くの輸出品から構成されているものなのだ。そのいくつかは、驚くほど複雑なものである。

輸出要因の限界

ひとたび新しい輸出組織が都市で発展すると、その組織は、これまでの輸出品に、新しい輸出品をさらに追加することができる。フォード社がトラクターに自動車を追加した場合もそうだったし、ミネアポリス・マイニング・マニュファクチュアリング社が不成功に終った紙やすり、成功した研磨用砂や遮蔽テープに他の生産物を追加したのも、そうした例だ。また、旅行者に手編み毛布を売っていたダブリンの店が手編みセーターを追加したのも、この例だ。しかし、定義によれば、もし、ひとつの組織がすでに輸出できる何ものをも持っていなければ、その組織は、これまでの輸出品に新しい輸出品を追加することはできない。何よりもまず、その組織は輸出業者でなければならないのだ。

組織が初めて輸出業者になり得るための三つの相異った過程について、われわれは検討を加えてきた。

・組織が、他の人々が支配している地元産業の中に輸出品を追加する。
・組織が、地元経済の中で、異った地元産業に輸出品を追加する。
・組織が、それ自身の仕事を輸出する。

以上三つの過程で重要なことは、どれも地元の経済に直接に依存している、という事実である（このことは、付録の第三節で図式で明らかにする）。都市で、新しい輸出組織が生み出せる方法がほかにもあるなら、以上の事実はそれほど重要ではないかもしれない。だが、ほかに方法はないように思える。ともかく以上の三つの過程は、私がきわめて勤勉な研究の末、発見できた方法なのである。ほかに方法があったとしても、そんな輸出品創出の過程がひんぱんに起ることはない、ということだけははっきりしている。確かに、輸出組織の企業史を通読することはきわめて退屈だ。その話の筋がきわめて限られているからだ。三つの同じ筋を何度も何度も読ませられているに過ぎない。

以上の三点が新しい輸出組織を生み出す方法ならば、その過程は、経済的に沈滞し切った都市に活を入れる役目を果すに違いない。もしそうでないとすれば、他のどんなものも、経済的な衰退を食止められないからである。現実の世界には、こう断言できる証拠が十分にある。新しい輸出組織の創出だけに役立つものは、ほかに何もない。ピッツバーグが、そのよい例だ。この都市では、的をはずれた多くの行為が、勇断をもって行なわれていたのである。

一九一〇年ごろのピッツバーグの経済は、沈滞し始めていた。この都市は、新しい仕事の追加をかたくななまでに無視し、少数のみごとな輸出産業だけに頼り切っていた。その輸出産業とは鉄鋼業が大部分で、他にはいろんな建設資材の製造があった。ピッツバーグは、少数の業績のよい会社のおかげで、効率のよい都市になっていた。その後数年間、ピッツバーグの経済はきわめてゆるやかに成長したが、その後、成長が止り、ついには縮小し始めた。貧困と失業がはびこった。失業の増大はその足を速め、労働意欲のある労働適齢期の多くの若者が移出し、ピッツバーグの都市部の人口の年齢構成は、働けないほど幼い者、働けないほど年とった者がきわめて高い比率を占めるようになった。第二次大戦中、ピッツバーグの首脳陣は、都市とその不振についてあれこれ考えた末、この都市は若者をとどめ、新しい産業を引きつけるほど「魅力的」でない、との結論を下した。その二〇年間、いろんな試みがされた。ピッツバーグの経済的な問題は、ちょうど身だしなみも作法も育ちも愛きょうもよくない若い婦人の問題のように受取られた。

沈滞中とそれが始る前の数年間、ピッツバーグを支配した一族の当主、リチャード・K・メロン・2は、次のような人たちを雇わせ、ピッツバーグに奉仕させた。多数の経済コンサルタント、産業分析家、地域計画立案者、都市計画者、ハイウェー計画者、駐車場計画者、文化計画者、教育計画者、計画の協力者、社会学者、統計学者、政治学者、家計研究家、住民関係の専門家、公害対策の専門家、市政の専門家、小売取引の専門家、広報の専門家、開発の専門家、再開発の専門家、貧乏人のために産児制限用の錠剤を売る薬剤師、もちろん「魅惑的」な産業も。彼らは精力的に報告書を書き、研究し、分析し、精神分析もし、測定し、操作し、きれいにし、整形美容し、再建し、甘言を投げかけ、勧告し、ピッツバーグを宣伝した。しかし、ピッツバーグの地元経済からの輸出品を生み出すことには、だれも貢献しなかった。これら若い企業が使った資本は、ピッツバーグの住民向けのいろんな作業や、巨費をかけた都市再開発やハイウェー建設計画に投じられた。しかし、どれもピッツバーグの経済を救済できなかった。事実、彼らの効果はマイナスであった。彼らは、ピッツバーグがかろうじて保っていた地元経済の有効なものの多くを、削減し、根絶してしまったからだ。一九六七年にはピッツバーグの経済は、二〇年前よりもずっと悪化していた。労働適齢期の人口はより少なくなり、失業率や非雇用率は高くなった。一九六八年、本書を書いている現在でも、経済発展の兆しさえみえない。どうしたわけなのか。繁栄のための作られた兆し、つまり「よいイメージ」も、都市に息を吹返させることはできない。明解な経済成長過程だけが、息を吹返させることができるのだ。ほかに方法はない。

・2――メロン（Mellon）ピッツバーグの金融・産業界を牛耳るメロン財閥。初代のアンドリュー・メロン（一八五五―一九三七）はメロン・ナショナル銀行、アルコア（アルミ会社）、アームコ製鋼などを興し、第一次世界大戦の戦債処理に尽したことから、時のフーバー大統領に求められて一九二一～三二年の間、財務長官も務めた。

ピッツバーグの地元経済は、いまや輸出できる何ものも持たないほど――生産財や生産者向けのサービス、消費財や消費者向けのサービスのどちらも――平凡で貧弱だといってよかろう。そんな荒廃した都市が再び息を吹返すためには、未発育の都市が経験したような発展過程を起してみなければならない。つまり、「最初の」輸出を見つけ出さねばならない。しかし、ピッツバーグは、未発育都市には及ばぬほどの強固な経済基盤を持っているので、新しい輸出品は、平凡な地元経済に各種の輸出産業をすんなり追加する、という形で生み出されよう。もしそのような新しい輸出企業が、そのよって立つ新しい生産財やサービス――そのいくつかは、その後に新しい輸出産業となろう――の数量を拡大し続けるならば、その都市の経済成長は再び進行することになろう。ピッツバーグが再びその地元経済の中に、直接輸出できるものをより多く含むようになれば、その都市が、輸入置換と爆発的な経済成長を語る新しいエピソードを経験するようになることは、はっきりしている。だが、新しい輸出品を生み出し、それによって、より多くの輸入品を手に入れた後でなければ、新しいエピソードは持てない。

輸入置換のエピソードでさえ、地元の経済が新しい輸出品を豊富に生み出すことを、必ずしも保証しているわけではない。輸入品の置換えがそれ自体、将来の花々しい成長のひとつの礎石を提供していることは確かだ。要するに、よその土地から移転してきた分工場を受入れるだけでは、不十分なのである。数年前、クリーブランドのカーリング・ビール社の社長は「会社はアトランタに分工場を建てようとしており、その土地の消費はそれを保証している」と言明した。その分工場はアトランタ——その地域一帯でも最大の市場——に供給するばかりでなく、東南部全般にもカーリング・ビールを売込もうとした。従ってアトランタの立場からみれば、輸入品が置換えられようとしているばかりでなく、同時にインスタントの輸出品を手に入れようとしていた。しかし、アトランタは、カーリング・ビールをクリーブランドに輸出することは決してなかろう。事実、アトランタは、その分工場の翼下にはいる地域の外に、カーリング・ビールを輸出しようとはしなかった。もし日本が、シンガー・ミシン社のミシンを受入れることでミシンという輸入品を置換えていたならば、今日の日本はミシンの大手の輸出国にならなかっただろうし、地元のミシン製造業者への供給から始った生産財やサービスの輸出国にも、ならなかっただろう。これまでの輸入品を初めて地元で生産する、という例は、都市が輸入置換によって新しい輸出品を得る上で、割りとゆるやかな方法である場合がよくある。だが、より重要でより多彩な輸出産業を強力に生産するようになる。

大体一九一〇年から二〇年にかけて、サンフランシスコは輸入置換のエピソードを経験した。その輸入置換は主に、以前はサンフランシスコに輸出していたが、後にその仕事を市場であるサンフランシスコに移した産業によって引起された。このエピソードの中の輸入置換は、比較的小規模なものだったようだ。このように不毛だったのは、サンフランシスコの資本を牛耳っていた銀行などが、このころ地元産業の発展のためにあまり金を融通しなかったためのようだ。ともかく、輸入置換の過程は進み、多くの分工場がはいってきた。当時、サンフランシスコの郊外の産業地帯だったオークランドにも、分工場が急速に建設された。オークランドの経済的な基盤は、これら分工場によって形成されたのである。これらの工場は、電球からコルセット、果物つぼからくつに至るまで、無数の財貨を生産した。だが、その後のオークランドは、カイザー社という巨大な輸出組織会社を除くと、ほとんど何も生み出さなかった。カイザー社は、建設企業として出発した。オークランドは、分工場の建設を終えるとほぼ同時に、経済的な衰退の道を歩み始めた。今でも、サンフランシスコの輸入置換が経済的にどんなに不毛だったかを示す証拠になっている。

新しい輸出品や新しい輸出組織の奔流は、都市にとって不可欠だが、派生的、第二義的なものである。その根源は、創造的で発展を続ける都市の地元経済の内部にある。一集落が都市に成長し始めるまさにその時に、この関係は生れ、生き続ける。都市の経済がどんなに古くなり、どんなに巨大になり、複雑になっても、持続するのだ。

❼都市の経済発展と資本

一九世紀にニューイングランドで作られたのこぎりやおのは、オハイオの森林を伐採した。ニューイングランドのくわは、プレリー地方の芝を刈った。ニューイングランドのはかりは、テキサスの小麦や肉を測った。ニューイングランドのサージは、サンフランシスコの実業家の衣服となった。ニューイングランドの刃物は、ミルウォーキーで獣皮を切取り、なめした。ニューイングランドで薄切りにされたリンゴは、ミズーリで乾された。ニューイングランドの鯨油は、アメリカ中のランプに火をともした。ニューイングランドの毛布は夜の子供を温め、ニューイングランドの教科書は昼の子供たちを説いた。ニューイングランドの銃は、軍隊を武装させた。ニューイングランドは、染色し、旋盤をかけ、織物をし、鍛冶をし、圧延し、ねじ回しは、はるか遠くの工場に供給された。だが、二〇世紀になると、ニューイングランドの工場は閉鎖し、労働者を解雇した。多くのニューイングランド住民にとって、地元の経済的な衰亡の原因ははっきりしていたようだ。その原因とは、産業の衰退である。住民たちは、この衰退の原因についてくよくよ考えた。南部の賃金が安いからではないか、川沿いや滝のそばに古くからあったれんが工場が老朽化したからか、ボストン港のドックが衰退したからか、スイスや日本からの輸入品のためではないか、などと。彼らは、これらの不利を克服し、まだ保てるものを守る手段を、あれこれ考えた。

しかし、少なくとも一人のニューイングランド人は、別の見方をしていた。ラルフ・フランダーズ（後の連邦議会上院議員）は、バーモントの機械器具会社の社長として壮年期の大部分をすごした。第二次大戦中、彼はボストンの連邦準備銀行の頭取を努めた。こんな事情から、その地域の銀行や他の金融機関の活動について緻密な見解を持つようになった。フランダーズは、その地域の悩みは、昔からの産業の衰退ではなく、新しい産業の欠除がもたらしたものだ、と結論づけた。さらに、彼は考えた。その悩みは、この地域の中心都市ボストンにあるのではないか、と。ボストンは、同市自体のためにも、その地域のためにも、新しい産業を育てようとしていなかった。彼によれば、新しい産業を目ざすボストンの出生率は、きわめて低かった。さらに彼は、こう結論を下す。この低い出生率は、ボストンの新しい産業に向けられるべき資本が不足していたためだ、と。ボストンが資本不足だったのではない。ボストンが資本を生産的に生かさなかったのだ。資本の多くは、昔からの信託に回された。きまり切ったように免税の公債、老舗企業の社債として投資されたのだ。資本の一部は他の土地に輸出された、また一部は地元の死にかけた製粉工場や時計工場、鉄道に回された。これらの産業は、無能な人々によって暗礁に乗上げそうになったり、一筋なわではいかぬ悪党どもによって乗取られようとしていた。

フランダーズほど現実的な人々は、ボストンの銀行が目ざめ、若い人々に機会を与えるように熱心に説得すべきだ、と思うだろう。だが、フランダーズは、死滅しようとしているものに、新しい生命を吹込もうと考える人ではなかった。彼は、二、三のボストンの資本家に、試練に立向うよう説いた。一九四六年に、その資本家たちは共同で、アメリカン・リサーチ・アンド・デベロップメントという名の会社を設立した。最初の資本金は五〇〇万ドルに満たなかった。フランダーズの最も創造的で常識を離れた行為は、アメリカン・リサーチ・アンド・デベロップメントが投資先の企業にあれこれ干渉しない、という政策を確立したことだろう。経営権は、その企業の所有者たちの手に保たれていればよかったのだ。このやり方は、過去のアメリカでは当り前だったのだが、一九四六年には耳なれないものになっていたし、今日では例外的な現象である。投資先の企業については、ほかに何の政策も採用しなかった。この会社は、あらゆる種類の若くて有望なボストンの事業に投資しようとした。

アメリカン・リサーチ・アンド・デベロップメントの最初のお客は、トレーサーラブ社だった。ボストンにとって戦後に生れた最初の科学的な企業であった――この会社は、ポラロイド社の先駆者のひとつである。ポラロイドは、この会社の事業にカメラの製造を追加することになる。トレーサーラブは一九四五年の後半、ハーバードの三人の若い科学者たちの手で始められた。彼らは、月給から貯えていた預金と個人的な借金とを合わせた数千ドルを元手に、くずれかかっていたが彼らのねらいからすれば驚くほど安いボストンの下町の古いビルから出発した。後に、彼らがフォーチュン誌の記者に語ったところによると、もし都心の便利な土地に安い用地が見つからなかったら、その仕事を始めなかっただろうという。彼らの事業は、オークリッジやテネシーから放射性アイソトープを買い、包装してボストンにある多くの病院や医療センターに売ることだった。それらの医療施設で、アイソトープは診断や治療に使われた。間もなく、新しい仕事を始めようとした。トレーサーラブはアイソトープの放射線を測る機械を作り出し、その機械をボストンやその他の土地にも売り始めた。五〇件以上の注文が殺到した。トレーサーラブの所有者たちは、この注文さえも市場のほんの一部に過ぎない、と考えた。だが、この新しい事業を続けるためには、この会社は所有者とその家族や友人の個人的な資産をはるかに上回る資本金を、用意せねばならなかった。

最初、トレーサーラブの所有者たちは、ボストンの銀行や他の投資家たちの門をたたいたが、一ドルさえも引出すことができなかった。次に彼らは、ニューヨークの銀行の門をたたいた。成功の確率は五分五分と踏んでいた。だが、ウォール街で、必要な資本金を進んで提供しようとする投資家を数人見つけることができた。しかし、その会社の株の五一％の所有、つまり会社の経営権の見返りを条件にしていた。いまや、事業を手放さねばならなくなるか、あるいはアイソトープの包装の仕事に甘んじていなければならないか、の瀬戸際に立たされたのだが、彼らはその話に乗気にはなれなかった。この点、アメリカン・リサーチ・アンド・デベロップメントの存在は、願ってもなかった。彼らは、すぐに、アメリカン・リサーチ・アンド・デベロップメントに接近していた。同社は、トレーサーラブとその計画を手早く調査し、トレーサーラブが拡張のために必要とした一五万ドルを投資することを決めた。その金額は、彼らの要求を上回る額だった。投資はされ、トレーサーラブは繁栄した。

この取引は、トレーサーラブを救い、ボストンの企業統計表の中にもうひとつの死産を記録させずにすんだばかりか、アメリカン・リサーチ・アンド・デベロップメント自身をも発展させることになった。このころ、いまから考えれば信じがたい話だが、科学者、大学教授などアカデミックな人々は生来、金銭にはルーズな人々だと、銀行家、投資家や実業界の全般は受取っていた。だが、トレーサーラブの成功で、アメリカン・リサーチ・アンド・デベロップメントは、これまで象牙の塔にこもっていたと思われた人々から、親愛の情を持たれるようになった。そして、主に電子工学、有機化学、物理学を基礎とした他の科学関連産業にも、次々に投資するようになった。間もなく、これらの企業から分離した企業にも投資するようになった。それらの企業のすべてが、ボストンから生産物やサービスを輸出したわけではなかった。その当時、設立された企業の多くは、すでに設立されていたか、まさに新設されようとしていた科学関連企業に、財貨やサービスを供給したのだ。アメリカン・リサーチ・アンド・デベロップメントは、もちろん科学関連企業以外の企業にも融資した。一時、この会社はボストンに出現した当初の意義を忘れたことがあった。それは、南太平洋のマグロの漁獲計画に資金を融通した時だ。ロックフェラー財団の研究に強く引かれ、あえて投資した。だが、この計画は失敗した。マグロがえさを食べなかったのだ。マグロがえさ以外の食物をふんだんに食べていたのだ、と考えられている。アメリカン・リサーチ・アンド・デベロップメントは、再びロンドンでの借款に専念するようになった。ボストンでは、科学関連産業への融資を通して、最大の成功を収め続けたのである。

しかし、いまや非常に興味ある事態が起り始めた。一九五〇年代の初めまで、アメリカン・リサーチ・アンド・デベロップメントは当てずっぽうの企業にではなく、ボストンで最も投資効果のある同種の企業だけに、資本を輸出していた。たとえば、ロング・アイランドにあった初期の電子工学企業のいくつかは、アメリカン・リサーチ・アンド・デベロップメントから資本を手に入れた。その投資によって、アメリカン・リサーチ・アンド・デベロップメントは、ボストンの他のメーカーに財貨やサービスを供給はしなかった。しかし、その仕事を地元で確立するようになってから、アメリカン・リサーチ・アンド・デベロップメントは、同じ財貨やサービスを輸出し始めた。

開発資本がどこから生れるか、という質問に対する回答は、同じ土地から、他の生産財やサービスが生れるのと同じ過程を通して生れる、ということだ。開発資本は、資本の分配という仕事を意味する。その仕事は最初、特定の都市の地元経済の中で発生する。この仕事をする組織は、アメリカン・リサーチ・アンド・デベロップメントが形成されたように、資本や通貨を取扱う他の組織から分離するという形で始るか、または、マーチャントバンカーがやっているように、昔からやっている仕事に、開発資本を分配する仕事を追加する、といった形で始るものだ。何でもそうだが、開発資本を供給することによって成功した組織は、その後、多くの土地で模倣されることになろう。

生産財としての資本

開発資本は一種の生産財だから、開発資本を供給する組織は、いろんな生産者が生れるのと同じ場所で発生し得る。その関係は、デトロイトの船舶用エンジンとデトロイトの造船産業との関係のように、きわめて共生的である。だから、大規模な商工業の中心地に成長している都市は、また、重要な金融の中心地にも成長する。その地元経済は、数からいっても種類からいっても、きわめて大規模な金融上の財貨やサービスを持つようになる。その多くは、他の生産財やサービスがしばしば輸出品になるのと同様に、輸出品となろう。巨大都市の多くの資本供給者たちがやっている仕事は、本来、輸出可能なのだ。なぜなら、より小規模な都市や、もちろん農村社会では、こうした仕事の量や種類が倍増することは、まず考えられないからである。したがって、若い都市は普通の場合、巨大都市からの資本を輸入する。この若い都市が成長すると、これら多くの輸入品を置換える。新しい銀行が発足し、たとえば、保険会社、証券仲買取引会社、株式・債券引受会社なども誕生するようになる。爆発的に成長している都市は、以前には輸入もしなければ地元で生産もしなかった金融上の財貨やサービスを、追加することが多い。

資本を供給する組織が輸出業者になる際の最も一般的な方法は、アメリカン・リサーチ・アンド・デベロップメントがボストン以外の科学関連産業に投資し始めた時にとったやり方である。つまり、当初地元でやっていたのと同じ仕事を輸出する。だから、ニューヨークは商工業の中心としてフィラデルフィア——以前の金融中心地——をしのいだ直後に、アメリカの金融上の中心にもなった。中世のアントワープは、ヨーロッパ北西部の金融の中心地だった。アントワープが織布産業の大中心地で、羊毛、亜麻、織布取引の中心地でもあったためだろう。アントワープは、金融サービスをロンドンに輸出した。ルネッサンス時代にロンドンがアントワープを追抜いて商工業の中心地となるや、ロンドンは金融の中心地としてもアントワープをしのぐようになった。

サンフランシスコをすでに追抜き、西海岸の主な商工業の中心地になっているロサンゼルスは、いまや西海岸の金融の中心地にもなろうとしている。世界的な商工業の中心地のひとつになった日本は、早い足取りで、金融の世界的な大中心地のひとつになった。たとえモスクワがソ連の政治的な中心地でなかったとしても、モスクワでしは金融の中心地であり得ただろう。なぜなら、政府は、他のどの都市よりも多種多彩な金融取引をモスクワでしなければならないからである。

昔から存在して組織を確立した事業と同様、新興でかつて存在しなかった事業にも、資本やその他の金融上の財貨やサービスを供給するような形で、資本を分配する新しい方法や「信用ギャップ」を縮める新しい手段を、政府が作り出せないという理由は、理論的にはない。だが、政府——共産主義国でも資本主義国でも——は、都市経済の中で始った金融事業を模倣しているだけだ。政府中央銀行、農業信用機関、農作物や銀行預金や銀行貸付けを保証する機関、自分自身の仕事のため、または他の政府機関に金を融通するために債券を発行する政府機関、その組合員に信用を分配する政府出資の生産者協同組合、許可を受けた企業に運転資本を分配する政府機関、政府の債券引受会社——これらすべては、もともと都市の地元経済の中で始った仕事を焼直したものだ。もちろん、小さな修正が加えられたものも中にはあるが。

資本を分配する仕事に当って、政府はなぜこうも創造力を持たず物真似なのか、私はそのわけを知らない。おそらく、政府を運営している人々は世界のどこでも、問題をそっくり解決してくれる答えを探し求めているためだろう。つまり、それが採用されればすぐに、あまねく適用できる答えを探しているのだ。政府の仕事を運営している人々——私がこれから述べようとしているひとつの例外を除くと——は、ある特定の土地に起っている特殊な、時にはきわめて小さく見える問題に、心をくだかないようだ。だが、そうした特殊な問題が、金融上の新機軸も含めたいろんな新機軸が生れるきっかけになるものだ。さらに、新しい金融上の財貨やサービスが、初めて経済生活に追加されると、それらは普通、他の新機軸と同様、いろんな昔からの仕事に追加されることになる。たとえば、近代的な銀行業務は、交易に追加されることで始った。先物取引は、倉庫業への追加として出発した。仲買問屋は織布製造への追加として始り、株式の販売は交易への追加として出発した。プレミアム投資は船舶の危険保障の追加として、株式・債券引受会社は自動車製造の追加として始った。前の章で述べたように、一般的な設備のリース業——今では中期の資本を供給する標準的な方法になっている——は、食品貯蔵加工の追加として出発した。

銀行は、特定の種類の顧客に対するサービスとして出発する場合が多い。その風変りな名前から、そうとわかる時もある。ボートメンズ・ナショナル、マーチャント・アンド・トレーダー、プランターズ・ナショナル、エミグラント・セービングズ・アンド・ローンといった具合に。二、三年前、コーン・エクスチェンジ・バンクとケミカル・バンクという名のニューヨークの二つの銀行が合併し、その後も少しの間――もうひとつの合併までの間――ケミカル・コーン・バンクの名を使っていた。特色のない多くの銀行の名前の背景にも、特殊な仕事をしていたころの歴史がひそんでいる。フォーチュン誌によると、ロサンゼルスの初期の衣服製造業者たちにとって、銀行界で「歓迎してくれたのは一つの場所だけ」だったという。これらの衣服製造業者たちは一九二〇年代から三〇年代にかけてこの産業を興し、一九四〇年代から五〇年代にかけてロサンゼルスの衣服産業の高度成長を可能にするだけの地元の生産財やサービスを、目立たないながらも地道に供給した。歓迎してくれたただひとつの場所とは、ユニオン・バンク・アンド・トラストだった。小さな銀行だった。その銀行の名前を実際の機能になぞらえてつけるとすれば、ロサンゼルス・ガーメント・マーケット・バンク・アンド・トラストとなろう。

一般的にいえば、銀行が奉仕するお客の種類が多くなればなるほど、新しい仕事の発展に向ける余地は、だんだん少なくなりがちだ。上院議員のフランダーズ氏は、最初、アメリカン・リサーチ・アンド・デベロップメントに、あらゆる種類の企業に対して投資させようと考えた。しかし、先にみたように、その目的は果せなかった。

大切なことは、その目的を果させようとすることではない。もし、銀行の重役たちがあらゆる分野の新しい企業に融資しようとしたなら、彼らはおそらく、何の成功も手にすることができないだろう。むしろ大切なことは、フランダーズ上院議員の目的を果すためにいくつかの新しい投資組織を作り、時がたつにつれて前の組織から分離させる形で、その組織の数をふやしていくことだ。これまで述べたように、ボストンの科学関連産業の出生率は劇的なほど上昇し、新機軸の仕事を含むようになった一方、他の企業の出生率は低いままだったし、新機軸の仕事をほとんど含まなかった。

あらゆる種類のお客に、ほとんどあらゆる種類の金融サービスを供給する銀行は普通、時がたつにつれて特色を失ってゆく。それらの銀行は他の組織と同様、古い仕事に新しい仕事を追加してゆく。だが、特色を失いかけてゆくと、それらの銀行は官僚的になり、多くの仕事を機械的に処理するようになる。そうした銀行は、驚くほど多額の資金を疲れ切った企業に融通するようになり、時には――ビリエ・ソル・デスのクロイガー・インスル事件のようなスキャンダルが定期的といえるほど起るように――ちょうど大成功を収めているような顔をし、ロも上手で格幅のよい詐欺師に、多額の金をばらまくこともある。長い歴史を誇り、組織を確立し、特色を失った銀行は、斬新で、かつてなかった財貨やサービスには、きめ細かな配慮を払わなくなりがちだ。

経済的に発展途上の国が経済を復興するためにまず必要な新事業の多くは、斬新なものでもなければ、まだ市場で立証されていないものでもない。今日の発展途上国の中で、トラクター、カメラ、ピンの自動製造機、エックス線診断装置が役に立つかどうか、証明せねばならぬと考える人はいないだろう。そんな財貨やサービスならば、きわめて斬新な財貨やサービスに正確な評価をほとんど下すことのできない官僚の手でも、融資できよう。しかし、こんな官僚的な金融システムは、その後次のような事態に達しよう。今日の発展途上国が他の経済に「寄りかかっている」状態に甘んじないで、その国が模倣している財貨やサービスを提供している先進国が沈滞した時でも、その発展の歩みをにぶらせないためには、発展途上国自体が遅かれ早かれ、かつてなかった財貨やサービスを創造する開拓者にならなければならない。このためにその国は、新しい投資組織を設立し続けなければならない。先進国の経済の過去の経験からみて、こうした金融組織を生み出す方法は、都市の地元経済に多数の――大都市にはさらに多くの――小規模で地方分散的な貸付機関を政府が設立し、それらの都市の古くからの産業に新しい有望な財貨やサービスを追加させる仕事に専念することだ。こうした金融組織は、失敗を重ねることもあろう。だが、かつてなかった産業に金を融通し続けなければならない。新しい創造的な金融組織が地元で成功すると、その後、その財貨やサービスを輸出するようになり、国内の全地域にわたって活動する組織となろう。

戦争による新機軸

しばしば経験してきたことだが、戦争は冶金学、機械工学、土木工学、化学、輸送、はき物や衣服、コミュニケーション、読み書きの能力、外科医学、伝染病学、公衆衛生の発展を著しく刺激する。戦争の遂行や戦争に備えて生み出された新しい仕事は、その後、人道的で建設的な目的に応用されることが多い。だが、戦争は経済発展をもたらす「秘密」でないことははっきりしている。軍事力の強化と征服に勇猛なまで専念し、それに成功した社会は、強い軍隊の背後で、経済的には沈滞し、崩壊してしまう場合が多い。さらに、その国の支配者や国民が軍事力の強化をどんなに願ったところで、経済的に沈滞し切った国家では、他の財貨やサービスの発展がむずかしいのと同様、軍事的な財貨やサービスの増産もむずかしい。

戦争は、文字通り直接に「平和産業」に依存している。ライト兄弟の自転車店は、軍事工場ではなかった。アメリカン・リサーチ・アンド・デベロップメントがボストンの科学関連産業に融資を始めた時、これらの新興産業は軍事契約を結ばなかったし、それを予測してもいなかった。七、八年後、連邦政府が軍事的な財貨や軍事関係の調査研究に向けて巨額の金を注ぐようになってから、そうした軍事的な仕事が生れたのだ。

現在、アメリカの弾道弾や宇宙船の打上げに使われている固体燃料の歴史は、一九二六年に始る。その年、カンザスシティの二人の科学者が、ちっぽけな会社を設立し、新しい不凍剤を作ろうとした。彼らは、誤って弱い合成ゴムを作り、それを改善、発展させようとした。だが、彼らに不凍剤の開発資金を先行投資していた石油会社との契約を破棄し、彼らは自らの方法を買わねばならなかった。カンザスシティの塩の商人と数人の零細投資家が、七万五〇〇〇ドルを融資してくれた。このうち五万ドルを契約破棄のために支払い、残りの二万五〇〇〇ドルをゴムを作るための運転資金に充てようとした。そのころ、カンザスシティを牛耳っていたボス、プレンダーガーストが、このシオコルという小さな会社に、町から出て行くよう命じた。フォーチュン誌によると、禁酒法時代のカンザスシティで暗躍していた酒類製造業者やブドウ酒メーカーたちが、シオコルの工場から出る臭いから、アルコール製品を作っているらしい、とプレンダーガーストに訴えたからだった。

そこで、シオコルはニュージャージーのトレントンに移った。その後の一〇年間「ただひとつの重要な業績は、その生産物の臭いをかなり縮小させたことだった」とフォーチュン誌は伝えている。とにかく、その会社がよみがえることができたのは、むしろ驚異である。その販売の大部分は、他の化学会社に向けられた。それらの化学会社は、この珍しい生産物を使ってあれこれ試みたが、みなあきらめてしまった。そのころ、ダウ・ケミカル社が株式の三分の一と製造権を買った。だが、ダウ・ケミカルは、その資本参加から有益なものは何も得られなかったため、持株をやめ、製造もやめた。しばらくして、デュポン社が良質の合成ゴムを開発した。

その後、一九四六年になると、シオコル社はカリフォルニア工科大学のジェット推進力研究所から、次から次に小さいが多くの注文を受け始めた。シオコルの所有者たちは、この研究所がシオコルの作っている熱源に興味を持っている理由を尋ねた。CIT（カリフォルニア工科大学）の研究員の幾人かが、その物質をロケット燃料の最高の熱源と考えているようだ、ということだった。しかし、その物質は固体燃料だった。当時、アメリカの宇宙計画、国防省とも、液体燃料ロケットに傾いていた。少なくともアメリカには、固体燃料を使うロケット・エンジンはなかった。そこでシオコルは、そうしたエンジンの開発を国防省から手に入れようとした。だが、フォーチュン誌によると、アメリカ一流のロケット学者、ウェルナー・フォン・ブラウンとロケット・ミサイルの開発に当っていた軍部の彼の同僚たちが、固体燃料ロケットの開発に反対していたので、国防省は数年間、何の興味も示さなかった。しかし、シオコル社は、自論を主張し続け、間もなく、ソ連が固体燃料を開発しているという情報がアメリカに漏れてきた。一九五三年、シオコル社は、固体燃料と固体燃料ロケット・エンジンの開発契約を手に入れ、この事業の成功が証明された。一九五八年、国防省は公式声明で、液体燃料のミサイルやロケットから固体燃料に転換することを伝え、その転換がロケット技術に重大な進歩をもたらしたことを明らかにした。その転換は、シオコル社をも大企業にのし上げ、多数の工場が農村や小さな町に建設された。

ここで、ニューヨーク・タイムズ紙が伝えた米下院小委員会公聴会の興味ある質疑について考えてみよう。下院議員たちは、連邦政府の科学技術局長ドナルド・F・ホーニッグに質問を浴びせた。議員たちは、同局が軍事的な財貨の開発や軍事関係の調査研究にどうして多額（九〇％）の金を振向け、都市、輸送、住宅、公害問題を解決するための研究にどうしてほとんど金を回さないか、を知ろうとした。同局は、公害問題などの分野で投資に値する有望な提案に出会っていない、とホーニッグ博士は答えた。彼は「まだ進歩していない分野では、進歩を買うこともできなければ、進歩を創造することもできない」と語った。ホーニッグ博士とその同僚たちは、何を求めてよいのかわからなかったのだ。しかし、理論的にみれば、彼は正しかった。資本は、それ自体では何も生み出さない。つまり、シオコル社や、一九四〇年代後半のボストンやロサンゼルスに生れた若い電子工学メーカーのように、たとえ小規模であっても多彩な出発点が存在するのでなければ、多額の開発資本の投資に値するものは何もない。もし、いろんな、小規模だが新しい出発点（企業）に対して、最初に少額の資本が振向けられていないなら――きわめて多くの企業があれば、その金額もいっそう多くなる――、目的にかなない納得のいく形で資本を開発に振向けることは不可能である。国防関係当局は、こうした活動にあふれた出発点の創出に、あまり心をくだかない。既成の事実がある程度出来上がってから、国防当局にとって重要になるのだが……。軍事当局が新機軸を推進しているとあえていうならば、それらの当局がしている行為は「進歩しようとしている分野」の「進歩を買取る」ことだ。すなわち、国防関係当局は、一般的な経済発展の過程を通してもたらされた軍事関係の財貨、サービス、組織に手を伸ばし、よりいっそうの開発と増産をはかるために、開発資本を集約的に供給するようになる。以上が、戦争と一般的な経済成長との関係、軍事上の財貨と、しばしば軍事上の財貨とサービスに発展する新機軸との関係だと、私は考える。巨大都市の大規模な地元経済が、その経済の中に自分の存在を認めてくれる余地を見出す芸術家を「説明する」のではないのと同じ意味で、以上の観察は、戦争を「説明している」のではない。しかし、軍事産業が多くの新機軸を生み出すためにどんなに必要であるか、ということを、以上の観察は意味していると思う。

軍事上の財貨の開発に向けられる資本の使われ方は、普通の資本の使われ方とかなり違う。軍事上の財貨にとって、開発資本は、ちょうど生産財として使われているようなものだ。つまり、シャツの生地がシャツの縫製職人に、革がくつ職人に供給されるのと同じように、開発資本は直接生産する生産者に振り向けられる。これは有効な方法だ。この方法によって、新しい財貨やサービスの創造や生産がもたらされる。

たいがいの政府機関は、こんな資本の使い方をしない。「公共福祉」に当る政府機関では、特にそうだ。そうした政府機関は、その資本の大部分をちょうど資金それ自体が問題を解決し、公共的な善を推進できるかのように使いがちだ。教育体系、住宅計画、保健組織は、くずれかけていないだろうか。ただ金、より多くの金だけが、共通した治療法である。だが、ホーニッグ博士が証言したように、創造性がないために、金で買うことができる

「進歩」がもしあったとしても、ごく少ない。だから——アメリカン・リサーチ・アンド・デベロップメントやロサンゼルスの衣服製造業者に奉仕した昔のユニオン・バンク・アンド・トラストのような——ごく少ない例外を除けば、非政府的な金融組織の多くは、単なる生産財のようにみえる開発資本を、以上のような目的のためには使いたがらない。むしろ、そうした金融組織は、ちょうど開発資本の増殖それ自体が目的であるかのように、開発資本を使いたがる。世界中の国防関係当局は、マルクス主義の国でも資本主義国でも、資本に対し共通したイデオロギーを持っている。

軍事産業に向けられる創造的な努力の多く、おそらくその大部分は、戦争を引起そうとする激情とは、ほとんど関係がない。軍事上の財貨の開発企業や製造企業の宣伝が、これを語る一例だ。サイエンティフィック・アメリカン誌で、ある企業は次のようにささやく。「ジェット機を一〇〇〇フィート以内に空中に噴射させる射出装置は、離陸したあとで鉄製の発射ケーブルを止める巨大なブレーキ装置を必要とする」。さらに、広告は続く。「戦争を求める熱情ではない。この会社に、(他の)難問を解決してくれる製品を創造させようとしている顧客を見つけ、奉仕しようとする熱情だ」。この広告は、石綿、ゴム、焼結金属、特殊プラスチック製品のメーカーのものだ。軍需用の財貨や宇宙開発用の財貨を開発している別の企業は、その雇用者——化学者、技師、機械設備などの分析者——に向けて宣伝している。宣伝は次のように訴えている。「われわれにはビル以上のものがある。活力、情熱、職業意欲、人間がある。こんな環境のもとで、あなたは気持よく働くことができる」

知的で人道心にあふれた人々が、どうしてミサイルや爆撃機の生産ばかりでなく、植物や動物や人間をぼろぼろにしてしまう突然変異のバクテリアの育成に当るのか理解できないとまず思うだろう。愛国の情も、好戦的な激情も、人間がそうした悪に染まることにはあまり関係がないように思われる。愛国主義者たちと同じようにそうした軍事上の財貨の生産に携わっている人々は、その仕事を必ずしも誇りに思っているわけではない。事実、彼らは、死刑執行人と同じように、その革新的な職業をひた隠しにしがちだ。あるいは、ナパーム爆弾の発明者のように、そうした人々が名ざしされ、攻撃の矢面に立たされると、彼らは知識——むしろ有益な知識に貢献してきただけだ、というだろう。彼らは、戦争に対する渇望《かつ》を示すどころか、自分自身やその仕事を戦争と結びつけまいとするだろう。さらに、自分たちが作った製品を使うかどうかは、自分たちの責任ではない、と彼らはいうだろう。それを使うかどうかは別として、そのような仕事が持つ、きびしい目的とそれに対する興味が、魅力的な力を発散させているのではないか、と私は思う。発射ケーブルを止める装置を開発する仕事は、きびしい目的を持った仕事だ。その特性からみて開発のむずかしいガスを創造するという目的のために、試行錯誤が繰返された。難問を解決するためには苦痛を要するが、そんな仕事をする機会を持たないことも苦痛である。多くの人々がその職業に目的がなく退屈しているよりも、たとえ悪い目的であって、よこしまな物を創造するのであっても、そんな仕事に巻込まれることを好むのは、このためだろう。「気持よく働くことのできるところで」特に新しい困難な仕事に立向おうとする衝動それ自体は、不健康なものではない。つまり、お客にていねいな技術を提供しようとせず、お客をだまさなければならないような修理店で働こうとしたり、完全に老朽化してしまった社会福祉組織や教育組織で働いてなにも成し遂げないことよりも、健康的である、といっているのだ。ポール・グッドマンが指摘したように、人々は彼に手をさしのべているたぐいの多くの仕事が、ばかばかしいものであることに気づいている。

どんな目的のためであっても、新しい財貨やサービスを発明したり開発しようとしている人々は、ほとんどすべて、驚くほど熱心にその仕事に投資する。その態度は、技術革新者に欠かせない要件だ。しかし、資本を提供する側の人たちにそのような熱心さを発見することはむずかしい。「進歩しつつある分野」で軍事上の財貨の進歩だけを買う、という資本の使い方から学んだ事柄が、現実なのだし、現実にあてはめられることだと思う。

しかし、戦争が経済発展にもたらすもうひとつの影響は、過去のそれとは異ってきている。その破壊性にもかかわらず、過去には、戦争は本来、経済発展の過程と相容れないものではなかった。戦争は本来、都市の成長や都市に対する産業の集中と、両立しないものでもなかった。事実、都市は、戦時中の人々や財産や仕事にとって、最も安全な場所であった。郊外や田舎は、攻撃されやすい場所だった。しかし、今日では事情が違う。いまや戦争技術は、国際的な戦争と都市の存在とが両立しない段階にまで到達している。不毛に終ったが、中国が、大規模で生産的な都市を発展させない形でその国の経済を発展させようとしたひとつの理由は、この変化のためとみられる。この政策は国防上の手段なのだ。こうした環境のもとでは、国防上の手段としてだけからみれば、この政策は納得のゆくことだし、正しいといえよう。

「基本的」資本

一国の「基本的」資本は土地と、土地に注がれた労働だ、とする伝統的概念は、明らかに誤りである。もしそうした概念が正しいとすれば、典型的な農業国家は今日、高度に工業化、都市化した国に、逆に資本や他の金融サービスを輸出していなければならないだろう。また、工業化し都市化した国の内部でも、農村地域が都市に資本を輸出していなければならない。それは、農村から都市への補助金などの形で行なわれよう。土地は基本的な資本であるという仮定に立って、ヘンリー・ジョージ・i は都市のすべての利得は都市の土地の価値から生れる、と主張した。もちろん、非常に高い都市の価値は、土地それ自体から生れるのではなくて、都市の土地に集中した仕事によって生れるのだ。

・i――ジョージ　ヘンリー（Henry George）。アメリカの経済学者（一八三九―九七）。代表作『進歩と貧困』（Progress and Poverty, 1880）で、経済的進歩と貧困の矛盾を地代の集積に求めた。地代をすべて租税として国が徴収、他の一切の租税を廃止する、という急進的な土地改革論を展開、イギリスの社会主義に影響を与えた。

一国の基本的な富は、その生産能力である。それは、人々が昔からの仕事に新しい仕事を追加しなければならなかったという現実的な好機によって、生み出される。だが、基本的な資本について云々することは、どんな場合でもプラトニックな概念ばかりを唱えているようなものだ。次のような会話に似ている。「そう、私は、シャツ縫製業者のためにシャツの生地を作る人々については理解している。しかし、基本的なシャツの生地とは何なのか」

現実の世界では、資本は、都市の他のどんな財貨よりも多くのものを生み出す。そして、農村の発展は、都市からの資本輸出によって支えられる。すべての発展する経済は、資本を生む。だから、低開発国が海外から金を融通してもらわねばならない、ということは、それらの国は精気を失いかけた植民地的な保護領として「発展させられている」か、または、自立経済でないということと同じだ。もし援助されている国や地域の中で経済発展が実際に起り始めると、外部からの援助は、ほんの短い間だが、最大限に必要になる。

一国の経済発展が、それ自体の産業に依存していることは明らかだ。高度に発展し繁栄している国が発展途上国に対して行なうべき手助けは、発展途上国から何かを買うことだ。そして、発展途上国の未発育都市や停滞し切った都市に対して、輸出品をふやしてやり、輸入品を買ってやり、輸入品の置換えができるように奉仕することだ。もし都市の人々が昔からの産業に新しい産業を追加しようとせず、それに金を融通する組織がまだその都市に生れていないなら、金融機関がどんなに金をたくさん持っていても、その金融は経済発展をもたらすことができない。同じ原則が、高度に発展した経済にもあてはまる。もし高度に発展した都市が、その都市の新しい産業に資本を供給する組織を間断なく生み出し続けないならば、その都市は停滞するに違いないし、その後、その都市の富も、ゆっくりしたテンポだが縮小し始めるに違いない。

資本の差別的使用

社会の底辺の人々は、慣習上、開発的な仕事に必要な資本を得ることがむずかしいことを知っている。底辺の人人が資本を得たとしても、それを使うことを許されないだろう。経済的に「自由」だと思われる社会でさえ、人間と法律上の権利に対する社会的な差別や不平等な保護——理論的には、法律的に平等なのだが、実際の世界では守られていないような——は、多くの人々から開発的な仕事を奪い取ることになる。たとえ彼らが開発できる能力を持っていたとしてもだ。社会主義社会では、人々は官僚機構の中で仕事をするので、他の人々よりはずっと開発資本を手に入れやすい。その特権を有効に使うかどうかは、別の問題だ。

社会的な差別による非人間性の問題を離れて、純粋に経済問題として考えた場合、差別の影響は、農村社会では深刻ではない。中世のヨーロッパをはじめ他の土地でもたびたび起ったように、身分制度の中でも農村経済は発展し得る。*1 しかし、都市の差別となると、深刻な経済問題だ。差別は深刻な経済的な障害や弱点を生む。身分を低くみられがちな仕事は、重要な新しい財貨やサービスを生み出す父親の役割を果すことが多い。こうした事態は、将来も続くだろう。都市を含めたすべての女性が家財道具の地位に甘んじている社会では、軽べつすべき女性の仕事に関係した財貨やサービス——食品加工、衣服製造、洗たく——の盛んな発展は無意味になる、ということは、経済的な偶発事故ではなかろう。また、どれいに頼った産業が、都市で行なわれた場合でもほとんど発展しなかったことも、偶発事故ではない。さらに、都市の緊急を要する現実的な問題は、社会階級の低い身分の人間に頼っていた場合が多い。より上層の生活をしている人々が、重大だと気づくずっと前に、下層の人々は注目し理解するからである。もし身分を低くみられがちな仕事をしている人々がその仕事に新しい仕事を追加できなければ、その仕事自体が経済的に死滅してしまうばかりか、最終的にはすべての人々に影響を及ぼすような、多くの重大な現実的問題は、未解決のまま残されそうだ。

*1——農村の身分制度は、経済発展につれて差別がなくなっていく場合が多い。農村の人口は都市に移り、そこで社会的な立場を変えること

になるからだ。この種の出来事は、中世のヨーロッパで書かれた論文の中で「都市の空気は自由を作る」と述べられた。この個所は、都市に移った農民について語ったものだ。また、発展する経済のもとで、自作自給農場で換金作物を手がけたり、換金作物を手がけている農場が肉体労働を機械で置換えた場合にも、古い農村の社会秩序はくずれてゆく。

発展を遂げている経済の中では、新興勢力は間断なく生れてくる。歴史的に見た場合、こうした運動は蓄積と見えよう。商人階級が台頭すれば、貴族階級と権力を分ち合い、マニュファクチュア階級が台頭すれば、問屋制の手工業者は権力を奪われることになる。一方、沈滞し切った経済の中では、同じ人々――彼らの階級に並ぶことを許された人々も――が、永久的に権力の座についている。そうした体制が突然転覆した例として、突然工場経営者になった守衛、能率専門家として迎えられた炭鉱作業員、貧しい労働者の子息たちで突然いっぱいになった大学、国際貿易協定の交渉に当っているが、寒さにおびえ空腹に泣いているゲリラたち、首相になった農民――の話を耳にする。そうした変化が、必ずしも経済発展をもたらすとは限らない。それらは、われわれが検討している過程の復活というよりは、人間の転覆に過ぎないからである。だが、どんな場合にも、急激な社会的変化は、経済成長の復活の兆しになる。世界中の人々は、社会階級の転覆と経済成長は手を組んで進む、と理解している――しいたげられている人ほど、よく理解している。

経済的に下層にいる人々は、二つの方法で開発資本への接近をはばまれる。第一に、開発資本を取得する機会がなかなかない。だが、ひとたび取得するや、有効に生かされる。アメリカの諸都市では、ヨーロッパ北部のプロテスタントの国から出た人々以外の新しい移住民たちにとって、自身の事業を始めるのに必要な最初の資本を見つけ出すことは、常に困難だった。この障害を乗越えるただひとつの手段は、金融上の財貨やサービスを売っている銀行などの組織以外に資金源を開拓しなければならないことであった。だが、そうした資金源は非合法であったり、悪評である場合が多かった。つまり、高利をふっかけるスラム街の地主——小金をちびちび貯めていた——、犯罪組織、政府の不正で得た利益から、資本を引き出した。まさにこのような活動によって、今日の尊敬すべき多くの人々が教育を受けることができ、今日の合法的で建設的な企業が最初の資本を手に入れたのだ。こうした活動がなかったならば、教育は受けられなかったろうし、尊敬すべき企業も生れなかったろう。このことが、アメリカの社会で犯罪組織や政治的な不正に異常なほど寛大な理由のひとつ——主な理由でさえある——だと私は思う。また、企業意欲の盛んな人々が犯罪組織とひそかに手を組み、たいがいの場合、法律もそれを甘受していることの、直接的な理由である。

以上の観察は、犯罪、不正、わいろ、スラム街での搾取が、合法的な目的に金を融通する上で適当で不可欠な方法であることを意味しているのではない。逆に、それらは、多くの邪悪な結果をもたらした。もし法的な根拠を持った資本が、それほど差別的でないならば、同じ建設的な事業を興し、利益をもたらすだろうから、犯罪組織や政治的な不正はまったく無意味なものになる。しかし、非合法に得た資本は不適法だが、差別された移住民たちが倹約と自己否定でやっと手に入れた仕事でのきびしい労働によって、資本を貯えていく方法を、とやかくいうのはむだなことだ。日本や中国からのアメリカ移住民は、この方法を試みたが、耐えがたい経済的な脅威と受取られた。経済的な清教徒たちに対する報復は、東洋人に対する排斥法だった。

犯罪組織、ボス政治、スラム街での組織的な搾取——といった源泉から、移住者たちが資本を取得しなかったならば、アメリカの経済発展はとんざしたであろう、ということができる。こうした最初の資本源がなかったならば、アメリカの多くの都市で、多くの移住民の集団がその子孫ともども、経済的な企業を設立できなかっただろう。さらに彼らは、経済的な厄介者——社会の他の人々にとって非生産的な負担——となってしまっただろう。また、今日（一九六〇年代時点）のアメリカの黒人と同じ立場に立たされただろう。今日、アメリカを破壊しようとしている差別問題が、過去にもそんな危険をはらむことになっただろう。最初の障害を克服した後、移民集団の人々はオーソドックスな資本を容易に手に入れることができるようになった。その時には、彼らの多くが事業や職業で成功を遂げていたからである。

ここで、開発事業を始めるのに必要な資本を持っていながら、開発事業にとりかかることを妨害された人々について、その事業を検討してみよう。一八三〇年代にワシントンについた多くの自由黒人の中の数人が、手固く経済的な利得を得ようとした。彼らは多くの事業所を持ち、多方面にわたって地元の経済に奉仕していた。だが、この都市は白人によって牛耳られていた。一八三五年、黒人の開店許可をそれ以後禁じる市の条例を成立させた。ただひとつの例外は、貸二輪馬車業と貸馬車業だった。今日のワシントンでも、黒人のタクシー会社の所有者はいるが、他の事業の所有者はほとんど見当らない。

アメリカのすべての土地で、黒人が資本を手に入れ使おうとする時にはいつも、邪魔がはいった。妨害する方法は、間接的な場合が多かった——北部の都市ほど、より間接的だ。ニューヨーク州のロチェスターの歴史を書いたマッケルビーは、その中で、今世紀の変り目に起った出来事について次のように述べている。「あらゆる土地で、経済的、社会的な障害が（黒人の）進歩を妨害した。ロチェスターでは、都市内の上等なホテルに黒人を入れない、という事実を踏まえて、数人の黒人事業家たちが黒人用のホテルを建設しようとしたが、適当な用地が見つからなかった」。アメリカの黒人たちは、農村社会の抑圧とは別の経済的な服従を強いられてきた。農村社会ならば、ともかく地元の経済に新しい職業を追加できただろう黒人たちは、都市の中の差別で経済的な服従を強いられてきたのだ。*2

*2――しかし、政治的には進歩した！　マッケルビーは、ロチェスターについて次のように述べている。「一八九五年に有色人種有権者連盟の地方支部が結成された。共和党のクラブが新しい健全な分局を黒人の中に作り、たまたまひとつの約束をした。約束に従って黒人の一人が……その年、市民奉仕調査員たちの部課の秘書のポストを得た。その当時、裁判所が問題をはぐらかしたため、レストランやくつ磨き所での平等な処遇を実現しようとした数人の黒人の試みが失敗したのに、新聞社はその問題はあまり騒がず、南部諸州のリンチを非難するために多くの強力な編集陣を派遣した」

随分前、W・E・B・デュボア・2が、アメリカの黒人を「驚くほどすき通って見える厚い板ガラス」の中に監禁された人々にたとえた。板ガラスを通して、監禁されている者たちは見ることもできたし、見られもした。だが、話していることは聞えなかった。彼は、ガラスの中の人々について次のように書いた。「(最初は) 静かに論理的に話す。……だが、通り過ぎて行く人々が振返りもせず、振返っても、奇妙な目でながめ、通り過ぎて行くことに気がつく……(囚人たちは) 興奮してくる。声を張上げて話すようになり、身ぶりをつけるようになる。通り過ぎて行く人々の中に、好奇心から立止る者もいる。囚人の身ぶりがわけのわからぬものだから、笑い、通り過ぎて行く。彼らは、ガラスの内側の声を全く聞取れないし、聞えても、かすかにしか聞えない。ガラスの内側の声を理解できないのだ。その後、囚人たちはヒステリックになる。彼らは泣き叫び、障害物に体ごとぶつかって行く。何といっても外には聞えない空間の中で泣き叫び、彼らの奇妙な行為が外で見ている人たちにとってどんなにこっけいにみえるかを自覚できないほど、混乱する。囚人たちは血だらけになり、顔も醜くゆがむ。そして、自分が恐ろしい、なだめにくい人々に取巻かれているのに気づく。自分自身の存在に驚くようになる」

・2——デュボア　ウイリアム・エドワード・バーガート（William Edward Burghardt Du Bois）アメリカの作家・教育者・黒人指導者（一八六八—一九六三）。『世界とアフリカ』（The World and Africa, 1947）などの著書で示されるように、アフリカの植民地解放と結びつけながらアメリカでの黒人解放運動を指導した。

しかし、事態は、以上の言葉から想像するよりもっと悪化している。そのわけはこうだ。もしアメリカの白人が黒人がやろうとしていることを全く無視し、アメリカ国内の都市の黒人社会で進んでいる出来事を全く知らないのならば、黒人たちは仕事を開発し、古い仕事に新しい仕事を追加するための好機を持つようになろう。だが、実際には、黒人たちは、ゲットーの中で、白人たちによって絶対的に規制されている。黒人の神経外科医、トーマス・マシュー博士は、政府の白人の役人から、都市の機関がどのように黒人の自立計画を援助したらよいか、と尋ねられた時、こう答えた。「われわれの進む道をはばむな。それから始めよう」。善意ある白人たちが最近、次のような気まぐれな事業をやった。黒人用に新しい住宅を建設する白人の会社に対して課税を免除し、黒人を訓練する白人所有の公的な事業や他の巨大企業に、何百万ドルもの補助金を出した。この方法は、自力だけでは発展できない植民地に対する海外援助と似ている。これと同じ線に沿って、数年前、ニューヨーク市と連邦政府は、手始めにハーレムにある三七のビルを復旧しようとした。理屈では、黒人所有の建設会社も、その事業の入札に自由に参加できた。だが、とんでもないわながあった。三七のビルをすべて「ひと包み」として扱ったのだ。このため、その大事業に見合うほどの担保を持った——市と政府の規則で決められていた——会社だけが入札に参加できた。それだけの担保を持つ会社は大企業に限られ、白人の建設会社を意味した。当然、白人所有の大会社が落札した。もし請負契約がひとつひとつのビルごとに切離して行なわれていたならば——これはずっと現実的な方法であるし、白人地域内でビルを復旧する場合は、この方法が習慣になっているのに——、黒人の請負業者たちも契約を競えたのだ。ニューヨークの黒人の建設組織や請負組織で作っていた協会は、この事業で仕事の足場を確立しようと考え、ビルごとに入札をするよう市に陳情した。だが、むだだった。再び試みたが、それもむだだった。そこで、米下院に、この事態を調査し、黒人でもできる事業から市が黒人を締出そうとしているわけを明らかにしてほしい、と要請した。

一九六六年、連邦政府の中小企業庁は、黒人所有の新事業所の設立を奨励する計画を、胸を張って発表した。だが、当局は借款に、ある条件を設けた。その第一は、その借款を受取る人はまず「貧困の水準」にいなければならなかった。現実的にみれば、貧民であらねばならないことを意味した。当然、このことは、その一歩から、有望ですばらしい多くの借款の可能性を殺してしまった。一九六六年十二月に、ニューヨークの行政官がもうひとつの奇妙な規則を作った。借款を希望する黒人ゲットーに住む全住民は「新設しようとしている事業がその共同体にとって現実にどれほど必要かを証明しなければならない」。その事業が、現在でも認識し得る「経済的空間」を満たすものであることを示さなければならなくなった。もちろん、その行政官が判定者でもあった。これで、新機軸が生れる可能性は全く消えてしまった。

しかし、他の場合には、黒人への抑圧が続いていることに対しての弁解として、黒人ゲットーは他の地域と異る特別地帯ではないから、他の地域で適用されているのと同じ規則に従わなければならない、と繰返す。そこで、ニューヨーク市郊外のジャマイカ、クイーンの広い黒人地域に作られた黒人社会病院の組織者であり、理事でもあるマシュー博士の経験を考えてみよう。彼は市から奨励措置を受けておらず、それだけに何の干渉も受けていないが、病院はなんとかやっていける状態だし、むしろ繁盛している。病院の成功が、ひとつの問題を生み出した。病院の周囲の公的輸送が非常に貧弱なため、病院職員や多くの患者の通院がひどく不便になったことだ。この問題を解決するために、博士は「無料」バス会社を創設した。彼の計画に従って、支払い能力のある乗客は一回乗車するごとに二五セントのバス会社の社債を買った。買う余裕のない人は無料だった。この珍しい計画は、多くの難問を解くすばらしい解決策となった。料金を支払う金はないが足を必要とした人々が、このバスを利用した。運賃の代りに社債を売ることにより、多くの利益を受けた。第一に、胸を張って「黒人共同体に真に属する会社がここにある」と叫ぶことができた。さらに、社債は理屈では運賃と違う。運賃を取る輸送会社は営業特別許可を取らなければならないし、簡単に取れるものではない。マシュー博士は抜穴を発見したわけである。この輸送営業の許可制は、制定された当初、輸送機関の発展推進に役立った。特許とか著作権というよりも、輸送機関の開発者を保護する役割を、許可制が果したからだ。だが、その後、許可制は都市の腐敗の原因となった。政治機構を牛耳っている人々の売物になってしまったからだ。現在、この許可制のただひとつの役割は、時代遅れの独占組織を「保護」していることだ。これら独占組織はたいがい、公的機関によって所有されている。従って、そうした独占組織がどんな不始末を犯しても、許可の取消し請求が出されないことを意味している。

マシュー博士のバス会社は繁盛した。間もなく、ハーレムに第二のバス路線を設けたほどだった。ハーレムの人々は随分前から、公共の陸上輸送に不満を訴えていた。輸送機構を改善するよう市に何度も陳情運動をかけたが、みなむだだった。ここで、私が本書中で述べてきた発展原理のいくつかを語る古典的な例が、起ってくる。新しい仕事が文字通り古い仕事に追加され、関係する問題を解決した。新しい仕事はその意志で拡大を続けた。それは、既存の方法を安易に模倣したものではなく、現実的で具体的な状況に合わせて創造的に応用させたものだ。ここで、この種の新機軸がどんな結果を導くか、を考えてみよう。いろんな困難な問題に立向うため、ニューヨークに、小規模だが新しい輸送サービスが無数に新設されることになるだろうか。そうならば、ニューヨークの輸送は改善され始めるだろうし、拡大さえしよう。

しかし、一九六八年の初め、マシュー博士の第二のバス路線が新設されるとほぼ同時に、市役所が裁判所で二つのバス路線の閉鎖命令を手に入れた。二つのバス路線が閉鎖され、すべてが終った。自分自身の問題の解決を妨害されている人々は、彼らの都市の問題も解決できないものだ。

超過資本

ひとつの経済が買うものの中で最も高くつくもののひとつは、経済的な試行錯誤、つまり開発資本である。なぜ高くつくかというと、多くの企業が最初の資本を見つけ出さねばならず――失敗した場合の資本もまかなわなければならない――、そのうえ、成功し始めた場合にも、かなりの開発資本を見つけ出さなければならないからだ。「高くつく」ということは、もちろん「浪費する」という意味ではない。開発事業が開発資本を弁済しなければならない。実際問題として、ひとつの経済の中の多くの人々の生活水準を段階的に引下げていくことでもなければ、経済は開発事業なしに開発資本を弁済し続けることはできない。ともかく、開発資本は高くつくし、開発事業が手を抜かれたり妨害を受けたりする場合、多額な資本は他の用途に振向けられることになる。

ここで、三億ドルで、新しくて若い企業がどれだけの投資をできるか、考えてみよう。

たとえば――。

一万ドルずつ五〇〇〇の借款（計五〇〇〇万ドル）
二万五〇〇〇ドルずつ四〇〇〇の借款（計一億ドル）
五万ドルずつ一二〇〇の借款（計六〇〇〇万ドル）
一五万ドルずつ二〇〇の借款（計三〇〇〇万ドル）
五〇万ドルずつ一〇〇の借款（計五〇〇〇万ドル）

一〇〇万ドルずつ一〇の借款（計一〇〇〇万ドル）
一九五〇年代にニューヨークの一地域、イーストハーレムの公営住宅と公営住宅関係の建設事業に費やされた金額とたまたま同額なので、三億ドルを例にとっている。イーストハーレムの人口は約二〇万だった。だが、イーストハーレムの経済事情はいまや三億ドルの支出がされる以前に比べて、ずっと悪化している。失業率、不完全雇用率、公共福祉費――住宅のくずれ方でさえ――とも、上昇することはあっても下がったことがない。緊急を要するすべての問題が、より緊急対策を必要とするようになった。[*3] イーストハーレムの住民は、生産財や生産者向けのサービスを使い、新しい事業を開発して、経済的に自立するための金を手に入れることができなかったからだ。しかし、公営住宅計画によって三億ドルもの金が使われたことを考えれば、資本の不足のためでないことは明らかだ。

*3――突然、一三〇〇以上の商業会社――この大部分をプエルトリコ系の人々が所有していた――と五〇〇の非商業会社がつぶれた。公営住宅建設計画がその原因だった。

私が本書を書いているころ、ニューヨーク市の公共福祉費は、毎年一四億ドルに達していたことを考えてみよう。もし一年間に公共福祉費の一〇%が新しく若い企業に投資されたならば、その都市で一年間に一億四〇〇〇万ドルもの金が投資に向けられただろうに――。公共福祉予算の一〇%とは、それほど高い率なのだろうか。だが、公共福祉費はほんの数年のうちに倍にふえてしまった。このことは、毎年一〇%増以上の資本が完全に非生産的な支出として使われたことを意味する。このことから、資本の不足それ自体が、新しい事業の開発に必要とされるほぼ適正な資本の不足を招く理由でないことが、はっきりする。ここで、ハイウェーの建設に使われる何十億ドルもの金について考えてみよう。その多くは、強力な建設組合だけにとってうま味のある仕事だった。*4モヘンジョダロ、ハラッパの故事が思い出される。そこでは、新しいものは何も開発されていないのに、陶器類の大量生産が増産を重ね、人々が処理し切れないだけの陶器に取囲まれるまで、増産が続いた。

*4――ニューヨーク市のそうしたハイウェー建設に当って、二マイルにも達しない一区間を仕上げるために――その事業は何も解決しないし、今日の交通問題と公害問題を合成させるだけだ――、約一万人を雇っていた八〇〇前後の事業所をつぶしたり移転させることになり、その費用は二億ドルに達しよう。この事業は、建設会社の労働組合連合と、市の二大銀行のひとつ、多くの政府機関によって進められており、これら組織の成長の方が、このハイウェー計画や関連事業計画に依存しているだけだ。

以上を要約すると、これまで続けてきた強力な経済の開発努力を無視してしまうと、多くの資本が非生産的な目的に使われることになり、窮地に陥る。この場合、人々にとって資本を有効に生かすすべを見つけ出すことが、むずかしくなる。だが、その社会は、ほんの短い間、異常なほど豊かであるようにみえる。ある意味では、確かに豊かといえよう。なぜなら、その社会は本来なら負担しなければならない最も高くつく物のひとつを、節約しているからである。ともかく、あらゆる種類の慈善的な行為、ぜいたく、虚栄心の誇示が可能になる。ディズレーリがマンチェスターに興味を持ったひとつの理由は、マンチェスターで生み出された膨大な資本が、マンチェスター経済の中で、よりいっそうの開発をはかるためには使われていなかったからだ。膨大な資本は、異常なほどの市民の虚飾を含めた他の用途に、大量に向けられていた。

このような持てる悩みを克服するため、都市は資本を輸出することになろう。もちろん、発展し、成長を続けている都市も普通、資本の輸出業者となる。しかし、地元の経済の開発を止めてしまった――新しい輸出品を生み出し、輸入品を置換えることを止めてしまった――都市の場合、その都市は特異な資本の輸出業者となる。南北戦争前のチャールストン、サウスカロライナが、まさにその例だった。それらの都市では、地元が生み出した資本を地元で使えなかった。おそらく、人口の約半分が黒人どれいだったためだろう。一都市の人口の大部分の人々が開発事業から締出されている場合、しかもかなりの資本がぜいたくや虚栄心の誇示に向けて費やされた後には、資本を地元で生かす余地がほとんどなくなる。一都市が特異な形で資本を輸出することは、その都市で資本が差別的に使われていることと関連がある、と私は思う。チャールストンが輸出した金の大部分は、ボストンに渡ったようだ。しかし、その金の多くが、ボストンの開発事業のために使われたかどうかは、疑わしい。というのは、一九二〇年代の初めのボストンも、資本を輸出していたからだ――輸出先はボストンのすぐ近くにあったが。ボストンの資本家たちは、ニューイングランドに不振な会社を集めた町を建設し始めていた。チャールストンの金は、ボストンの金とともに、これらの企業に向けられた。間もなくボストンは、多くの人間、つまりアイルランド移民をかかえることになった。アイルランド移民は、ボストンの資本家から差別され、新しい事業の開発を妨害された。

今日、デトロイトでは、新しい財貨やサービス、新しい企業や産業に対して、資本がほとんど使われていない。だが一方で、デトロイトは地元で生み出す驚くほど多額な資本を輸出している。資本の一部は、フォード財団による大規模な慈善事業の形で輸出されている。その資本は、ニューヨークにある財団本部から世界中にばらまかれている。フォード財団・3 は、貧困の「原因」つまり、沈滞し切った都市の貧しい人々に何が欠けているかについての多くの研究にも、資金を融通している。

・3――フォード財団（Ford Foundation）フォード自動車の創業者ヘンリー・フォード（一八六三―一九四七）が一九三六年に設立した。現在約二八億ドルの資産をもち、大学の自然・社会科学の研究、低開発国援助などに毎年一億ドル以上を投入している。日本で援助を受けている研究団体も多い。

一国の中で大部分の都市が、とくに社会階級の下層にいる人々――こうした人々は、しいたげられた状態の中で成長しなければならないか、または、経済成長を遂げている国へ移民に出なければならない――による新しい事業の開発を無視するようになると、あり余った資本を輸出すべき土地が国内にはなくなる。

過去二五年間に行なわれたアメリカからの膨大な資本輸出は、たいがい国内の都市の黒人などによって経済的な試行錯誤、つまり開発という金のかかる事業には使われなかった金の輸出であった。つまり、アメリカ国内の都市で緊急対策を要する難問が累積され始めているのに、それらの問題を解決するために必要な新しい財貨やサービスの開発に支出されなかった金だった。新しい仕事の開発を節約している経済が持てる悩みを味わえるのは、ほんのひと時に過ぎない。それは、沈滞への前奏曲である。

❽将来の発展のパターン

いまや、ひとつの都市経済が発展する場合に作用するすべての重要な過程を追求している。第一に、その都市は、より古い都市の中に、最初の輸出産業を受入れてくれる成長市場を見つける。そして、その都市は、最初の輸出産業に対して生産財や生産者向けのサービスを供給する多くの事業所を地元に築く。第二に、生産財やサービスの供給者の中から、その仕事を輸出する者が出てくる。この新しい輸出産業に対して、生産財やサービスを供給する多くの事業所を、都市は地元に追加する。これらの新しい地元市場向けの供給者の中から、その仕事を輸出する者が出てくる。それらの新しい輸出産業に対して、生産財やサービスを供給する地元の企業を都市は築くことになる。この運動が持続して進むだろう。そしてその都市は、より多くの輸入品を手に入れるようになり、その量も種類もふえる。

第三に、その都市が手に入れた輸入品の多くが、地元で生産された財貨やサービスで置換される。この過程は、その都市に爆発的な成長をもたらす。それと同時に、その都市は輸入品の構成を変える。都市の輸出—輸入量に比例して、その地元経済は巨大になり、多彩になる。輸入置換の過程がもたらす強力な乗数効果によって、その地元経済は全く新しい種類の財貨やサービス、つまりこれまでに輸入されたこともなかったし、地元で生産されたこともなかった財貨やサービスを受入れる余裕を持つようになる。これらの財貨やサービスの中に、かつてどこにもなかった財貨やサービスが含まれることもある。輸入品の置換えが、全体の経済活動を急速に拡大させる。第四に、その都市の地元産業がきわめて巨大になり多彩になると、多種多彩な輸出品を生み出す有力な発生地となる。輸出品には、生産財と生産者向けのサービスばかりでなく、消費財と消費者向けのサービス、地元向けの財貨やサービスから輸出品になったものも含まれる。その都市の輸出組織は(a)他の人々が支配していた地元向けの産業に輸出産業を追加する(b)自分自身がやっていた地元向けの産業に別の輸出産業を追加する(c)地元向けとして始めた産業を輸出する――形で生れてくる。新しい輸出品を生み出すことで、その都市はより多くの輸入品を手に入れる。しかし、古くからの輸出品がすたれたり、各組織の分工場が農村社会に移転したり、これまで輸入していた都市がその輸出品を地元の生産で置換するようになるため、その都市は古い輸出品を失うようになるが、多くの新しい輸出品が、失われた古い輸出品を償う。

第五に、この時から、その都市は新しい輸出品を生み、新しい輸入品を取得し続ける。その輸入品を地元の生産で置換え、さらに新しい輸出品を生み、輸入品をかせぐ。その輸入品を地元の生産で置換する……。こうした運動が持続する。

以上にあげたすべての過程が、ともにかち合い、二つの連動する反復運動体系を構成する。第一が第二を誘発する、という具合に(二つの反復体系の相互作用を示す図式は、付録の第四節に示してある)。この過程のどれかひとつが失敗すれば、全体の組織が止り、都市は経済的に沈滞の道を歩む。

以上の過程で形成される生産財や生産者向けのサービスの中に、昔からの財貨やサービスに対する資本供給と同じように、形成され、成長しようとしている新しい財貨やサービスに対する資本の供給も含まれる。基本的な過程は、古い分業に新しい仕事を追加し、そして、より新しい経済活動が追加されるまで、分業を増殖することにある。私はこの基本的な過程を〔D+A→nD〕と記号化したが、これは他のすべても説明する。

細分生産の登場

以上の過程で生れてくる財貨やサービスは変化し、必ずしも前もって予想されるものではないが、その過程とその過程が構成する組織は、古くからあったものだし、前もって予見できる。新しい財貨とサービスが現れるにつれて、経済組織の支配的なパターンもまた変化する。これは漸進的だが巨大な蓄積された運動となって現れる。たとえば、マニュファクチュア（工場制手工業）という支配的な方式が手工業の生産に使われたものだ。この方式は、今日の先進国で大量生産方式となって成功してきている。この方式は、今でも行なわれているが、昔も行なわれていた。モヘンジョダロやハラッパは、それなりの大量生産を持っていたし、ローマ帝国の都市も、ランプや陶器類や他の道具を大量生産した。一九世紀の産業革命で開発された機械は、大量生産を推進する上できわめて見事な手段となった。しかし、大量生産という概念と行動は、その前からあったのだ。大量生産は、製造業の最終的なパターンなのだろうか。あるいは、より進んだパターンがほかにあるのだろうか。

この質問に答える前に、時とともに変化してきたもうひとつの重大なパターン、すなわち組織産業について考えてみよう。商人たちは、マニュファクチュアを組織した。商人が組織したマニュファクチュアという方法は、主に手工業生産に使われた。通商は、財貨の交換を仲立ちするばかりでなく、他の経済活動を組織する活動でもあった。当時、商人が組織者だったから、手工業制の工場の経営者たちも商人になろうとしたものだ。しかし、今日では、たとえば販売業者になりたいと望んでいる自動車製造業者を見つけ出すことができない。いまや製造業は、多方面の通商やサービスを含めた他の経済活動の中で、中心的な経済活動になっている。製造業は、物を作るというばかりでなく、他の経済活動を組織する活動になっている。この変化は本格的な大量生産産業の誕生とともに始った。この動きを図で見たいと思う人のために、付録の五節に小さな図式をのせてある。

アダム・スミスは、一八世紀のイギリスで最も進んだ経済を見て、経済発展の未来のパターンを占う手がかりを発見した。その当時、大量生産はまだ製造業の支配的な方法になっていなかった。しかしスミスは、大量生産が来たるべき方法であると読んだ。これまでの観察から、アメリカの経済は沈滞*1への過程を歩んでいる、と私は思う。それでもアメリカの経済は、世界で最も進歩した経済社会であることに変わりはない。従って、その将来の姿はどうであっても、アメリカの経済は、より高度に発展した将来の経済でみられると思われるパターン——これらの経済が、たとえどこで興っても——を探る手がかりとなる格好な経済である。

*1——この沈滞がどれほど決定的なものかどうかについては、私はあえて予言しない。もしその沈滞が根強く、がん固なものだとすれば、後期帝国の沈滞や、革命によってだけ復活できた多くの経済の沈滞と比較できるものだろう。もしアメリカ国内の沈滞が克服されれば、その時、たくましい都市の発展過程が再び始動し得るし、始動することになろう。

アメリカの衣服製造業が、未来の製造業に対して興味深い手がかりを提供している、と私は思う。衣服製造業は、明らかに相異った三種類の製造法を示しているからだ。最も古い方法は手工業で、テーラーやドレスメーカーがこの方法に頼っている。この方法は今日でも、高級の注文洋服店や婦人服仕立人でとられている。第二の方法は大量生産である。外とう、軍服、大衆値段の男性用シャツ、大部分のソックス、ナイロン・ストッキング、その他の標準的な下着を製造する時にとられる方法だ。アメリカの衣服製造での大量生産は、一八六〇年代に始った。その当時、衣服の製造は、極端なほど標準化した製品を生産していたごく少ない巨大組織の手で行なわれていたようだ。イシュベル・ロスが書いた『十字軍と張骨入りスカート』によると、最初の成功のひとつは、エレン・デモレストの工場で生産された小さな張骨入りスカートであった。彼女は、衣服の製造、模様織物の製造、ファッション・ジャーナリズムの分野で数々の新機軸をもたらした著名な開発者の一人である。彼女が大量生産したスカートは「張骨入りスカート時代の驚異のひとつであり、大変な人気を博し、よく売れた」。ロスの引用によると、当時のある作家は次のように語った。「デモレストは、安価で実にすばらしい張骨入りスカートを製造した最初の人として、感謝をこめて記憶するに値する人だ。そのスカートは瞬く間に流行したので、他の製造業者たちは、価格や使った材料の質、投下した労働力の上で、とても太刀打ちできなかったにもかかわらず、製品の値下げをせざるを得なかった」。それから一世紀ほど後、フォーチュン誌がニューヨークの衣服製造産業の実態調査をした際、一八六〇年代のニューヨークでその産業に雇われている人々の三分の一が、張骨入りスカートを製造していたひとつの会社に集中していたのに気づいて「ゼネラル・モーターズ社と全く似かよった方法が（婦人用の）衣服製造企業でもとられていた」と報告したのは、デモレストのスカート製造会社を語ったものだ。この組織も大量製造による衣服製造業を制圧することはできなかったが、大量生産された衣服での最大の成功は、衣料品市場の中の最大の共通分母を発見し、それに集中した会社によって成遂げられた。

衣服製造の第三の方法は、今世紀になって殊に台頭し、先に述べた二つの方法に比べてより急速に普及し、支配的な方式になっている。まだ一般的な呼名がないので、この方法を細分生産と呼ぶことにしよう。この方法では、大量生産方式と比べると、各品目の生産量を適度にとどめることになる。しかし、手工業生産とは違う。多くの場合、この方法は手工業生産よりも大量生産に似ている。この第三の衣服製造方法のおかげで、晴れた日、公園に集った群衆やパレード見物の群衆の中に、同じ装いの二人の婦人、二人の子供を目にすることがほとんどなくなった。また、一世代前に比べれば、群衆の中の男たちの衣服も多彩になったのに気づく。この製造方法は、ヨーロッパからの旅行者を驚かしたものだ。アメリカの女性販売員や女子工員は流行に乗ってまばゆいばかり多彩な服装をしている、というニュースを、この旅行者たちは持ち帰った。いまやヨーロッパ人もこの方法を使っている。アメリカでは外見だけから貧富の差を見分けられなくしたのは、この製造方法だ、とミカエル・ハリングトンは指摘している。貧者は貧乏人らしい服を着ないし、ボロもまとわない。服装のおかげで、貧者も景気よく見える。これは、衣服製造業の驚くべき経済的な功績である。

製造業者が市場をどうみるか――衣料品の需要をどうみるか、といってもよい――によって、大量生産と細分生産とは明確に区別される。大量生産によるメーカーは市場の共通分母を求め、同一の需要を模索する。一方、細分生産によるメーカーは市場の多様性に頼る。人々がスタイルや繊維や色彩に相異った持味を求め、洋服に当てる予算もひとりひとり違い、いろんな服装をしなければならない理由――パーティー用、くつろぎ用、スポーツ用、都市での活動用、田舎での活動用、労働用の衣服といった具合――がある、という事実を慎重に分析する。市場に対する接近の仕方によっても、大量生産と細分生産は区別される。大量生産は、細分生産に比べると同一の品目をより多量に生産する。一方、細分生産の場合は大量生産に比べて、生産高に比例してより多くのデザインと開発事業が必要になる。

生産量が大きな成長を示し、生産品目を変えた場合にも、変えた品目まで大きな成長を遂げると考えられる時だけ、大量生産によるメーカーはその全生産高の中身を変化させることができる。自動車メーカーが、その市場が拡大してから、ニューモデルを売出すのと同じように、黒いソックスの生産者も、その売上げがふえている時、ふえた分の一部を茶色のソックスの生産に振向けるようになる。しかし、このように大量生産の中に持込まれた変化は、たいがいうわべだけで、結局、有望な市場のできるだけ大きな共通分母を満足させるように向けられる。一方、細分生産の中で生み出された変化は、まさに細分生産そのものだ。その変化は、細分生産による生産量の増大の結果であって、細分生産にとって基本的なものである。

こうした見方から、アメリカの新聞界に起っている現象を考えてみよう。新聞市場の共通分母をねらっている大量生産による都市の日刊紙にとって、最盛期は過ぎたように思われる。都市の日刊紙の数は激減し、生残っている新聞の多くも発行部数の減少に悩んでいる。その代り、都市や郊外の週刊紙が、数も発行部数も急速に伸びている。新しい週刊紙は、その都市の新聞市場内の多様性にねらいを定めている。それらの週刊紙は、特定の地域にとっては重要でおもしろいが、それ以外の地域ではちっとも重要でないし、おもしろくもないニュースや特集をのせている。ニュースに対する興味が同じ共同体と思われる共同体ごとに、版立てを細かく仕分けている新聞もある。これらの週刊紙は、発行者が手刷りして発行していたような旧式な地方新聞や、小さな町の新聞の復活ではない。その製作方法で新しい新聞は、大量生産された新聞よりも一歩先んじている。一般的にいえば、それらの週刊紙は文化的に後退したものではない。これらの中には、文章、レイアウト、写真、題材からみて、大量生産による新聞の方が旧式にみえるものさえある。これらの週刊紙は、これまで行なわれたことのない、また大量生産によっては行なわれることがないと考えられる仕事をやっている。しかし、大量生産の日刊紙が衰退している理由は、都市のニュース市場に大して共通性がなくなっているからではなく、大量生産の新聞がかつてやっていた仕事を、テレビ、ラジオのニュースや特集、大量生産による週刊ニュース雑誌がそっくり受継いでいるためだ。

ここで、標準的な農業用トラクターやその付属品の市場を例にとろう。その市場は、農家の共通した需要を幅広くねらっていた。しかし、この種の農業機具事業は、たいした成長を示していなかった。一九六一年、大量生産をしていた巨大な農機具メーカーは、経済的な苦境に陥っていた。その事業は伸び悩みとなったり、衰退し始めていた。採算点以下で操業し、採算に合わない多くの小売の販路をかかえていた。これらの企業に反比例して、一〇〇〇を越す小規模なメーカーは急速な成長を遂げていた。これら小企業は、市場内の多様性にねらいを定めていた。大会社は、あまりに長い間「大量生産の概念」にとらわれ過ぎた、とフォーチュン誌が評論した。「標準的な製品に支出される金はだんだん少なくなり……いまや小さな会社は、大企業と同じように高度な農機具を製造できるようになり、大企業よりも多くの利潤を上げる場合が多かった」。この場合も、小企業に細分化された農機具の生産は、手工業の生産方法の復活ではない。

　サイレント・スプリング誌でラッチェル・カーソンは、大規模な化学殺虫剤の散布を攻撃した。この方法は、害虫の群れに対する大量生産方法の採用だったからだ。その代り彼女は、自然環境に従って多種の複雑な生物学的支配に基づいた細分化生産を提唱した。この提唱のねらいは、裏庭のネコやハエたたきに頼ることやその年の収穫をバッタの群れが食べるにまかせるということとは、全く別の方法だ。この方法は、化学殺虫剤の大規模な無差別使用よりも、一歩進んだ方法である。さらにカーソン嬢は、地域ごとに農作物を細分化して生産することを提唱し、農場での大量生産——一種類の換金作物の生産だけをしている大規模農場——は、自然界に深刻な不均衡をもたらし、植物の病気や害の猛威を招くことになる、と指摘した——農村地域にとって経済的にも危険なことだと私は思う。一つのかごにそのすべての卵を詰込んだ農村経済は、市場の需要が変化すれば、崩壊するはめに陥らなければならないからだ。幸いにもカーソンの指摘は、はじめに都市で注目された。たとえば、随分前、ニューヨーク市は、街路樹の植樹に大量生産の方法を採用した。植樹されたすべての木は、大量生産している苗畑で育てられたロンドン・プラタナスだった。造園師のロバート・ニコルスが、ロンドン・プラタナスと同様、約二〇種類の樹木もニューヨーク市に合っている、と指摘したが、当時ロバート・モーゼスという強力な行政官に支配されていて、受入れられなかった。モーゼスは、公園に関係するすべての事業、市公園局が管轄するすべての事業に、大量生産の方法を採用した。しかし、ニューヨークはロンドン・プラタナスの胴枯れ病がまんえんする危険に気づき、いまや街路樹の細分化生産による植樹を始めている。

　私が植樹や農機具の話を持出したのは細分化生産には気まぐれや嗜《し》好の変化に応じる以上の理由があることを

明らかにしているばかりでなく、細分化生産は「高級品の注文生産」とは別のことばで、決してぜいたくでないことを明らかにしているからだ。

細分化生産は、いろんなデザインや開発的な仕事を必要とするが、決してぜいたくな方法ではない。現在の世界では、自然界でも市場でも、また病気に対する樹木の抵抗でも、それぞれの地域の住民に必要なニュースの報道でも、重大で重要な差があるものだ。経済の発展に従ってあらゆる種類の細分化が進み、後退することはない。

経済的な需要によっては、大量生産が有利な場合もある。共通分母が重大な意味を持ち、長続きする場合だ。たとえば、大量生産の方法はれんが、ドライバー、ベッド・シート、紙、電球、電話の製造に適している。私は、大量生産が経済生活から消滅するだろう、といっているのではない。農民はまだ、標準的なトラクターを必要としているし、標準的なデニムのズボンなどを必要としている人々もいる。ここで重要なのは、品物によっては、大量生産の方法が一時しのぎの手段に過ぎない場合もある、ということだ。それは、発展の初期の段階だけに採用され、より進んだ細分化生産が開発されるまでの暫定的な手段として使われる。輸送機関を例にとろう。自動車は、より暫定的な手段の馬にとって代る手段としての地位に甘んじ過ぎている。だが、自動車は、まだ開発されていない乗物や、近距離にも遠距離にも使える陸上輸送の方法に代る、一時しのぎの手段にしか過ぎないのだ。将来、自動車は、大量生産された他の乗物にとって代られることはなかろう。しかし、人や物を運送するという共通分母によってではなく、細分化現象に基づいた他の乗物や新しい輸送方法によって、自動車はとって代られることになるだろう。この場合でも、自動車が完全にとって代られることはないだろう。自動車は急速に変化し、より細分化されることは確かだが、それを必要とする幾人かの人たちにとっては、役に立つからである。自動車以外の将来の乗物は、いわゆる自動車とは似ても似つかぬものだろうと思う。速くて振動の少ない新しい水上輸送機関が開発されようとしている。それは、おそらくさまざまなデザインを持ち、いろんな寸法の水中翼船となって現れよう。その水中翼船ははじめ、都市の中や都市の間の急行輸送に適した航路で使われよう。従って、それらの製造も、最初に使われた都市でまず始められるに違いない。

また、これまで述べてきた以外の製造業の中には、大量生産がもともと適さないため、一時的な手段としてさえも使われない場合がある。そのような場合、その産業が発展しているなら、最初から細分化された計画に基づいて生産されなければならない。電子工業がそのよい例だ。何百もの企業が産業の発展とともに、ごく少数に減ってしまった自動車産業と全く別の形で、電子工業は発展してきた、と多くの企業分析家たちは指摘している。何百もあった早期の電子工業は、幾つかの大量生産に頼る巨大会社に減りはしなかった。逆に、何百が何千になり、大部分が比較的小規模な経営のままである。その極端な相違は、偶然起ったものではない。もともと電子工業は、各々の電気製品の需要の共通性を、あまり重視していないのである。従って、電子工業は、全体の市場の中できわめて多くの相異る需要を満足させなければならない。

建設業はごく最近、手工業的な製造段階から発展したばかりだ。そのこん跡はまだ残っている。大量生産が他の産業分野で支配的な方法になってから、建設業は、それに引かれて大量生産に発展した例だ。大量生産による建設は、明らかに一時しのぎの手段に過ぎないのだが、建設業は大量生産の段階に引きつけられているように見える。たとえば、一九六一年にニューヨーク市は、私が住んでいる地方の再開発を提案した。このアイデアは結局、その地方の土地に立っているすべての建設物を一掃し、新しい「地域」を大量生産することだった。「地域」を、同一の大きなビルで埋めることだった。たとえ、その計画が同一の小さなビルを建設しようとしたのだとしても、基本的には全く同じ方法だろう。計画は需要の同一性、使用の同一性を建設することであり、一掃という手段によって大量生産による建設を可能にするように、同一の土地を作ろうとしたものだった。この計画には、三五〇〇万ドルをかけることになっていた。しかし、約七〇〇もの建物を破壊する大事業だけに、それだけの支出では約三〇〇の住宅をふやすことになるが、約二五〇〇人を雇っていた一五〇の事業所を減少させる結果になると考えられた。そうした事業所の中には、他の土地に移転しようとするものもいたが、移転に必要な費用は、三五〇〇万ドルの中に含まれていなかった。大部分の事業所が損失を訴え、それらは経済から消滅しようとしていた。

結局、この計画は失敗した。この地域の住民や資産所有者たちは、彼らの市民組織――ウエスト・ビレッジ委員会――を通して、建設家や都市計画立案者を雇い、全く別の計画の作成を依頼した。ところどころにあった遊び場はもちろん、一軒の建物もこわすことなく、ひとつの事業所を移転させることもなく、空地や荒果てた土地や臨時駐車場に、新しいビルや庭園や広場が作られた。建築家たちは以上の要求を満たすために、三種類の比較的小さなビル――一〇部屋のものが多かった――を作った。この程度の大きさなら、一戸ごとに、あるいはいくつかをつなぎ合わせた形で、空地や荒果てた土地にはめ込むことができた。そのビルは、部屋の大きさばかりでなく、小売店や工場などへの使途でも、多くの細分化を可能にした。最初の計画では三五〇〇万ドルの経費が見込まれたのに、こんどの計画では八七〇万ドルですみそうだった――どちらも一九六四年の物価水準。その上、三〇〇戸どころか四七五戸の住宅をふやすことができたし、ひとつの事業所も破壊せずにすんだ。二番目の計画は、昔行なわれた建物の手工業生産とは、全く別のものだった。事実、大量生産による建設業者に比べると、はるかに進歩した建築技術や資材を使っていた。この計画は、地域の大量生産とも異るものだった。*2

*2――この計画が進歩し過ぎたものであったことは、明らかだ。一九六二年にこの細分生産計画ができあがり、その年に着工したのだが、市の官僚機構――建設事業や都市計画に対する彼らの哲学、規則、規制のすべては、大量生産という考え方に貫かれていた――は、一九六七年までがん固に反対し続けた。その年になって、ようやく官僚機構に認められるようになり、官僚的なゆっくりした足取りで工事は始められたたが、私が本書を書いている今もまだ続いている。この間にも、大量生産による建設は続けられ、ごくわずかな住宅施設の改善のために、膨大な金が費やされてきた。従って、破壊が建設の純増分を上回ったため、住宅不足は深刻になるばかりで緩和されたことがない。

将来の経済発展とともに細分生産が普及するのに伴って、経済生活の中に次のような変化が現れてくると予想できる。製造業の平均的な規模は、今日よりも小さくなろう。しかし、製造業の数、製造される財貨の総量は著しくふえる。細分生産が普及したからといって、時代遅れにならないたぐいの大量生産の企業の大部分――それは大変大きな数に上ろう――は、地方やさびれた町に移転することになろう。そこで、安い労働力と広い空間を手に入れ、ある程度自給自足できるならば、これらの移転工場は都市でよりも能率的に操業できるようになる。大量生産による製造業は、もはや都市産業とはいえなくなる。都市は今日よりも多くの財貨を生産するようになるだろうが、そのほとんどすべては、比較的小規模な、あるいはきわめて小さな組織によって作られた細分化された生産による財貨になろう。

今日の製造業や、かつての商人のように、製造業はもはや、他の経済活動を組織させる中心的な産業でなくなろうとしている、と私は思う。その代り、サービス業が支配的な組織産業——製造業も含めた他の経済活動の扇動者——になろうとしている。その明解な例として、事務機械の分野で起っている事例を考えてみよう。古い事務機械——タイプライター、口述記録機、加算器など——は、単に機械として買われている。機械とともにサービスが買われるとしても、維持修理、使用者に対する簡単な指導、古い機械に代って新型機械を買う場合の下取りなど、あくまでも付属的なものに過ぎない。しかし、新しい種類の事務機械のいくつかは、これとも異った買われ方をする。むしろ、いの一番に買われるのがサービスなのだ。勘定、給与計算、販売、在庫の分析サービスとして買われる。この分析サービスで処理された体系を収容するための付属物として、機械が買われるのだ。時には、機械が買われないことさえある。その代り、事務所は、電子計算機センターやデータ中継センターからサービスを買い、それに必要な機械を買ったり賃借りするのは、サービス組織になるだろう。どの場合でも、サービス産業が、機械の製造も含めた他の産業を組織する役割を果すことになろう。

今日、広範囲にわたってやっているような形で、乗物の製造業者が将来の輸送を組織することはあり得ないだろう。むしろ、輸送サービスが組織の原動力になると思う。このサービスには、個々の使用者のいろんな使途に応じて、細分生産された自動車を貸すというサービスも含まれる。主にこれらの多彩なサービスの需要に応じるために、製造が行なわれるようになろう。第三章の中で、将来の発展する経済の中で廃棄物の回収体系がどう組織されるかについて推測した時、廃棄物回収産業の中でサービスが最も中心的な仕事となり、そのサービス組織が多くの廃棄物回収設備の買手になることを、私は暗示した。この推測は、この仕事の論理に基づいて引出したものだったが、経済組織の全般にわたって将来起ると思われる傾向にも符合している。将来の発展する経済の中で、サービス組織は多種多彩の製造組織によって作られた生産物を引出し、その生産物の量は、製造組織が引出す役割を果した場合に比べて、きわめて多くなる。その際でも、サービス組織は小規模な事業所から出発し、新機軸を追加していくにつれて拡大を続ける。

殊に、発展を続ける高度な先進的な経済社会の中で生活し、英語を話す未来の人々にとって、「サービス」ということばが従者の仕事という言外の意味を持つことが、きっと奇異にみえるようになるし、経済的に重要で巨大な組織が、多くの場合、清掃、修繕や維持、運転手などの低くみられがちな仕事から発展したことに、より奇異を感じるようになるだろう。製造業が従者たちの仕事から発展し、商人は、その時代の荘園の召使いよりも低い階級だった放浪者や浮浪者から出世した、ということが、われわれにとって奇異であると同じように。

経済的闘争

経済発展がすべての人々に利益をもたらすと主張しても、何にもならない。灯油をベースにした石油産業の発展は、アメリカの鯨油産業やその経済的、社会的な力が鯨油産業と深い関係を持っていた人々にとって、ありがたいことではなかった。新型の公共輸送機関が発展することは、今日の石油産業、ハイウェー建設業、自動車製造業や、その経済的、社会的な力がそれらの産業と深い関係を持つ人々にとって、やはりありがたいことではなかろう。黒人によって作られた経済的に重要で新しい財貨やサービスの発展は、無意識の民族主義者や干渉主義者も含めた白人至上主義者の利益に反することだろう。

発展する経済のもとでは、新しい財貨やサービスによって直接の影響を受けない既存の組織でさえも、間接の影響を受けるし、組織的、社会的にその組織と密接な関係を持つ人々も、同様の影響を受ける。それは力の交代だ。経済が成長するにつれて、古い既存組織の経済的な重大性は、経済全体の一部としてみればだんだん薄れてくるし、力も弱まってくる。さらに、新しい経済活動は、まさにすい星のように現れる——ほとんど無から出発して。この場合、より古い経済活動は、必ずしも絶対的な規模や富の上で衰退するとは限らない。実際には、それらの活動や活動の変化に派生して起る行為は、全体の発展に応じた形で拡大する場合が多い。しかし、それらは少なくとも相対的な衰退をこうむる。そうした経済活動から経済的、社会的な力を持っている人々の場合も、同じことがいえる。カタル・フユクで先祖代々交易をしたことがなく、狩猟以外の方法で食物や用具を手に入れることができなかったはるか昔、猟師たちは、どうしても獲得しなければならなかった鳥の群れを牛耳っていた、などということはあり得ない。アメリカ国内の不平等な議席割当てをしている州議会は、時代錯誤もはなはだしいものだった。それらの議会は、農村地域、小さな町や沈滞し切った小さな都市に都合のよいように、不平等に割振られた投票で選出された。しかし、それらの州議会は、議席の割振りが最初に行なわれた当時の政治的、社会的、経済的な力関係を正確に反映していた。その後も、それらの議会は、農民、さびれた町の住民といったグループに密着し続けた。だが、全体の社会の中に占めるそれらのグループの重要性は、他の地域の経済が急速な発展を遂げるにつれて、衰退していた。要するに、経済的な発展がいつどこで起ろうとも、それは現状破壊に深くつながるものだ。

とにかく、工業諸国の中の経済生活でみられる基本的な闘争は、所有者と被雇用者との間の利害の深刻な不均衡にある、とマルクスは考えた。しかし、これは第二義的な闘争である。もしマルクスの概念を受入れるとすれば、革命は、経済的に立遅れ沈滞し切った国よりも、最も高度に工業化した国に起らなければならない——マルクスはそう予言した。さらに、マルクスの概念を認めれば、労働組合の行動の大部分を理解できなくなる。現実の世界では、ひとたび労働組合が組織されれば、雇用主との交渉によって問題を解決することができる。両者の利益は、かなり広い範囲で一致する。大量の建設事業が行なわれれば、建設会社の労働者にとっても利益になる。もし他の労働者の属している企業を締出すことにより、その労働者たちに害を与えることになれば、被害を受けるのは、むしろそこに働く労働者たちである。さらに、労働者が属している産業で技術革新がないことも、労働組合の利益になる。もちろんこの問題は、しばしば組合と雇用者との闘争のひとつの原因になる。しかし、この場合でさえ、新しい技術的な設備を生産する産業——そこに働く労働者——との利益の争いである。本来、労働階級は同一、という考え方は、経済的な意味でフィクションに過ぎない。

すでに確立された組織に働く労働者の利益は、世間で確固とした地位を築いている仕事を持たない労働者の利益と、もともと一致しない。後者の労働者は、沈滞し切った経済の中の「余計者」であって、その財貨やサービスは値切られている。そうした労働者の創造性が花開くならば、彼らの立場を変え、現状を転覆し、既存の経済活動のいくつかを老朽化させ、他の経済活動の相対的な重要性を減少させるに違いない。もちろん「余計な」者たちの創造性は、経済を発展させ、繁栄させ、拡大させるだろう。しかし、その創造性は、発展に恐れを抱いている経済活動に属する労働者や雇用主のすべてにとって、恐怖でもある。スラム街で教育を支配する黒人の要求に、教育委員会（雇用主）ばかりでなく、学校の協会や教職員組合（被雇用者）も反対している、という事実は、何も偶然の出来事ではない。この場合、前者（雇用主）よりも、後者（被雇用者）の反対の方が、より問題が深い。スラム街でのこの変化が子供たちの利益になり、教育に有意義な発展をもたらす、ということは、恐怖を感じている人々にとってはどうでもよいことだ。ひとつの経済社会の労働者の中に、彼らの暮し向きがよくなると信じる人々がほとんどいなくなり、ほとんどすべての労働者が現状を嫌うようになれば、労働者たちは当然、手を組んで現状に立向うことになろう。しかし、そうした労働者の攻撃が起る前に——殊に、この攻撃が成功しそうな場合——、その経済は、すでに深刻な衰退に陥っているものだ。

基本的な経済闘争とは、すでに既存勢力を築いている経済活動と利益を同じくする者と、新しい経済活動の出現と利益を同じくする者との闘争だ、と私は思う。この闘争は、経済が沈滞し切ってしまうまで、休まることがない。今日の新しい経済活動は、明日の既存体制を占める経済活動になり、その活動は、その後、より進んだ経済活動に恐怖を感じるようになるからだ。この闘争の中で、他の状況が変らないとすれば、既存の体制となっている経済活動と、それと利益を同じくする人々は勝利するに違いない。つまり、強者である。新しい活動に対して経済的な好機を提供するために、門戸を開くことのできるただひとつの方法は「第三勢力」がその弱々しい初期の利益を守ってやることだ。政府だけが、この経済的な役割を果すことができる。時には、情ないほどの短期間だけ、政府がその役割を果すことがある。しかし、開発は現状を転覆するから、現状は間もなく、政府を転覆するようになる。だから、開発がわずかに進み、新しい活動が力を貯えるようになると、政府は、新しい活動をしている初歩的な組織や活動や利益からではなくて、すでに既存勢力となっているものの利益から、その権力を引出そうとするものだ。

人間の歴史を振返ってみると、大部分の時代、大部分の土地で、大部分の人々が、沈滞し切った経済の中でみじめな生活をしてきた。発展する経済は例外的なものであって、経済が発展したとしても、その歴史は短期間に過ぎなかった。いまや、いろんな土地で、私が本書で述べた過程を通って、都市が著しい成長を遂げ、それから権力を握るようになった人々のために、沈滞へ転がり込んでいる。空飛ぶ円盤が太陽系の他の星から、地球上の問題に深く介入する生物を運んでくる、などという話を私は信じてはいない。しかし、そんな生物が驚くほど進歩した発明品を携えて地球にやってきても、われわれはきっとその技術を習得しようとするだろう。重要な問題は、こんな話とは全く別のものだ。経済的、技術的な開発を締出すのではなくて、それらに門戸を開放し成功に導いた政府を、その生物がどうして発見したか、ということだ。他の星からありがたい助言を受けるまでもなく、この問題は最も緊急でありながら最も注目されていない問題である。

地球上のある人々が経済的な発展の中に身をゆだね、革新をはかり続けるならば、将来の都市ではきっと次のような事態が起るだろう。都市は、今日の都市に比べて規模は小さくならないし、単純化もされず、専門化もしないだろう。むしろ、今日の都市よりも複雑になり、より包容力を持ち、より多彩で規模も大きなものになろう。そして、未来の都市は、今日の都市に比べて、古いものと新しいものをより複雑に混在させることになる。今日の都市計画の立案者や設計者たちが描き、科学小説やユートピア的な提案を読む人たちが考えているような、官僚化され、単純化された都市は、都市の成長とその経済的な発展の過程に逆行するものだ。それらは、はかない虚構として描かれたとしても、画一性とか単調さは、発展を続け経済的にも活力にあふれた都市の帰結ではない。それらは、沈滞し切った経済がもたらす帰結だ。未来の生活は今日よりも単純化され、労働もほとんど注目されないほどきまりきったものになるという見方は、ある人たちにとっては浮き浮きするほど楽しいことかもしれない。また、ある人たちにとっては、憂うつなことでもあろう。しかし、こんなことは問題ではない。そのような展望は、発展を続け影響力を持つ未来の経済とは、筋違いの見方だからだ。高度に発展した未来の経済では、なすべき仕事の種類が今日よりも多くなり、少なくなることは決してない。未来の巨大都市や成長都市に住む人々は、経済的な試行錯誤という変化の多い仕事に携わらなければならなくなるだろう。彼らは、今日のわれわれには想像できないほどの火急な問題に直面することになろう。そして、彼らは古い仕事に新しい仕事を追加していくことになろう。

付録

＜1＞　輸出要因の図式

第四章で説明したように、その都市の最初の輸出産業に対する財貨やサービスの地元の供給者が、それ自身の財貨やサービスを輸出するようになると、未発育都市は成長を始める。ここに示すのは、輸出品創出過程が始る前の未発育都市経済の図式だ。その経済は、四つの「ブロック」の財貨やサービスから構成される。

その集落の最初の輸出事業（E）
輸出事業によって手に入れた輸入品（I）
生産者向けの地元の財貨やサービス（P）
消費者向けの地元の財貨やサービス（C）

最後の二つのブロックで地元の経済を構成する。（図1）

いくつかの輸入品は、その都市の輸出産業と直接に結びつく。たとえば、輸出業者が他の土地から買ってきた輸出産業向けの原材料、機械は、その例だ。その都市が手に入れた輸入品の残りは、地元の経済に向けられる。地元の経済の中で、それらの輸入品は、地元の生産者や消費者向けに生産されたり、加工されたりする。輸入品を示すブロックから出ている矢印が、その流れの方向を明らかにしている。

ここで、最初の輸出産業に対する財貨やサービスの地元の供給が、それ自身の産業を輸出し始めた場合を考えてみよう。これによって、その都市の輸出品は、種類でも量でもふえる。（図2）

未発育都市が手に入れる輸入品もふえる。その輸入品のいくつかは、新しい輸出産業によって直接、先買いされたものだろう。残りの輸入品は、いまや成長を続けているその都市の地元経済に向けられる。輸出産業の成長のおかげで、地元の生産者向けの財貨やサービスも成長し、種類も多くなる。労働者やその家族の増加に伴う都市の人口増のおかげで、消費者向けの財貨やサービスも成長し、種類も多くなる。この地元の経済は「輸出—乗数効果によってもたらされたものだから、EMと記号化する」。(図3)

その都市の輸出産業がふえ、それらに対して財貨やサービスを供給する組織の数も種類もふえたため、同じこ

図1

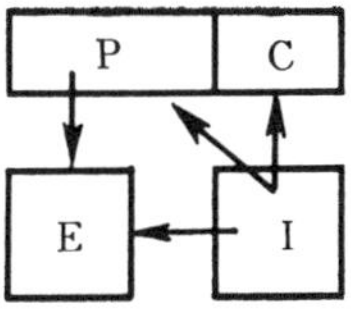

図2

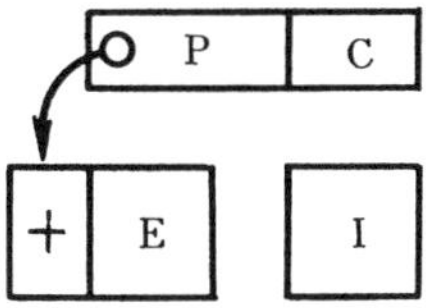

図3

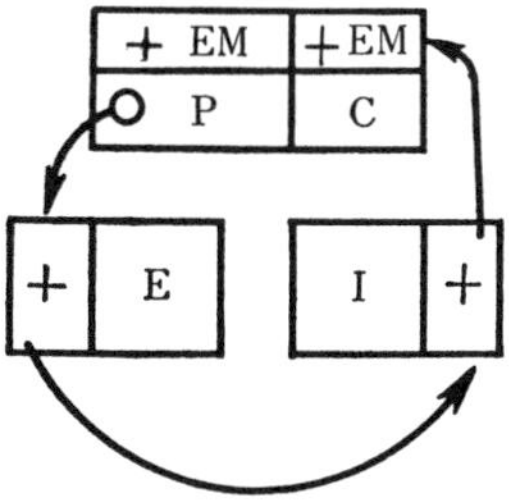

図4

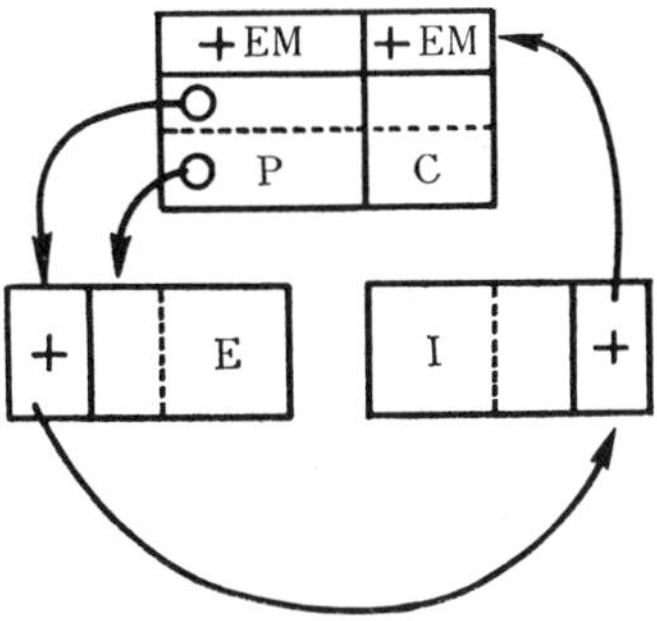

とが再び繰返されよう。生産者向けの財貨やサービスの地元供給者のより多くの者が、それ自身の産業を輸出するようになる。（図4）

この過程が力強く持続すれば、純粋な効果――古い輸出品の損失を控除した効果――は、その若い都市の輸出品が数でも種類でも成長する形となって表われる。この成長は、生産者向けの財貨やサービスの地元供給産業の数や種類の増加、消費者向けの財貨やサービスの成長を伴うものだ。（図5）

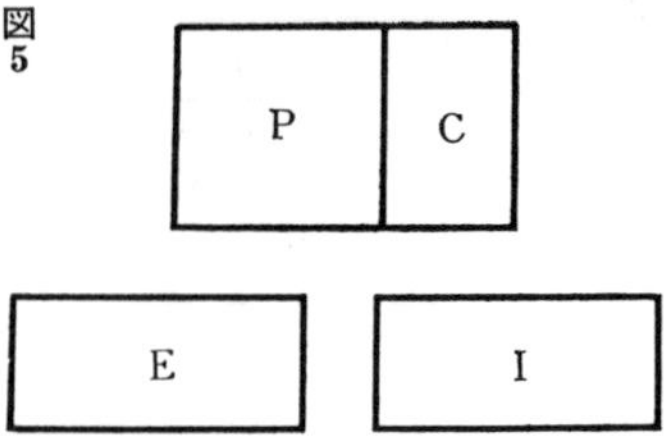

図5

〈2〉 輸入置換過程の図式

第五章で説明したように、都市が多種多彩な輸入品を持つようになると、その都市は、これら輸入品の多くを置換える、つまり地元で生産できるようになる。単純化するために、輸入置換のエピソードが起っている間にもその都市の輸出量は変らない、と仮定しよう。図式を作るのに、先に描いた若い都市を使おう。その都市はいまや、量でも種類でも多くの輸入品を手に入れ、その輸入量の半分を地元の生産で置換えられようとしている。この置換作用を輸入ブロックから二つの地元経済ブロックへの移動としてとらえ、考察することができる。地元の経済に追加された分だけ、輸入品は減る。（図6）

これまで、これらの財貨やサービスによって占められていた輸入ブロックの部分は、点線で示されている。しかし、その都市はもちろん、そうした移動が起らなかった場合と同じように、多くの輸入品を獲得し続ける。そこで、地元で生産できるようになったものの代りに、他のものを輸入できるようになる。その都市は、まさにその輸入品の構成を変化させたのだ。空白にしておいた輸入ブロックの外に、構成を変えた輸入品（S）を示す新しいブロックを追加しよう。（図7）

これらの新しい構成を変えた輸入品のうちいくつかは、これまで輸入されていたが、地元で生産されるように

図6

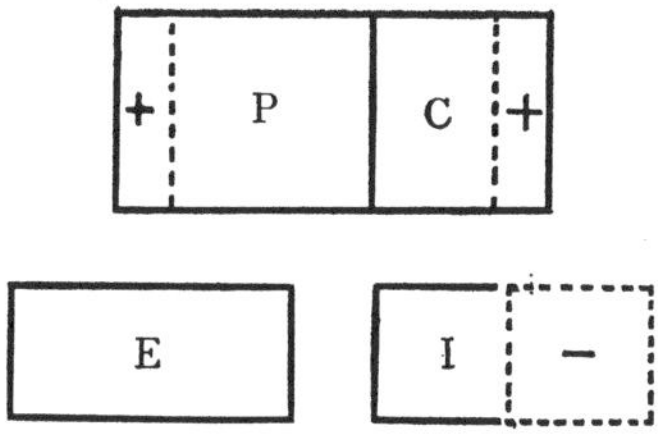

図7

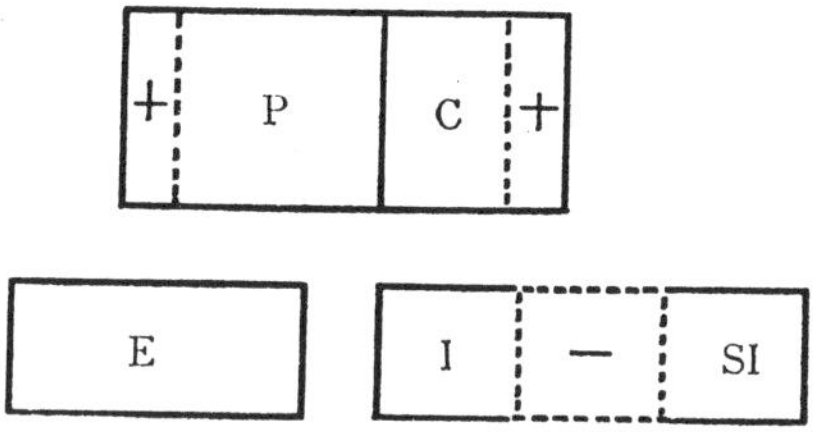

図8

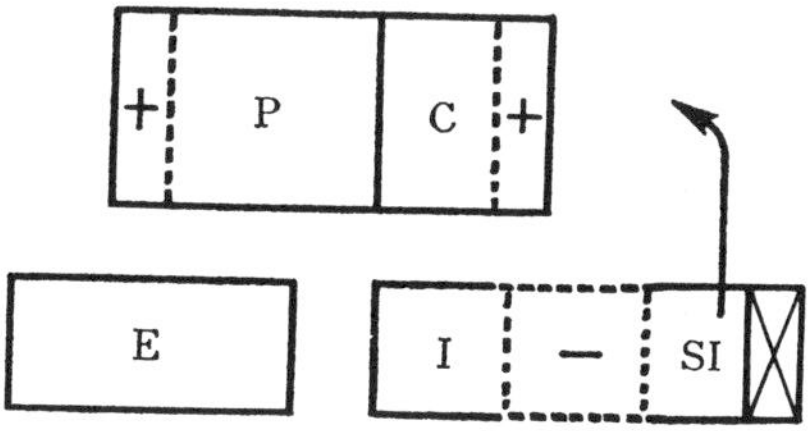

図9

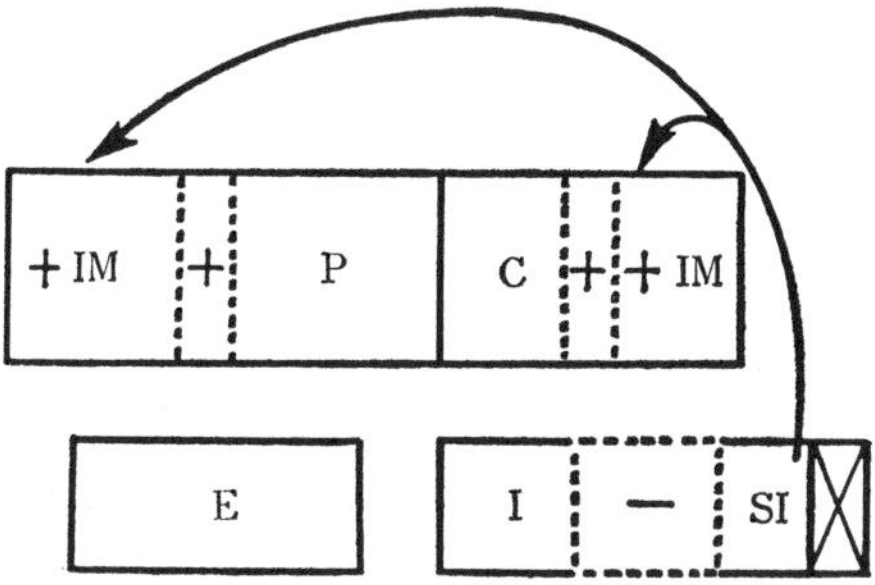

なった財貨やサービスに編入される。構成を変えた輸入品のこの部分を消そう（×）。残りの部分は結局「余剰の」輸入品である。「余剰の」輸入品は、その都市が輸入し続けている（置換えない）物の増加分と、その都市がこれまでに輸入したことがなかった物から成る。これら余剰の輸入品は、その都市の地元の経済に向けられる。（図8）

これらの余剰の輸入品のおかげで、その都市の地元経済は成長する。この地元経済の成長は「輸入置換の乗数効果(＋IM)によるものである」。（図9）

ここで、輸入ブロックの中の空白部分を除き、つまり、そのブロックの二つの部分を結びつけよう。そして、輸入置換が始る前の構成と、現在の都市経済の構成とを比較してみよう。（図10）

図10

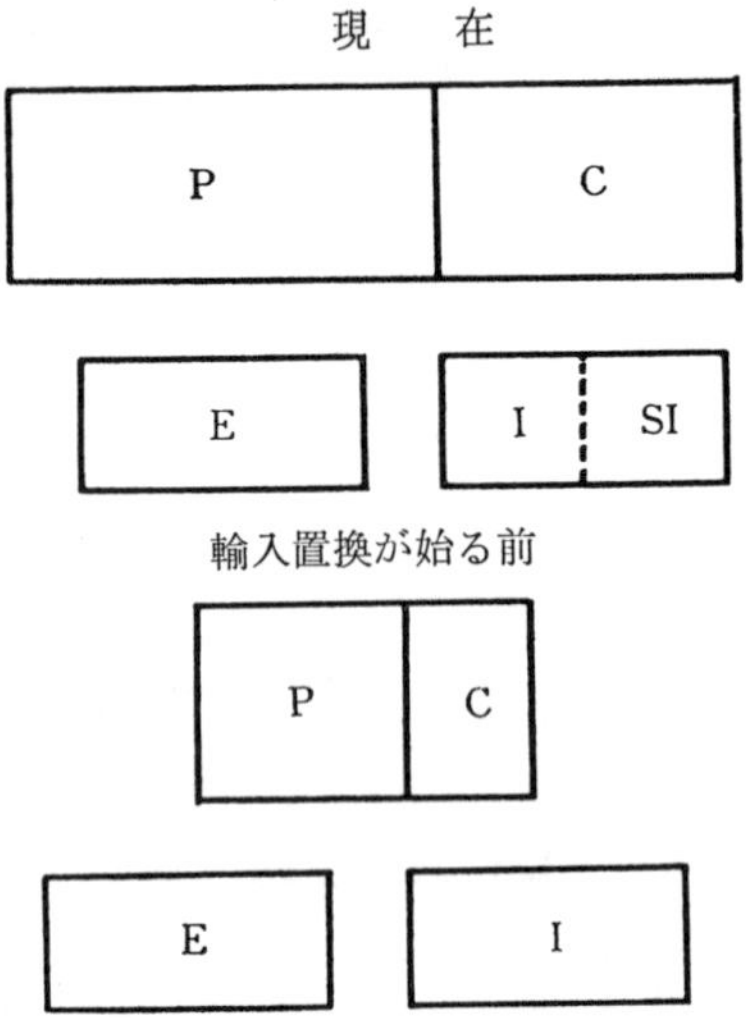

輸入品の構成が変化したのに、輸出品と輸入品の量は変らない。その都市の地元経済は成長している。従って、地元産業と輸出産業との比率が変化した。

＜3＞ 大都市での輸出要因の図式

図11

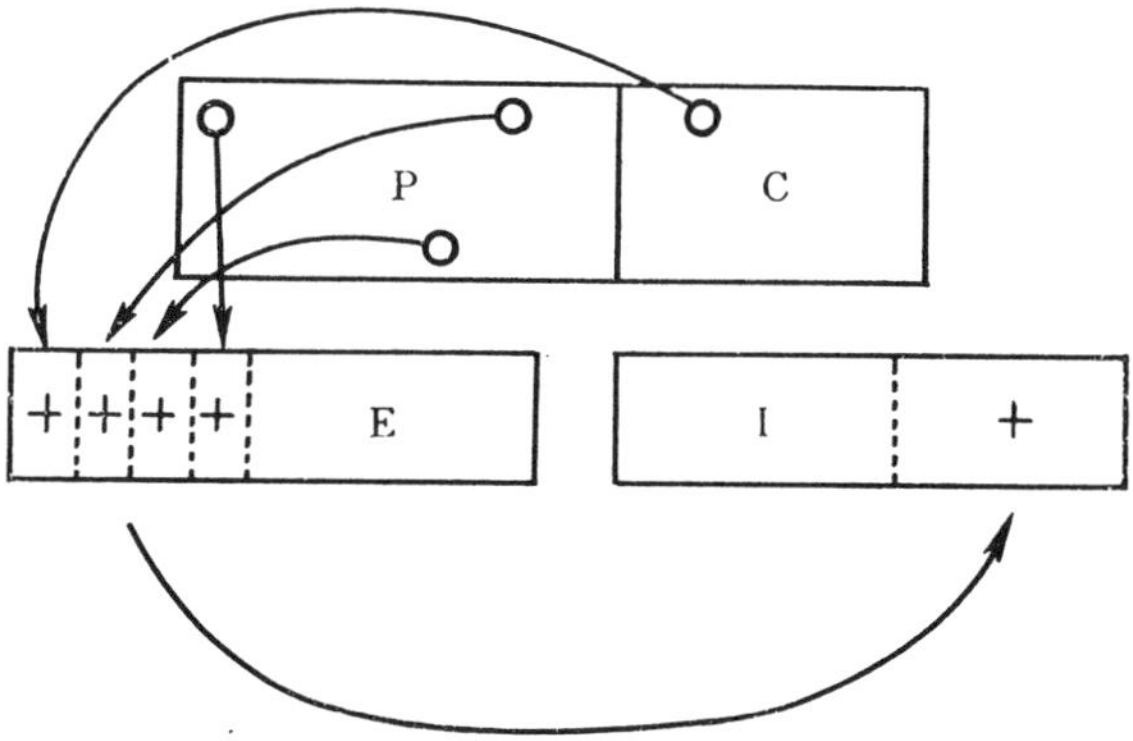

図12

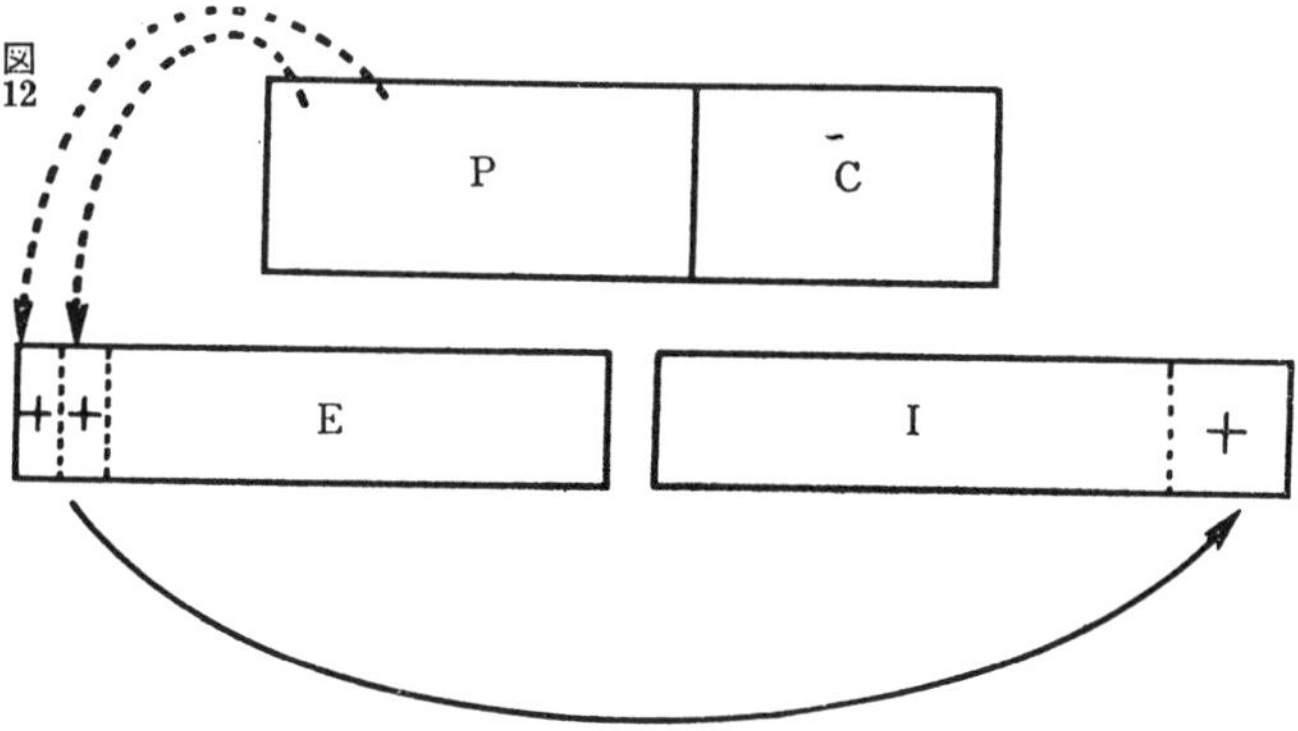

図13

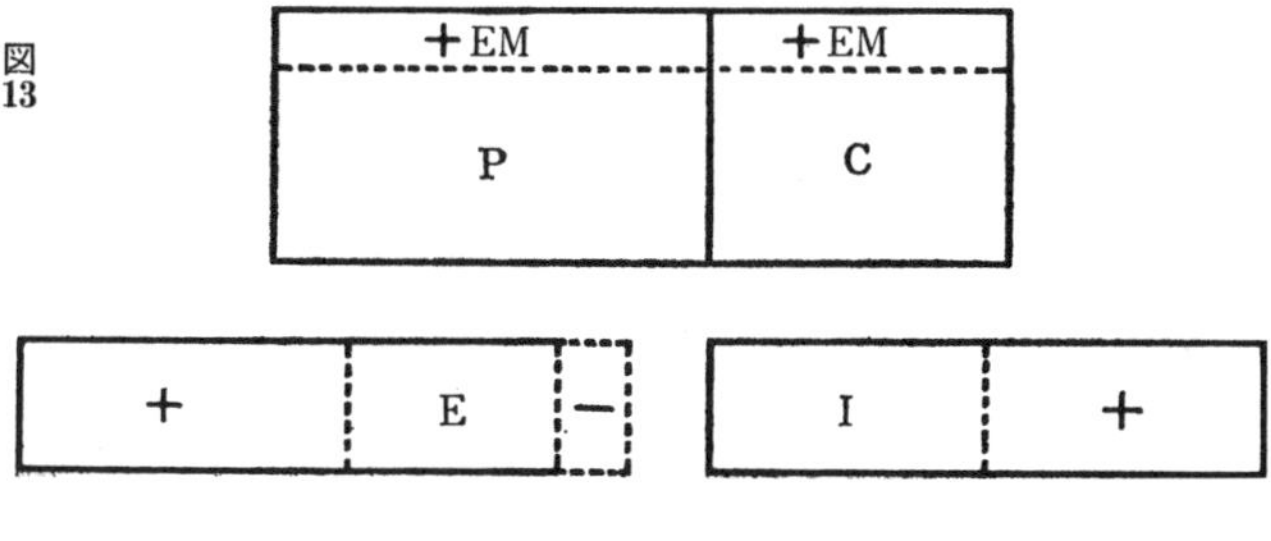

第六章に述べたように、都市が大規模な地元経済を発展させるようになると、その都市は有望な新しい輸出品も持つようになった。単純な輸出品創出過程が続く。さらに多くの地元の消費者向けの財貨やサービスが輸出できるようになる。そして、輸出産業に供給する財貨とサービスとは別に、地元の生産者向けに供給する財貨やサービスも多くなる。（図11）

さらに、地元の経済から生れたこれらの輸出品に加えて、その輸出品によって手に入れた地元の生産者向けの財貨やサービスによって、他の物も輸出できるようになる。これらの輸出品を、その源になっている地元の生産者向けの財貨やサービスからの点線で示すことができる。（図12）

もちろん、その都市は、新しい輸出品を生み出していく一方で、古い輸出品を失っていく。しかし、古い輸出品の損失を償って余りあるほど、新しい輸出品が生み出されるので、その都市の輸入品の量もふえる。そして、単純な輸入品創出過程で起ったのと全く同じように、輸出乗数効果のおかげで、その地元経済は成長する。（図13）

こうして、もうひとつの輸入置換過程のエピソードを生む状況が準備されることになる。

＜4＞　都市成長の反復運動体系

以上に図式化したいろんな過程は、二つの重大な反復運動体系として作用する。第一の体系は、若い都市の単純な輸出品創出過程でだ。生産者向けの財貨やサービスは、輸出品になる。輸出乗数効果によって、生産者向けの財貨やサービスが、数でも種類でもふえる。より多くの生産者向けの財貨やサービスが輸出品になる。その過程

図14

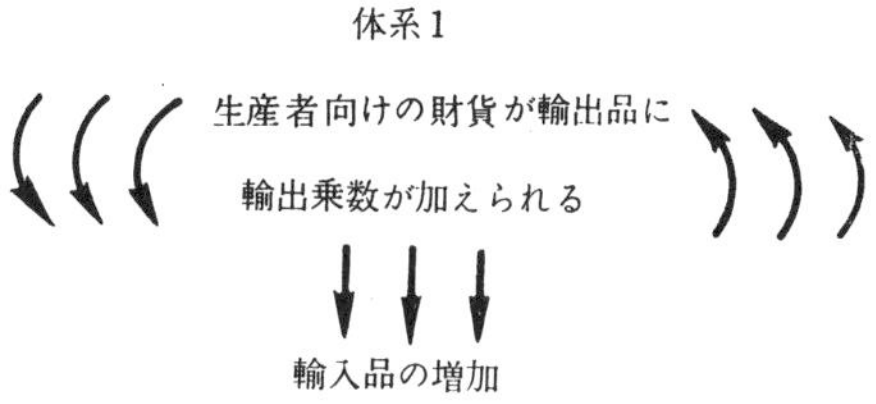

図15

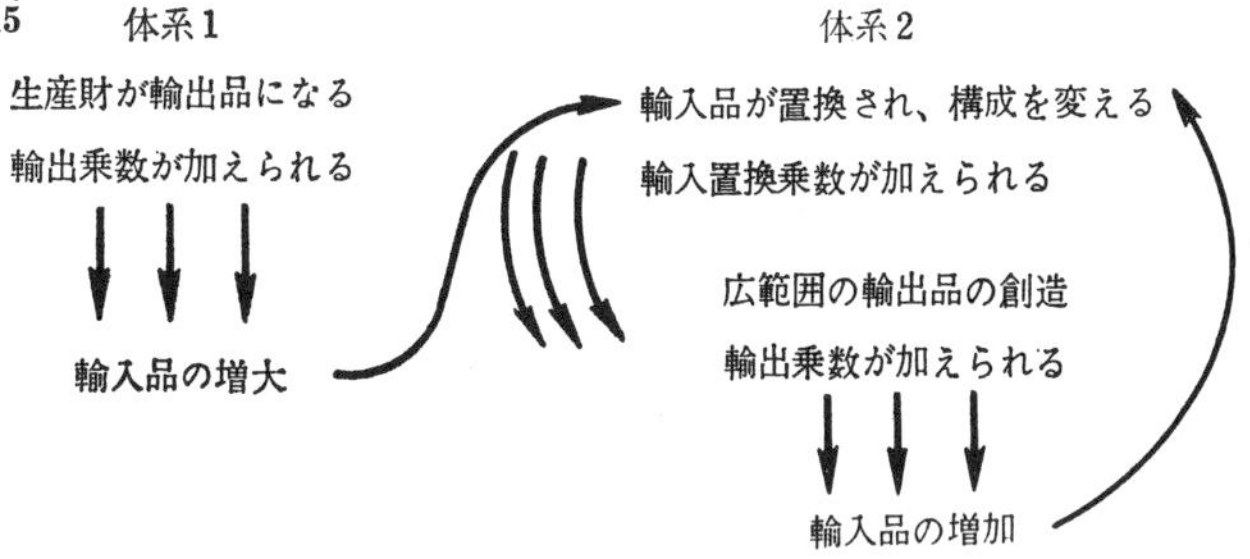

は、曲線の矢印で示されたような方向に向って、持続する。同時に、その都市が手に入れる輸入品も、質でも種類でもふえる。(図14)

ここで、第二の体系が運動を始める。ふえた輸入品は置換される。ひとつの巨大都市で、広範囲の輸出品創出が可能になる。その結果、輸入置換のエピソードがもたらされる。(図15)

〈5〉 経済活動パターンの変化

第八章で述べたように、産業の支配的な方式は、経済の発展とともに変る。従って、他の経済活動を組織化する種類の活動も変る。そこで、これらの変化の相互関係をみるとともに、今日の高度に発展した経済の状況に合わせて、比較してみよう。

過去	現在	将来
手工業生産→	大量生産→	細分生産
商人による組織化→	製造業による組織化→	サービス供給者による組織化

＜6＞ 用語の定義

われわれが一般的に使っている用語は、都市の性格と他の集落の性格との違いを明確にしていない。たとえば「町」と「都市」は、ちょうど都市がより大規模な町であるように、混同して使われる場合が多い。この違いを明確にするために、新しいことばが必要にはならないが、古くから使っていることばの使用に当って、より正確を期する必要がある。このため、次のように定義した。

都市＝それ自体の地元の経済から、持続的に経済成長を生み出す集落。

沈滞した都市＝かつて都市として成長を遂げたが、成長を止めてしまっている集落。

メトロポリタン地域＝経済的には「都市」と同意義である。政治的には、以前の町を吸収し、場合によっては、かつて別々だった他の都市と合併する過程で、以前の境界線を物理的に拡大してきた都市を意味する。

町＝それ自体の地元経済から経済成長を生み出さないし、過去にもそのような経験を持ったことのない集落。たまたま自力で輸出品を生み出したとしても、その後に、自己生産的な成長を持続させることはない。

村＝町より規模の小さな集落。

都会＝都市や停滞した都市だけに属し、町には属さない。

国家経済＝一国の財貨、サービスの生産高の総計、という一般的な意味は有効だが、原則のないものの総計という のは意味がない。今日、レオンチェフ教授のおかげで、一国の生産高は、最終消費者向けの「投入」部門と生産者向けの「産出」部門から構成される、との考え方が広く理解されている。しかし、こうした考え方に、一国の経済の中の変化は都市の経済の中の変化から生み出される、という考え方をわれわれは追加する必要がある。一国の経済とは、一国の都市の経済と、都市の経済が町、村、田舎、荒野の経済に及ぼす過去および現在の第二義的な影響の総計である。

訳者あとがき

「未来の都市は、今日の都市よりも複雑になり、より包容力を持ち、より多彩で規模も大きなものになろう。そして、今日の都市に比べて、古いものと新しいものをより複雑に混在させることになる。今日の都市計画の立案者や設計者たちが描き、科学小説やユートピア的な提案を読む人たちが考えているような、官僚化され、単純化された都市は、都市の成長とその経済的な発展の過程に逆行するものだ」

本書を貫く基本的な思想は、最終部のこの一節に要約することができる。この考え方は、本書（**The Economy of Cities, 1969**）より八年前に発表された『アメリカ大都市の死と生』（The Death and Life of Great American Cities, 1961）でも主張された、ジェイコブズ氏の執念にも近いものである。同書で彼女は、アメリカですっかり権威づけられてしまった、車道中心の大街区再開発方式などの画一的な都市計画を、都市の弾力性を失わせ停滞を招くものとしてきびしく批判し、歩道や公園を優先させて都市の多様性を尊重した小街区方式を提唱した。都市の多様性や命脈を保つために残しておかなければならないものとして彼女が同書であげた「伝言をことづける場所、都市生活の単調さと身元不明さを破る会話、路上の出来事を見守る目」などは、アメリカ政府のごり押しの都市再開発（フェラデル・ブルドーザー）を批判する多くの識者の論文にも引用されている（たとえばナタン・グレイザー・カリフォルニア大教授の「都市の再開発」＝サイエンティフィック・アメリカン誌編『都市』の一論文）。

そして、このように都市の呼吸と成長に必要な条件を社会学的な面から究明したのが前著『アメリカ大都市の死と生』であるとすれば、それを経済学的な面から分析してみせたのが本書である。

まずジェイコブズは、都市の起源論できわめてユニークな発想を展開する。最初に農村が生れ、これが町になり、都市に成長する――というこれまでの〝常識〟を「農業優位のドグマ」としてしりぞけ、「初めに都市ありき――そして農村が発展する」というのである。つまり、野生の動植物や天然の鉱物、それらの加工品を貯蔵したり交易したりする場として最初に都市が生れ、やがて動物の飼育や穀物の栽培に必要な広い土地が都市から離れたところに求められて、農村が生れる――という図式だ。この論理を展開するために彼女は、ちょうど前著で都市理論の古典的なオーソリティーである『明日の田園都市』のハワード、『都市の文化』のマンフォード、『輝く都市』のル・コルビュジエらを臆面もなくたたいたように、アダム・スミスもマルクスも「工業と商業が農業をもとにして起こった」として疑わなかったことを、皮肉たっぷりにやっつける。スミスは「聖書に書かれた歴史を経済原則にあてはめ」、農業と動物の飼育は天与のものとして偶然発生理論で片づけている――というくだりなどで、多くの都市学者や経済学者の論議を呼ぶところだろう。

さらにジェイコブズは、都市を「新しい仕事が古い仕事にさかんに追加され、分業をふやしていくところ」としてとらえ、これをD＋A→nDという定式で示す。nDは新しい分業の不確定数である。そして、ニューヨークの女性ドレスメーカーが婦人服の仕立ての分業のなかからブラジャー産業を興した経過や、新しいところでは、リットン・インダストリーズ社のコングロマリット（複合企業）化の過程まで例証にあげて説明する。

都市の機能の説明はさらに高度なものに移り、他の土地への財貨やサービスの輸出がどのようにして生れるか、これまでの輸入品を地元で生産できるようになる、つまり「輸入置換過程」がどのように出てくるか、そして、これらの相関や反復運動がどのようにして都市の爆発的成長をもたらすか――といった分析を、豊富な例証と簡潔な図式を示しながら続けていく。

そして、経済活動のパターンが過去の手工業生産から現在の大量生産に変り、さらに将来は「細分生産」に変ろうとしていることを指摘しながら、都市の再開発も「すべての建物を一掃して新しい〃地域〃を大量生産し、その〃地域〃は同一の大きなビルで埋める」という、ニューヨーク市がやろうとした官僚的な方法ではなく、「遊び場はもちろん、一軒の建物もこわすことなく、ひとつの事業所を移転させることもなく、空地や荒果てた土地や臨時駐車場に、新しいビルや庭園や広場を作る」といった小街区方式、混用地域方式、つまりは〃細分生産的再開発〃の方法でやるべきだ――と主張する。このウエスト・ビレッジ地区の再開発では事実、市当局の計画に対する反対運動の旗がしらの一人にジェイコブズも立ち、計画は細分方式に変更されて実施された。彼女の〃戦闘的〃な理論は、そのまま実践にも移されているわけである。

各章にわたる豊富な例証のなかには、公害問題あり、人種差別問題あり、低開発国援助問題もありで、その現代的な才覚にも新鮮な魅力が感じられるが、同時に、日本に関する記述が随所に見られる（都市の財貨、サービスを活用したことによる戦後の農業の飛躍的な発展、一九世紀末の自転車産業の輸入置換過程、簡易帯などで保存・再生された〃古い仕事〃としての着物、など）のも興味深いことである。

いずれにしても本書は、未来の都市を待つまでもなく現代の都市にも「より包容力」と「古いものと新しいものの混在」を求めたものであり、その意味で前著『アメリカ大都市の死と生』で強調された歩道優先の思想、つまりは人間復位の都市開発の理念が、あらためて理論武装のうえ復唱されたもの、ともいえる。さきに戦われたマンモス都市東京都の知事選挙では、「新開発を断行すれば福祉も実現する」と説く候補よりも、「生活機能を優先させながら都市を改造していく」と誓う候補の方を都民は選んだ。道路－車道＝歩道　の論理を、道路－歩道＝車道　の論理に転換させた候補でもあった。バラ色の開発よりも、「試行錯誤という変化の多い仕事」をともなった地道な改造を、ジェイコブズも求めているのである。

なお、原著の表題は直訳すると『都市の経済』だが、内容が経済をベースにしてはいるものの、社会、政治などあらゆる面にわたる分析になっているので、あえて『都市の原理』とした。

訳出にあたっては生原至剛氏の大きな協力を得た。また鹿島出版会の植松重信氏には原稿の遅れなどでいろいろご迷惑をおかけした。ここにお礼とおわびを申上げる次第である。

一九七一年五月

中江利忠
加賀谷洋一

著者略歴

ジェイン・ジェイコブズ　Jane Jacobs

一九一六〜二〇〇六年。アメリカ、ペンシルベニア州スクラントン生まれ。都市活動家、都市研究家、作家。一九五二年から十年間「アーキテクチュラル・フォーラム」誌の編集メンバーとなる。「フォーチュン」誌に掲載された「ダウンタウンは人々のものである」で注目されて『アメリカ大都市の死と生』を執筆。一九六八年にカナダに移住、同国トロントで他界。著書は、『アメリカ大都市の死と生』（鹿島出版会）、『都市の経済学―発展と衰退のダイナミクス』（TBSブリタニカ）、『市場の倫理 統治の倫理』『経済の本質―自然から学ぶ』（日本経済新聞社）、『壊れゆくアメリカ』（日経BP社）など。

訳者略歴

中江利忠（なかえ・としただ）

一九二九年千葉市生まれ。五三年東京大学社会学科卒業、朝日新聞社入社。東京本社経済部長、取締役東京本社編集局長などを歴任後、一九八九―九六年代表取締役社長。一九九一―九五日本新聞協会会長。

加賀谷洋一（かがや・よういち）

一九四二年秋田市生まれ。六五年慶應大学経済学部卒業。朝日新聞社に入り、同社経済部員、外報部員、シドニー支局長などを経て、二〇〇二年定年退社。

本書は一九七一年に刊行した同名書籍の新装版です。

SD選書257

都《と》市《し》の原《げん》理《り》

発行　二〇一一年三月一〇日 第一刷
　　　二〇一九年二月一〇日 第三刷

訳者　中江《なかえ》利忠《としただ》・加賀谷《かがや》洋一《よういち》

発行者　坪内文生

印刷・製本　三美印刷

発行所　鹿島出版会

〒一〇四―〇〇二八

東京都中央区八重洲二―五―一四

電話〇三（六二〇二）五二〇〇

振替〇〇一六〇―二―一八〇八八三

ISBN 978-4-306-05257-4 C1352

本書の内容に関するご意見・ご感想は左記までお寄せ下さい、

URL: http://www.kajima-publishing.co.jp

e-mail: info@kajima-publishing.co.jp

SD選書目録

四六判（*＝品切）

001 現代デザイン入門 勝見勝著
002* 現代建築12章 L・カーン他著 山本学治訳編
003* 都市とデザイン 栗田勇著
004* 江戸と江戸城 内藤昌著
005 日本デザイン論 伊藤ていじ著
006* ギリシア神話と壺絵 沢柳大五郎著
007 フランク・ロイド・ライト 谷川正己著
008 きもの文化史 河鰭実英著
009 素材と造形の歴史 山本学治著
010* 今日の装飾芸術 ル・コルビュジエ著 前川国男訳
011 コミュニティとプライバシイ C・アレグザンダー著 岡田新一訳
012* 新桂離宮論 内藤昌著
013 日本の工匠 伊藤ていじ著
014 現代絵画の解剖 木村重信著
015 ユルバニスム ル・コルビュジエ著 樋口清訳
016* デザインと心理学 穐山貞登著
017 私と日本建築 A・レーモンド著 三沢浩訳
018* 現代建築を創る人々 神代雄一郎編
019 芸術空間の系譜 高階秀爾著
020 日本美の特質 吉村貞司著
021 建築をめざして ル・コルビュジエ著 吉阪隆正訳
022* メガロポリス J・ゴットマン著 木内信蔵訳
023 日本の庭園 田中正大著
024* 明日の演劇空間 尾崎宏次著
025 都市形成の歴史 A・コーン著 星野芳久訳
026* 近代絵画 A・オザンファン他著 吉川逸治訳
027 イタリアの美術 A・ブラント著 中森義宗訳
028* 明日の田園都市 E・ハワード著 長素連訳
029* 移動空間論 川添登著
030* 日本の近世住宅 平井聖著
031* 新しい都市交通 B・リチャーズ著 曽根幸一他訳
032* 人間環境の未来像 W・R・イーウォルド編 磯村英一他訳
033 輝く都市 ル・コルビュジエ著 坂倉準三訳
034 アルヴァ・アアルト 武藤章著
035* 幻想の建築 坂崎乙郎著
036* カテドラルを建てた人びと J・ジャンペル著 飯田喜四郎訳
037 日本建築の空間 井上充夫著
038* 環境開発論 浅田孝著
039* 都市と娯楽 加藤秀俊著
040* 郊外都市論 H・カーヴァー著 志水英樹訳
041* 都市文明の源流と系譜 藤岡謙二郎著
042* 道具考 榮久庵憲司著
043 ヨーロッパの造園 岡崎文彬著
044* 未来の交通 H・ヘルマン著 岡寿麿訳
045* 古代技術 H・ディールス著 平田寛訳
046* キュビスムへの道 D・H・カーンワイラー著 千足伸行訳
047* 近代建築再考 藤井正一郎著
048* 古代科学 J・L・ハイベルク著 平田寛訳
049 住宅論 篠原一男著
050* ヨーロッパの住宅建築 S・カンタクシーノ著 山下和正訳
051* 都市の魅力 清水馨八郎、服部銈二郎著
052* 東照宮 大河直躬著
053 茶匠と建築 中村昌生著
054* 住居空間の人類学 石毛直道著
055* 空間の生命 人間と建築 坂崎乙郎著
056* 環境とデザイン G・エクボ著 久保貞訳
057* 日本美の意匠 水尾比呂志著
058* 新しい都市の人間像 R・イールズ他編 木内信蔵監訳
059 京の町家 島村昇他編
060* 都市問題とは何か R・パーノン著 片桐達夫訳
061 住まいの原型Ⅰ 泉靖一編
062* コミュニティ計画の系譜 佐々木宏著
063* 近代建築 V・スカーリー著 長尾重武訳
064* SD海外建築情報Ⅰ 岡田新一編
065* SD海外建築情報Ⅱ 岡田新一編
066* 天上の館 J・サマーソン著 鈴木博之訳
067 木の文化 小原二郎著
068* SD海外建築情報Ⅲ 岡田新一編
069* 地域・環境・計画 水谷頴介著
070* 都市虚構論 池田亮二著
071 現代建築事典 W・ペーント編 浜口隆一他日本語版監修
072* ヴィラール・ド・オヌクールの画帖 藤本康雄著
073* タウンスケープ T・シャープ著 長素連他訳
074* 現代建築の源流と動向 L・ヒルベルザイマー著 渡辺明次訳
075* 部族社会の芸術家 M・W・スミス編 木村重信他訳
076 キモノ・マインド B・ルドフスキー著 新庄哲夫訳
077 住まいの原型Ⅱ 吉阪隆正他著
078 実存・空間・建築 C・ノルベルグ＝シュルツ著 加藤邦男訳
079* SD海外建築情報Ⅳ 岡田新一編
080* 都市の開発と保存 上田篤、鳴海邦碩編
081* 爆発するメトロポリス W・H・ホワイトJr.他著 小島将志訳
082* アメリカの建築とアーバニズム(上) V・スカーリー著 香山壽夫訳
083* アメリカの建築とアーバニズム(下) V・スカーリー著 香山壽夫訳
084* 海上都市 菊竹清訓著
085* アーバン・ゲーム M・ケンツレン著 北原理雄訳

086* 建築2000　C・ジェンクス著　工藤国雄訳
087* 日本の公園　田中正大著
088* 現代芸術の冒険　O・ビハリメリン著　坂崎乙郎他訳
089* 江戸建築と本途帳　西和夫著
090* 大きな都市小さな部屋　渡辺武信著
091* イギリス建築の新傾向　R・ランダウ著　鈴木博之訳
092* SD海外建築情報Ⅴ　岡田新一編
093* IDの世界　豊口協著
094* 交通圏の発見　有末武夫著
095 建築とは何か　B・タウト著　篠田英雄訳
096 続住宅論　篠原一男著
097* 建築の現在　長谷川堯著
098* 都市の景観　G・カレン著　北原理雄訳
099* SD海外建築情報Ⅵ　岡田新一編
100* 都市空間と建築　U・コンラーツ著　伊藤哲夫訳
101* 環境ゲーム　T・クロスビイ著　松平誠訳
102* アテネ憲章　ル・コルビュジエ著　吉阪隆正訳
103* プライド・オブ・プレイス　シヴィック・トラスト著　井手久登他訳
104* 構造と空間の感覚　F・ウイルソン著　山本学治他訳
105* 現代民家と住環境体　大野勝彦著
106* 光の死　H・ゼーデルマイヤ著　森洋子訳
107* アメリカ建築の新方向　R・スターン著　鈴木一訳
108* 近代都市計画の起源　L・ベネヴォロ著　横山正訳
109* 中国の住宅　劉敦楨著　田中淡他訳
110* 現代のコートハウス　D・マッキントッシュ著　北原理雄訳
111 モデュロールⅠ　ル・コルビュジエ著　吉阪隆正訳
112 モデュロールⅡ　ル・コルビュジエ著　吉阪隆正訳
113* 建築の史的原型を探る　B・ゼーヴィ著　鈴木美治訳
114 西欧の芸術1 ロマネスク上　H・フォシヨン著　神沢栄三他訳
115 西欧の芸術1 ロマネスク下　H・フォシヨン著　神沢栄三他訳
116 西欧の芸術2 ゴシック上　H・フォシヨン著　神沢栄三他訳
117 西欧の芸術2 ゴシック下　H・フォシヨン著　神沢栄三他訳
118* アメリカ大都市の死と生　J・ジェイコブス著　黒川紀章訳
119* 遊び場の計画　R・ダットナー著　神谷五男他訳
120 人間の家　ル・コルビュジエ他著　西沢信弥訳
121* 街路の意味　竹山実著
122* パルテノンの建築家たち　R・カーペンター著　松島道也訳
123 ライトと日本　谷川正己著
124 空間としての建築(上)　B・ゼーヴィ著　栗田勇訳
125 空間としての建築(下)　B・ゼーヴィ著　栗田勇訳
126 かいわい[日本の都市空間]　材野博司著
127* 歩行者革命　S・プライネス他著　岡並木監訳
128 オレゴン大学の実験　C・アレグザンダー著　宮本雅明訳
129* 都市はふるさとか　F・レンツローマイス著　武基雄他訳
130* 建築空間[尺度について]　P・ブドン著　中村貴志訳
131* アメリカ住宅論　V・スカーリーJr.著　長尾重武訳
132* タリアセンへの道　谷川正己著
133* 建築VS.ハウジング　M・ポウリー著　山下和正訳
134* 思想としての建築　栗田勇著
135* 人間のための都市　P・ペータース著　河合正一訳
136* 都市憲章　磯村英一著
137* 巨匠たちの時代　R・バンハム著　山下泉訳
138 三つの人間機構　ル・コルビュジエ著　山口知之訳
139 インターナショナル・スタイル　H・R・ヒッチコック他著　武沢秀一訳
140 北欧の建築　S・E・ラスムッセン著　吉田鉄郎訳
141* 続建築とは何か　B・タウト著　篠田英雄訳
142* 四つの交通路　ル・コルビュジエ著　井田安弘訳
143 ラスベガス　R・ヴェンチューリ他著　石井和紘他訳
144 ル・コルビュジエ　C・ジェンクス著　佐々木宏訳
145* デザインの認識　R・ソマー著　加藤常雄訳
146* 鏡[虚構の空間]　由水常雄著
147* イタリア都市再生の論理　陣内秀信著
148 東方への旅　ル・コルビュジエ著　石井勉他訳
149 建築鑑賞入門　W・W・コーディル他著　六鹿正治訳
150* 近代建築の失敗　P・ブレイク著　星野郁美訳
151* 文化財と建築史　関野克著
152* 日本の近代建築(上)その成立過程　稲垣栄三著
153* 日本の近代建築(下)その成立過程　稲垣栄三著
154 住宅と宮殿　ル・コルビュジエ著　井田安弘訳
155* イタリアの現代建築　V・グレゴッティ著　松井宏方訳
156 バウハウス[その建築造形理念]　杉本俊多著
157 エスプリ・ヌーヴォー[近代建築名鑑]　ル・コルビュジエ著　山口知之訳
158* 建築について(上)　F・L・ライト著　谷川睦子他訳
159* 建築について(下)　F・L・ライト著　谷川睦子他訳
160* 建築形態のダイナミクス(上)　R・アルンハイム著　乾正雄訳
161* 建築形態のダイナミクス(下)　R・アルンハイム著　乾正雄訳
162 見えがくれする都市　槇文彦他著
163* 街の景観　G・バーク著　長素連他訳
164* 環境計画論　田村明著
165* アドルフ・ロース　伊藤哲夫著
166* 空間と情緒　箱崎総一著
167 水空間の演出　鈴木信宏著
168* モラリティと建築　D・ワトキン著　榎本弘之訳
169* ペルシア建築　A・U・ポープ著　石井昭訳
170* ブルネッレスキ ルネサンス建築の開花　G・C・アルガン著　浅井朋子訳
171 装置としての都市　月尾嘉男著
172 建築家の発想　石井和紘著
173 日本の空間構造　吉村貞司著
174 建築の多様性と対立性　R・ヴェンチューリ著　伊藤公文訳
175 広場の造形　C・ジッテ著　大石敏雄訳
176 西洋建築様式史(上)　F・バウムガルト著　杉本俊多訳
177 西洋建築様式史(下)　F・バウムガルト著　杉本俊多訳
178 木のこころ 木匠回想記　G・ナカシマ著　神代雄一郎他訳

179* 風土に生きる建築　若山滋著
180* 金沢の町家　島村昇著
181* ジュゼッペ・テッラーニ　B・ゼーヴィ編　鵜沢隆訳
182* 水のデザイン　D・ベーミングハウス著　鈴木信宏訳
183* ゴシック建築の構造　R・マーク著　飯田喜四郎訳
184 建築家なしの建築　B・ルドフスキー著　渡辺武信訳
185 プレシジョン(上)　ル・コルビュジエ著　井田安弘他訳
186 プレシジョン(下)　ル・コルビュジエ著　井田安弘他訳
187* オットー・ワーグナー　H・ゲレツェッガー他著　伊藤哲夫他訳
188* 環境照明のデザイン　石井幹子著
189 ルイス・マンフォード　木原武一著
190 「いえ」と「まち」　鈴木成文他著
191 アルド・ロッシ自伝　A・ロッシ著　三宅理一訳
192* 屋外彫刻　M・A・ロビネット著　千葉成夫訳
193 「作庭記」からみた造園　飛田範夫著
194* トーネット曲木家具　K・マンク著　宿輪吉之典訳
195 劇場の構図　清水裕之著
196 オーギュスト・ペレ　吉田鋼市著
197 アントニオ・ガウディ　鳥居徳敏著
198 インテリアデザインとは何か　三輪正弘著
199* 都市住居の空間構成　東孝光著
200 ヴェネツィア　陣内秀信著
201 自然な構造体　F・オットー著　岩村和夫訳
202 椅子のデザイン小史　大廣保行著
203* 都市の道具　GK研究所、榮久庵祥二著
204 ミース・ファン・デル・ローエ　D・スペース著　平野哲行訳
205 表現主義の建築(上)　W・ペーント著　長谷川章訳
206* 表現主義の建築(下)　W・ペーント著　長谷川章訳
207 カルロ・スカルパ　A・F・マルチャノ著　浜口オサミ訳
208* 都市の街割　材野博司著
209 日本の伝統工具　土田一郎著　秋山実写真

210 まちづくりの新しい理論　C・アレグザンダー他著　難波和彦監訳
211* 建築環境論　岩村和夫著
212 建築計画の展開　W・M・ペニャ著　本田邦夫訳
213 スペイン建築の特質　F・チュエッカ著　鳥居徳敏訳
214* アメリカ建築の巨匠たち　P・ブレイク他著　小林克弘他訳
215* 行動・文化とデザイン　清水忠男著
216 環境デザインの思想　三輪正弘著
217 ボッロミーニ　G・C・アルガン著　長谷川正允訳
218 ヴィオレ・ル・デュク　羽生修二著
219 トニー・ガルニエ　吉田鋼市著
220 住環境の都市形態　P・パヌレ他著　佐藤方俊訳
221 古典建築の失われた意味　G・ハーシー著　白井秀和訳
222 パラディオへの招待　長尾重武著
223* ディスプレイデザイン　魚成祥一郎監修　清家清序文
224 芸術としての建築　S・アバークロンビー著　白井秀和訳
225 フラクタル造形　三井秀樹著
226 ウイリアム・モリス　藤田治彦著
227 エーロ・サーリネン　穂積信夫著
228 都市デザインの系譜　相田武文、土屋和男著
229 サウンドスケープ　鳥越けい子著
230 風景のコスモロジー　吉村元男著
231 庭園から都市へ　材野博司著
232 都市・住宅論　東孝光著
233 ふれあい空間のデザイン　清水忠男著
234 さあ横になって食べよう　B・ルドフスキー著　多田道太郎監修
235 間(ま)――日本建築の意匠　神代雄一郎著
236 都市デザイン　J・バーネット著　兼田敏之訳
237 建築家・吉田鉄郎の『日本の住宅』　吉田鉄郎著
238 建築家・吉田鉄郎の『日本の建築』　吉田鉄郎著
239 建築家・吉田鉄郎の『日本の庭園』　吉田鉄郎著
240 建築史の基礎概念　P・フランクル著　香山壽夫監訳

241 アーツ・アンド・クラフツの建築　片木篤著
242 ミース再考　K・フランプトン他著　澤村明＋EAT訳
243 歴史と風土の中で　山本学治建築論集①
244 造型と構造と　山本学治建築論集②
245 創造するこころ　山本学治建築論集③
246 アントニン・レーモンドの建築　三沢浩著
247 神殿か獄舎か　長谷川堯著
248 ルイス・カーン建築論集　ルイス・カーン著　前田忠直編訳
249 映画に見る近代建築　D・アルブレヒト著　萩正勝訳
250 様式の上にあれ　村野藤吾著作選
251 コラージュ・シティ　C・ロウ、F・コッター著　渡辺真理著
252 記憶に残る場所　D・リンドン、C・W・ムーア著　有岡孝訳
253 エスノ・アーキテクチュア　太田邦夫著
254 時間の中の都市　K・リンチ著　東京大学大谷幸夫研究室訳
255 建築十字軍　ル・コルビュジエ著　井田安弘訳
256 機能主義理論の系譜　E・R・デ・ザーコ著　山本学治他訳
257 都市の原理　J・ジェイコブズ著　中江利忠他訳
258 建物のあいだのアクティビティ　J・ゲール著　北原理雄訳
259 人間主義の建築　G・スコット著　邉見浩久、坂牛卓監訳
260 環境としての建築　R・バンハム著　堀江悟郎訳
261 パタン・ランゲージによる住宅の生産　C・アレグザンダー他著　中埜博監訳
262 褐色の三十年　L・マンフォード著　富岡義人訳
263 形の合成に関するノート／都市はツリーではない　C・アレグザンダー著　稲葉武司、押野見邦英訳
264 建築美の世界　井上充夫著
265 劇場空間の源流　本杉省三著
266 日本の近代住宅　内田青藏著
267 個室の計画学　黒沢隆著
268 メタル建築史　難波和彦著
269 丹下健三と都市　豊川斎赫著
270 時のかたち　G・クブラー著　中谷礼仁他訳